Die East Side Gallery

Der Ort.

Die Geschichten.

Die Ausstellung.

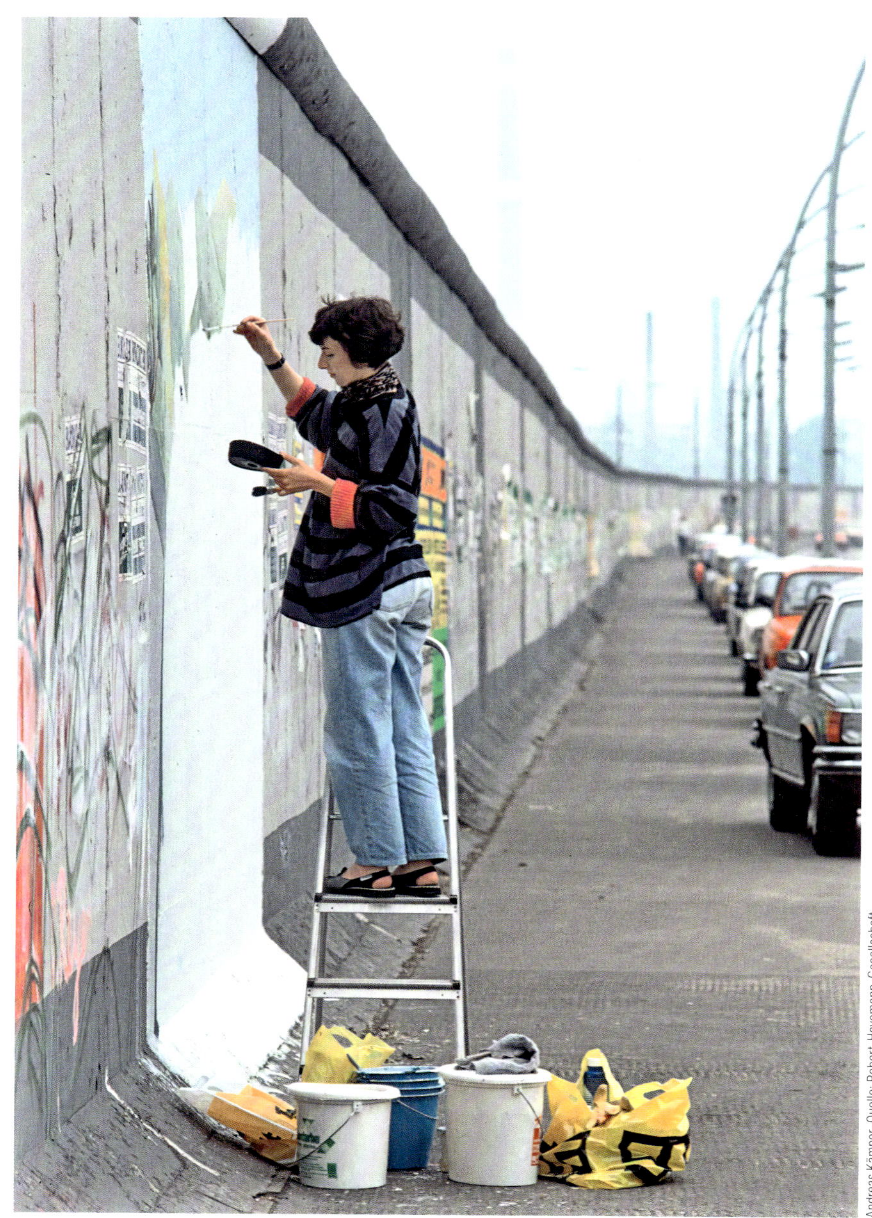

Die französische Künstlerin Muriel Raoux malt 1990 an der East Side Gallery

Andreas Kämper, Quelle: Robert-Havemann-Gesellschaft

Anna von Arnim-Rosenthal
Juliane Haubold-Stolle

Die East Side Gallery

Der Ort.
Die Geschichten.
Die Ausstellung.

Ch.Links VERLAG

Dieses Vorhaben wurde gefördert aus Mitteln des Vermögens der Parteien und Massenorganisationen der ehemaligen DDR (sogenannte PMO-Mittel), bewilligt durch das Land Berlin.

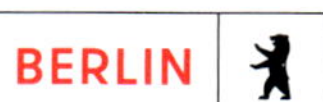

Die deutsche Nationalbibliothek verzeichnet diese Publikation in der Deutschen Nationalbibliographie; detaillierte bibliografische Daten sind im Internet über www.dnb.de abrufbar.

Ch. Links Verlag ist eine Marke der Aufbau Verlage GmbH & Co. KG

www.christoph-links-verlag.de
Prinzenstraße 85, 10969 Berlin
Idee und Konzept: Anna von Arnim-Rosenthal, Dr. Juliane Haubold-Stolle, Prof. Dr. Axel Klausmeier, Dr. Gerhard Sälter
Mitarbeit Texte Kunstwerke: Karolin Steinke
Mitarbeit Redaktion: Thomas Heil
Lektorat Texte: Dr. Sarah Bornhorst, Inken Kahlstorff, Prof. Dr. Axel Klausmeier, Dr. Gerhard Sälter
Verlagslektorat: Margret Kowalke-Paz, Berlin
Umschlaggestaltung: zero-media.net, München, unter Verwendung des Motivs © Test the Rest, Birgit Kinder, VG Bild-Kunst, Bonn 2022, und eines Fotos von Anna von Arnim-Rosenthal, 2020, Stiftung Berliner Mauer
Satz: Nadja Caspar, Ch. Links Verlag
Druck und Bindung: Westermann Druck GmbH, Zwickau

ISBN 978-3-96289-175-6

Inhalt

Grußwort der Regierenden Bürgermeisterin von Berlin, Franziska Giffey

Liebe Leserinnen, liebe Leser,

auf Schritt und Tritt begegnet man in Berlin den Zeugnissen unserer bewegten Stadtgeschichte. Vielfältige Erinnerungsorte vermitteln unmittelbare Eindrücke von prägenden Zeitabschnitten und besonderen Ereignissen. Und sie eröffnen einen Zugang zu den damit verbundenen Erlebnissen und Lebensgeschichten. Diese Orte sind wichtig, damit wir als Stadtgesellschaft weiter an unsere Vergangenheit erinnern und aus ihr lernen. Zugleich sind sie wichtige Anziehungspunkte für Besucherinnen und Besucher aus aller Welt.

Dafür steht ganz besonders auch die East Side Gallery. Das 1,3 Kilometer lange Stück der ehemaligen Hinterlandmauer macht die schmerzvolle Geschichte der Teilung unserer Stadt sichtbar. Sie verdeutlicht die Brutalität der SED-Diktatur und das Leid, das die Mauer den Berlinerinnen und Berlinern brachte. Sie ist auch eine Mahnung, die Schicksale der Opfer der Berliner Mauer nie zu vergessen.

Gleichzeitig erinnert die farbenfrohe East Side Gallery an das wohl größte Glück unserer Stadtgeschichte: die erfolgreiche Friedliche Revolution, den Fall der Mauer und die Wiedervereinigung in Freiheit und Demokratie.

Im Sommer 1990 hatten Künstlerinnen und Künstler aus 21 Ländern dieses Mauerstück zur längsten Open-Air-Galerie der Welt gemacht. Sie verewigten gewissermaßen die Glücksmomente, die mit dem Mauerfall einhergingen. Und sie schufen ein Gesamtkunstwerk, das immer wieder zum Innehalten und Nachdenken anregt und seine vielen Besucherinnen und Besucher darin bestärkt, sich für Frieden, Freiheit und Demokratie einzusetzen.

Ich freue mich, dass die East Side Gallery 2018 in die Obhut der Stiftung Berliner Mauer übergeben werden konnte, die ihren Erhalt nun dauerhaft sichert und ein breites, qualitatives und innovatives historisch-politisches Bildungsangebot für die zahlreichen Besucherinnen und Besucher bereitstellt. Mit diesem Buch und gemeinsam mit der neuen, dauerhaften Open-

Air-Ausstellung können wir nun spannende Einblicke in die Entwicklung des Ortes gewinnen. Es erwarten Sie Beiträge zur Geschichte dieses Mauerabschnitts und des Grenzstreifens während der Teilung und nach dem Mauerfall sowie Erläuterungen zu vielen Kunstwerken. Das Buch zeichnet darüber hinaus die Entwicklung der Diskussionen in der Stadt über die East Side Gallery nach. Dabei lässt es Zeitzeuginnen und Zeitzeugen ebenso zu Wort kommen wie beteiligte Künstlerinnen und Künstler. Viele wichtige Perspektiven auf einen der bekanntesten Orte Berlins finden hier also ihren berechtigten Platz.

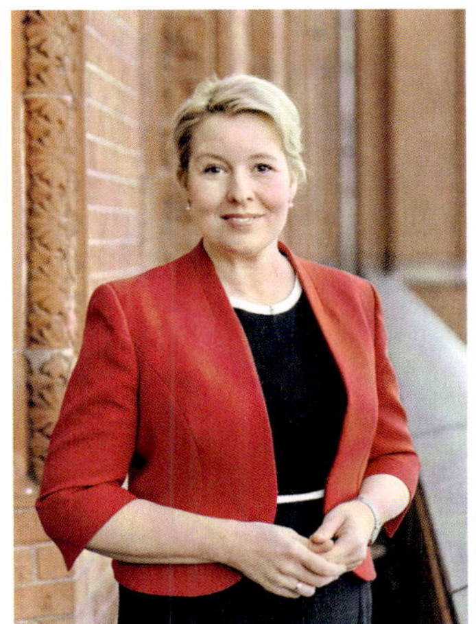

Lena Giovanazzi

Ich wünsche Ihnen nun viel Vergnügen bei der Lektüre und der East Side Gallery, dass sie weiterhin so viele Menschen aus aller Welt anzieht und berührt.

Franziska Giffey
Regierende Bürgermeisterin von Berlin

Vorwort von Axel Klausmeier, Direktor der Stiftung Berliner Mauer

Mehr als vier Millionen Menschen kommen jedes Jahr an die East Side Gallery, um sich die noch immer längste Galerie der Welt und ihre Werke anzuschauen. Auch mehr als 30 Jahre nach ihrer Entstehung ist die Faszination dieses Stücks Berliner Mauer, 1990 von 118 Künstlerinnen und Künstlern mit Farbe und Kreativität in ein Kunstwerk verwandelt, ungebrochen. Immer noch berichtet die East Side Gallery von den Gefühlen dieses einzigartigen Moments: von der individuellen Aneignung des verhassten Bauwerks, an dem mindestens 140 Menschen starben, und der überbordenden Freude über die Maueröffnung – aber auch von den Hoffnungen und Befürchtungen, die damit einhergingen.

Das vorliegende Buch begleitet die neue Open-Air-Ausstellung und erzählt zuallererst die Geschichte der Kunstaktion von 1990. Es stellt viele der Gemälde vor sowie die Menschen, die sie geschaffen haben. Doch es zeigt auch, welche Geschichte und Geschichten an der East Side Gallery außerdem noch zu entdecken sind und wie sich der Ort über die Jahre veränderte. Dabei sind die historischen Themen immer mit den Kunstwerken und den Künstlerinnen und Künstlern verbunden – Kunst verweist so auf Geschichte, und die Einordnung in historische Entwicklung erlaubt neue Blicke auf die Kunst.

Ein Teil der Kunst beschäftigt sich mit der Berliner Mauer selbst. Da sich die East Side Gallery auf einem Stück der ehemaligen Hinterlandmauer befindet, gehört das DDR-Grenzregime integral zu ihrer Geschichte, auch wenn das im täglichen Trubel vor Ort oft vergessen wird. Deswegen informiert das vorliegende Buch auch darüber, wie das Grenzregime vor Ort aussah und wie die Menschen in der geteilten Stadt den Alltag mit der Mauer erlebten. Nicht zuletzt wird an die 13 Menschen erinnert, die in diesem Abschnitt der Grenze gestorben sind.

Die East Side Gallery entstand zeitgleich mit anderen künstlerischen Aneignungen des einstiges Sperrwalls in einer Zeit, in der für eine kurze Weile im Verlauf des Grenzstreifens alles möglich erschien. An unterschiedlichen Orten experimentieren und arbeiten Künstlerinnen und Künstler im eroberten Niemandsland, so auch Ben Wagin, der mit

Gleichgesinnten das »Parlament der Bäume gegen Krieg und Gewalt« schafft. Und auch in der Bernauer Straße säen Künstlerinnen und Künstler unter anderem Lupinen, um Mauerland in ein Gartenland umzuwandeln. Vielerorts erobern Gruppen das Grenzgebiet, und erste Initiativen zur Aufarbeitung des SED-Unrechts finden sich zusammen, so etwa in der Versöhnungsgemeinde um ihren Pfarrer Manfred Fischer an der Bernauer Straße.

Das zweite besonders wichtige Thema ist die Umbruchzeit 1989/90, die ebenfalls in vielen Gemälden der Galerie präsent ist. Dabei schildert das Buch nicht nur, was 1990 und in den Folgejahren in Berlin passierte, sondern auch, wie diese Zeit von den Künstlerinnen und Künstlern und anderen in Berlin lebenden Menschen wahrgenommen wurde. Sehr unterschiedliche Sichtweisen auf 1990 werden so deutlich und regen zum Nachdenken und hoffentlich auch zum Gespräch über diese Zeit an.

Das dritte große Thema des Buches und der Ausstellung ist der Umgang mit der Galerie und dem ehemaligen Grenzgebiet an der Spree in der Zeit nach 1990. Die versetzten Mauerteile und die Lücken im Denkmal, die bei der Sanierung 2009 neu aufgebrachten Kunstwerke und die Gebäude im Grenzstreifen zeugen davon, wie schwierig es war, das im wahrsten Sinne des Wortes »sperrige« Denkmal in der wachsenden Metropole Berlin zu bewahren. Auch die Gebäude rund um die Eventarena an der Mühlenstraße stehen exemplarisch dafür, wie auch die zuletzt rasante städtebauliche Entwicklung das Umfeld der East Side Gallery seit 1990 verändert hat.

Im Buch blicken Akteurinnen und Akteure zurück auf die bis heute nicht unumstrittene Entwicklung. Erinnert wird aber auch an diejenigen, die früher hier lebten und die kaum sichtbare Spuren vor Ort hinterlassen haben, wie etwa die Menschen einer »Wagenburg«, die sich zwischen 1991 und 1996 im Brachland niedergelassen hatten. Auch ihre Geschichte gehört zu dem, was nicht auf den ersten Blick mit der East Side Gallery verbunden wird. Und so ist eine der Besonderheiten des vorliegenden Buchs das Zusammenbringen der vielen verschiedenen Erfahrungen und Perspektiven, die darin versammelt sind und die alle in unmittelbarem Zusammenhang mit der Existenz der East Side Gallery stehen.

Ohne die Bereitschaft der vielen Menschen, von sich und ihren Erfahrungen zu erzählen, hätten weder die Ausstellung noch das Buch reali-

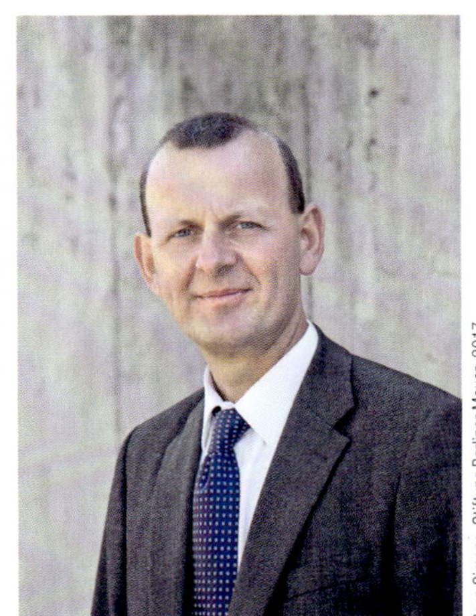
Gesa Simons, Stiftung Berliner Mauer, 2017

siert werden können. Ihnen ist daher besonders zu danken. Von Herzen danke ich auch denen, die das Projekt mit Rat und Tat unterstützten: den Mitarbeiterinnen und Mitarbeitern der verschiedenen Berliner Verwaltungen und des Bezirks Friedrichshain-Kreuzberg, den Wissenschaftlerinnen und Wissenschaftlern, die im Beirat und als »Critical Friends« das Projekt begleiteten, den Ausstellungs- und Buchgestalterinnen und -gestaltern, den Mitarbeiterinnen und Mitarbeitern der beauftragten Firmen und last but not least allen beteiligten Kolleginnen und Kollegen bei der Stiftung Berliner Mauer. Hier ist zuvörderst der Standortleiterin der East Side Gallery, Anna von Arnim-Rosenthal, und der Kuratorin der Ausstellung, Dr. Juliane Haubold-Stolle, zu danken wie dem Baukoordinator Christian Fuchs. Der beinahe vollständig geräuschlose Entstehungsprozess der Ausstellung und des Katalogs ist überaus bemerkenswert. Ganz herzlichen Dank dafür.

Dank gilt auch dem Land Berlin, das Ausstellung, Buch und Internetseite aus seinem Anteil der von der Bundesanstalt für vereinigungsbedingte Sonderaufgaben an die ostdeutschen Länder und die östlichen Bezirke des Landes Berlins verteilten Mittel der früheren Parteien und Massenorganisationen der DDR (sogenannte PMO-Mittel) finanzierte.

Mit der Eröffnung der Open-Air-Ausstellung ist nun ein Auftakt geschaffen für die weitere Entwicklung der East Side Gallery als einem außerschulischen Ort, an dem erfahren und ausprobiert, zugehört und diskutiert wird, über die Themen des Ortes, über Diktaturerfahrung und den Wert der Demokratie, Kunst und Stadtentwicklung – und somit über die Zukunft und darüber, wie wir leben wollen.

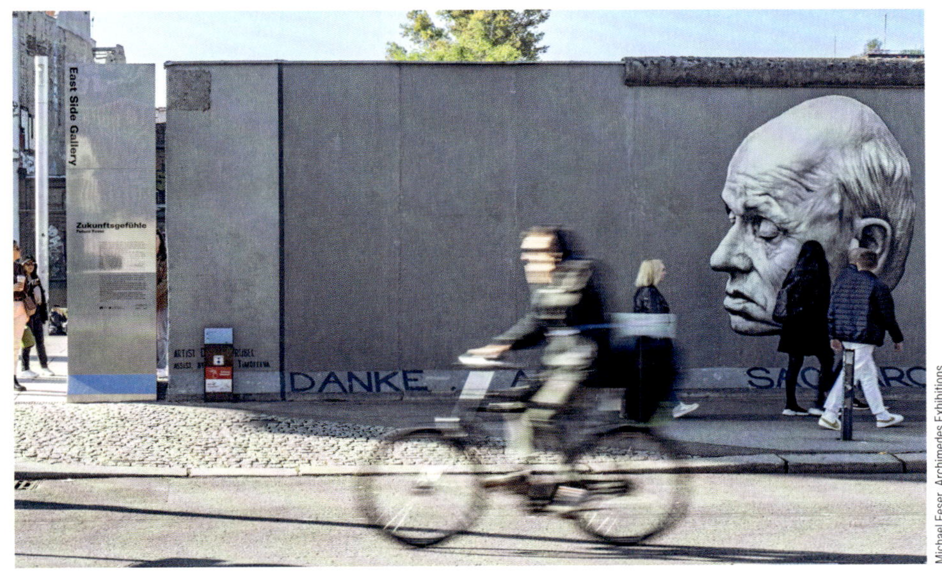

Michael Feser, Archimedes Exhibitions

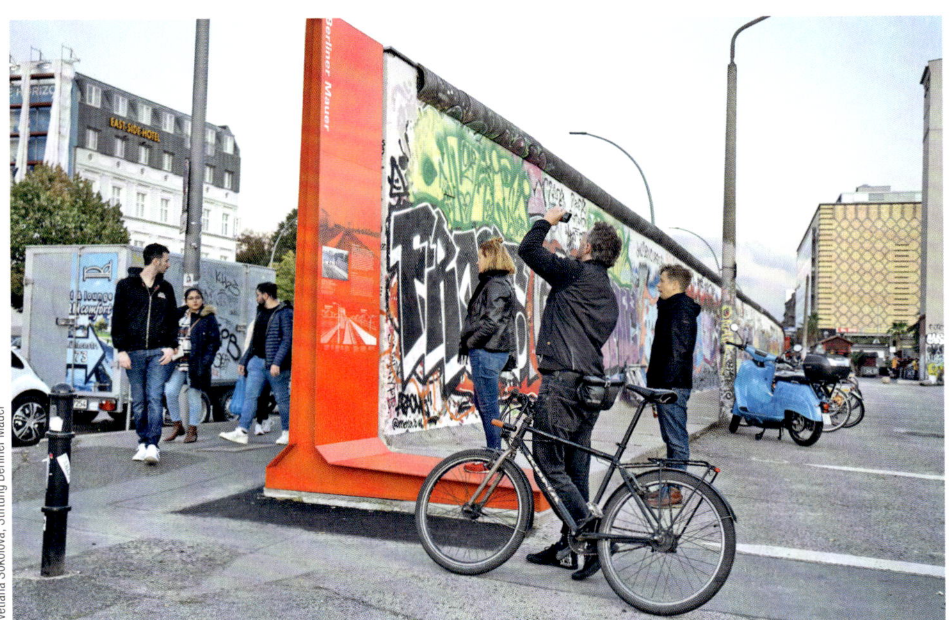

Svetlana Sokolova, Stiftung Berliner Mauer

Open-Air-Ausstellung an der East Side Gallery, 2022

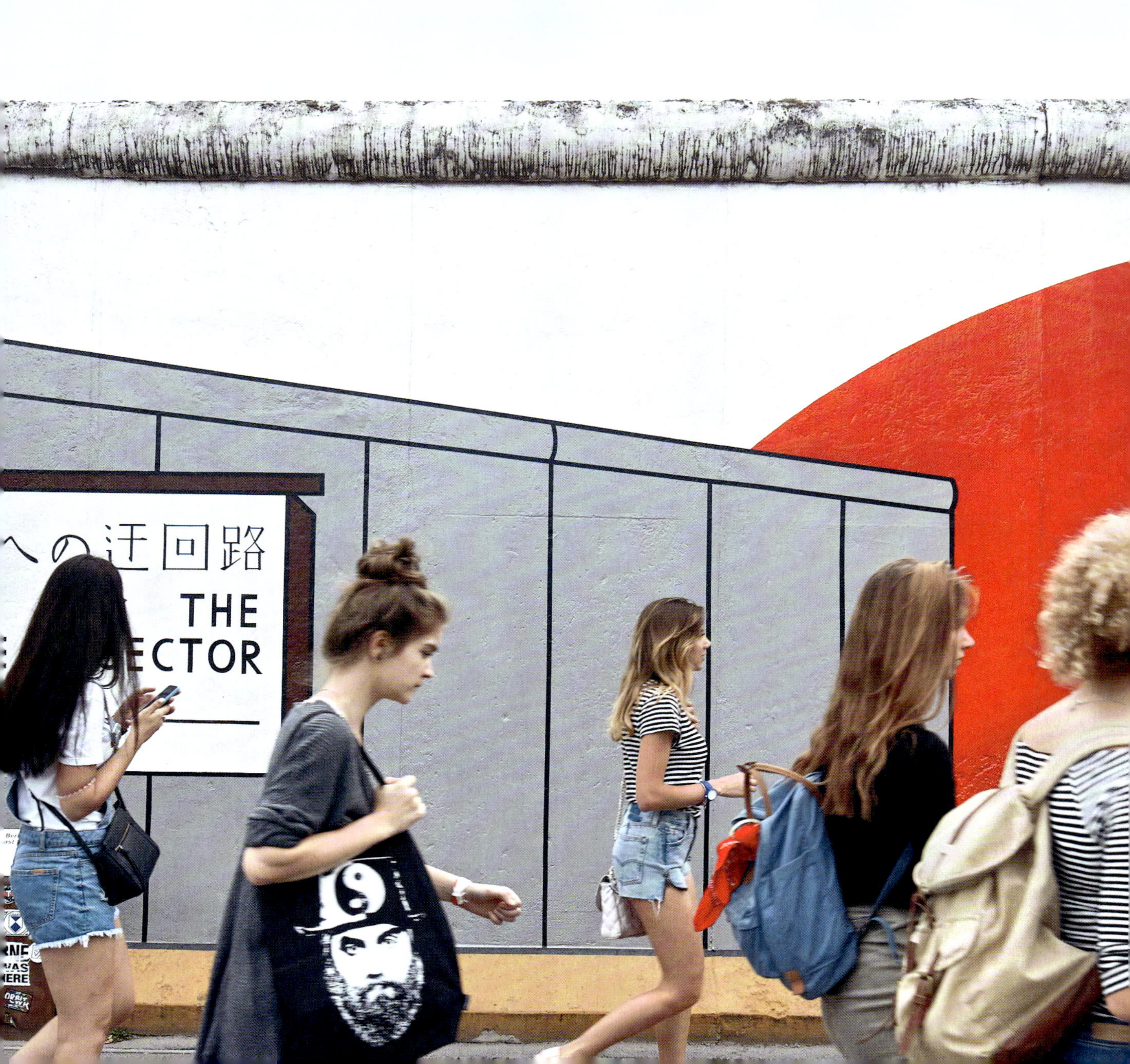
への迂回路
THE

1

Von der Berliner Mauer zur längsten Open-Air-Galerie der Welt

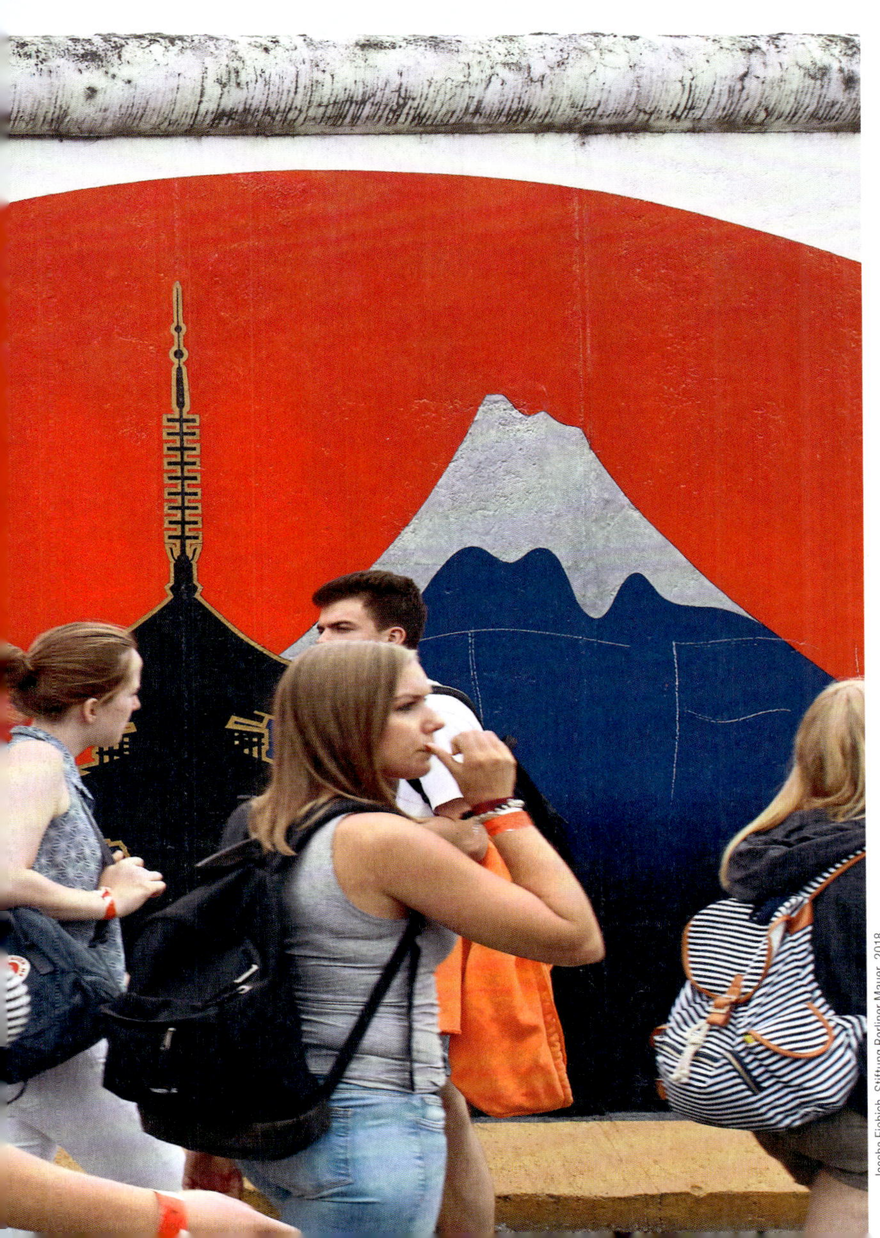

Jascha Fiebich, Stiftung Berliner Mauer, 2018

Bau und Ausbau der Berliner Mauer in der Mühlenstraße

Heute bestimmen bunte Bilder und Touristenströme das Aussehen der Mühlenstraße. Schon vor 1989 war sie eine Hauptverkehrsstraße, aber kein Ort, an dem man sich aufhielt. Zeitzeuginnen und Zeitzeugen beschreiben den bedrückenden Anblick der massiven Berliner Mauer und die triste Umgebung. Wie überall in Berlin waren auch in der Mühlenstraße am 13. August 1961 intakte Stadtstruktur zerstört und Menschen verdrängt worden. Dies geschah nicht unmittelbar, sondern mit dem stetigen Ausbau des DDR-Grenzregimes im Verlauf des 28-jährigen Bestehens der Berliner Mauer.

Marzde, WDR Digit

Die private Aufnahme von 1963 zeigt die Häuser an der Mühlenstraße, die Oberbaumbrücke ist bereits abgeriegelt

Als die SED Ost-Berlin im August 1961 abriegeln ließ, wurde die Kreuzberg im Westen mit Friedrichshain im Osten verbindende Oberbaumbrücke zugemauert. Grenzsoldaten errichteten Zäune am Friedrichshainer Ufer, die fortan den Weg an die Spree versperrten. Ufer und Fluss wurden von Wachtürmen und Patrouillenbooten aus bewacht. Die Grenze zu West-Berlin verlief am westlichen Ufer auf der Kreuzberger Seite – somit war der Fluss das trennende Grenzhindernis. Das davor liegende Ost-Berliner Gebiet definierte man als Grenzgebiet. Wer hier arbeitete, lebte oder Besuche abstatten wollte, brauchte eine Sondergenehmigung und musste sich ausweisen. Fenster und Türen der Häuser wurden vergittert, während die Wohnhäuser und Lagerplätze, Industrieanlagen und kleinen Handwerksbetriebe direkt an der Spree sonst zunächst unverändert blieben. Damit bot sich für die DDR-Grenzsoldaten eine unübersichtliche Situation. So gelangen zum Beispiel mehrere Fluchtversuche über das Gelände des

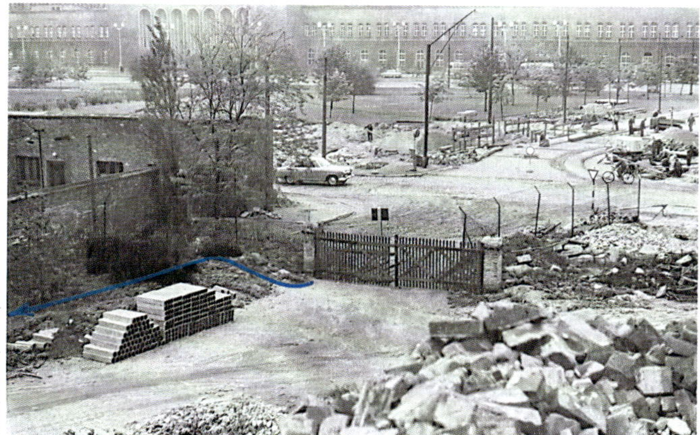

BArch, DVH 59, 16934, fol. 27

Fluchtweg eines bis heute Unbekannten, eingezeichnet von einem Grenzsoldaten, 1965

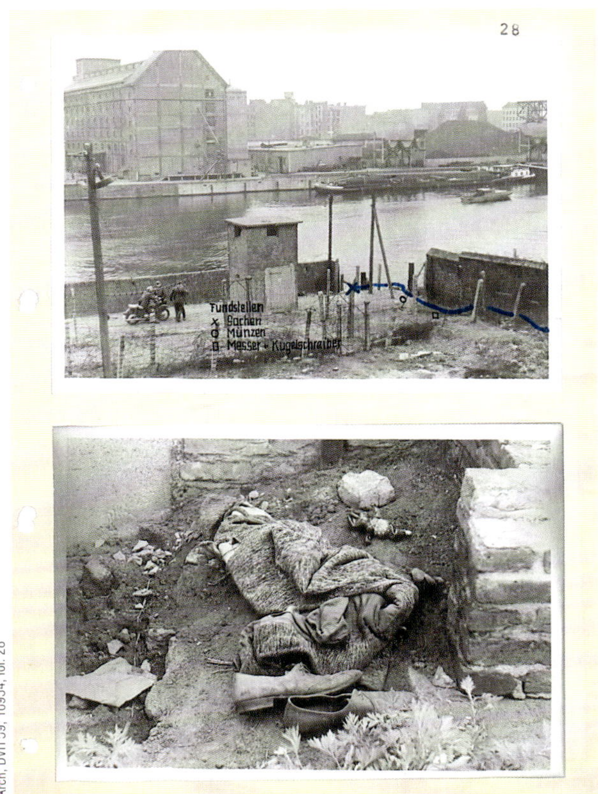

DArch, DVH 59, 10934, fol. 20

1965 sind die Grenzanlagen bewacht, aber noch nicht besonders stark ausgebaut, Zäune verhindern den Zugang zur Spree. Der Geflüchtete hinterließ Jacke und Schuhe im Grenzstreifen

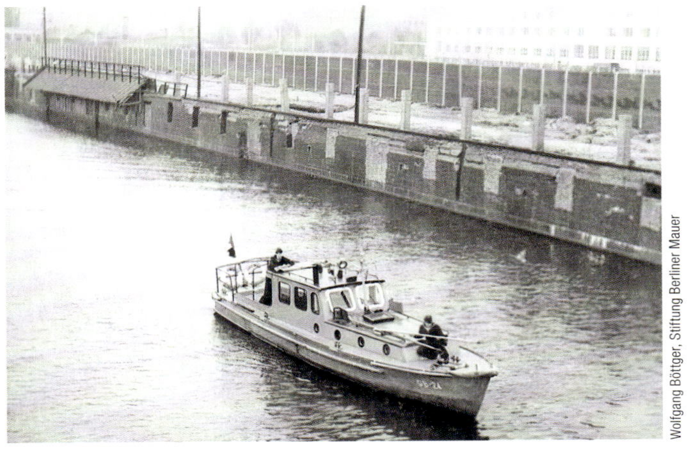

Wolfgang Böttger, Stiftung Berliner Mauer

Ein Boot der Grenztruppen patrouilliert 1968 auf der Spree. Am Ufer sind die zugemauerten Fenster der früheren Bebauung zu erkennen

volkseigenen Betriebes VEB Kohlefilter in der Nähe der Schillingbrücke. Andere Flüchtlinge wurden entdeckt, weil die Soldaten sie spätestens dann bemerkten, wenn sie im Wasser Bewegungen auslösten.

In ganz Ost-Berlin fanden die Menschen Schlupflöcher und flohen aus der DDR. Um die Fluchtbewegung zu stoppen, baute der Staat die Barrieren und die Bewachung seines Grenzregimes stetig aus. Ab 1976 war die Grenze an der Mühlenstraße so stark gesichert, dass eine Flucht nahezu unmöglich war. Dafür wurden alle Gebäude im Grenzstreifen abgerissen – mit Ausnahme des Getreidespeichers des VEB Getreidemühle. Wer hier zuvor zu Hause gewesen war, wurde vertrieben. Nur noch selten waren Menschen in der Straße zu sehen.

Heimliches Foto von 1986: Das Fotografieren der Grenze war verboten und konnte zu einer Haftstrafe führen

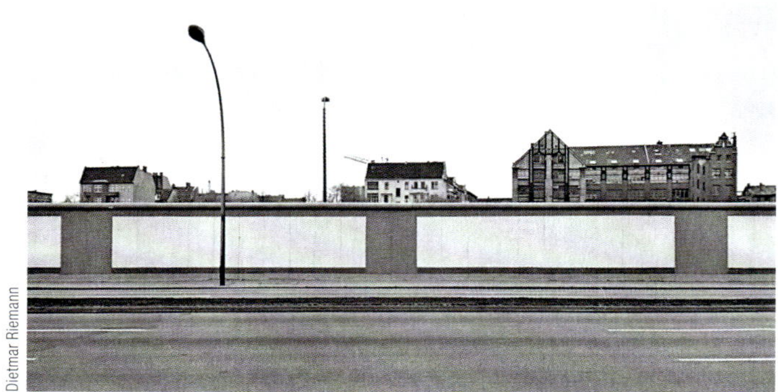
Dietmar Riemann

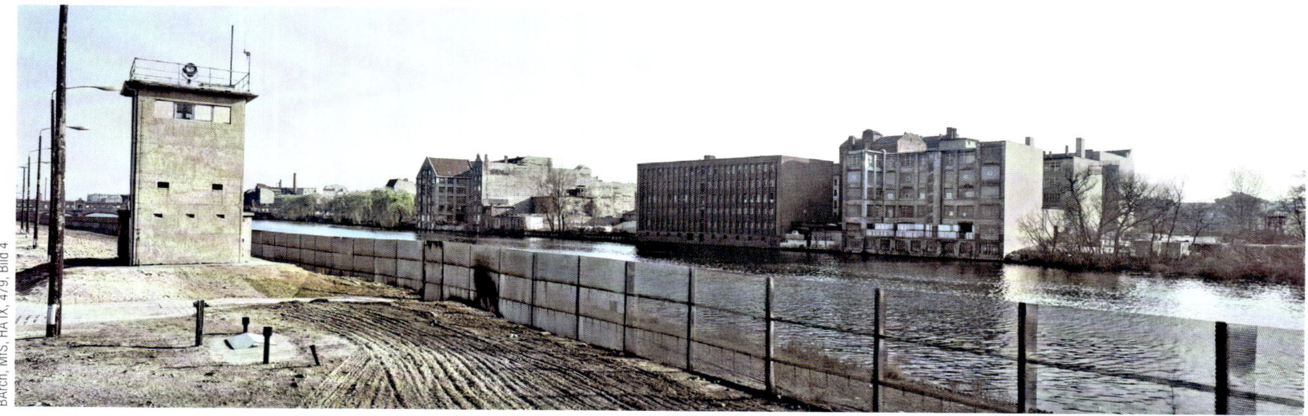
BArch, MfS, HA IX, 479, Bild 4

Zustand der Grenzanlagen 1989, Foto des Ministeriums für Staatssicherheit

An die Stelle der Häuser errichtete die DDR die »Grenzmauer 75«. Dieser Mauertypus war sonst in der Stadt nur von West-Berlin aus zu sehen. Er bestand aus 3,60 Meter hohen Betonelementen und galt sowohl als unüberwindbar wie auch als vergleichsweise repräsentativ. Diese Art Mauer wurde hier eingesetzt, weil die Mühlenstraße im Juni 1977 Teil der sogenannten Protokollstrecke für ausländische Staatsgäste der SED wurde. Auf ihrem Weg vom Flughafen Schönefeld ins Ost-Berliner Stadtzentrum sollte sich die Mauer den Gästen »ansehnlich« präsentieren. Mit ihrer glatten Oberfläche wirkte sie gepflegter als die kleinteiligen Sperren,

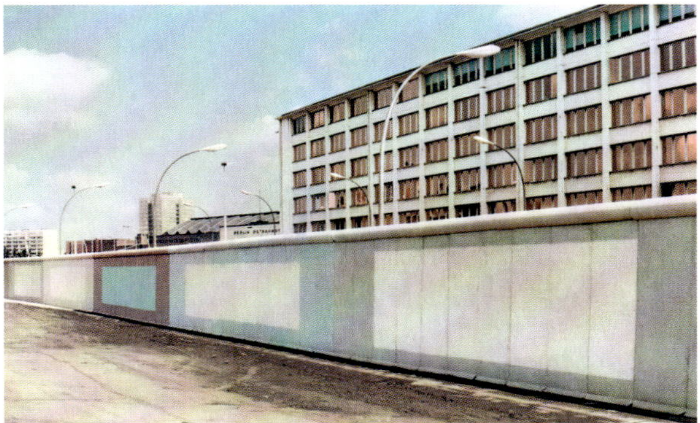

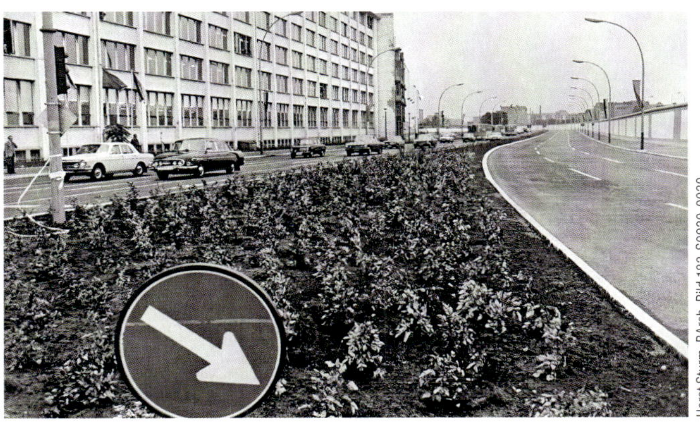

Horst Sturm, BArch, Bild 183-S0930-0030

Feierliche Eröffnung der Protokollstrecke am 30. September 1977

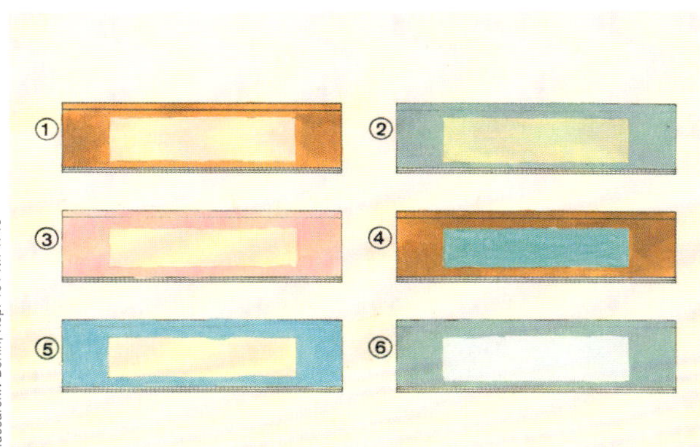

Landesarchiv Berlin, Rep. 101 Nr. 1710

Das Foto der Grenztruppen zeigt die Probebemalung auf der Innenseite der Grenzmauer, die für die Öffentlichkeit nicht sichtbar war, 1977

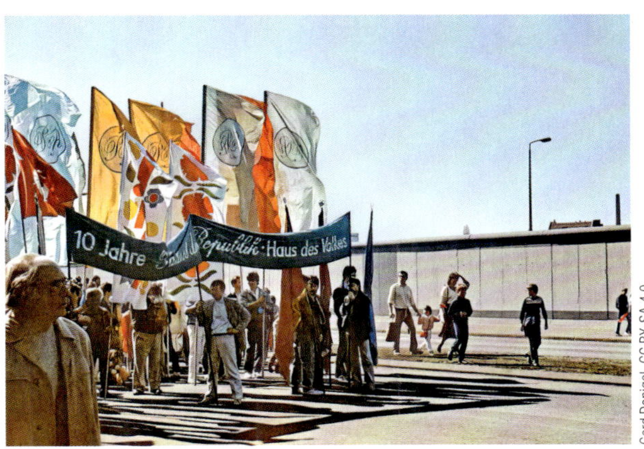

Gerd Danigel, CC BY-SA 4.0

Aufmarsch am 1. Mai 1987 auf der Mühlenstraße

die man sonst von Ost-Berlin aus sehen konnte. Das Ministerium für Nationale Verteidigung beschäftigte sich sogar mit der Farbgebung der Mauer Richtung Osten und führte im Geheimen Probebemalungen durch, auch in Hellblau und Rosa. Mit der Mauer veränderte die Mühlenstraße noch einmal ihr Aussehen. Für die Menschen in Ost-Berlin war sie ein ungewöhnlicher Ort, weil sie nur hier die Berliner Mauer in ihrer Gestalt als ansonsten nach Westen orientierte »Grenzmauer 75« sehen konnten. Gleichzeitig war die Mauer für sie schon längst unüberwindbare Realität geworden.

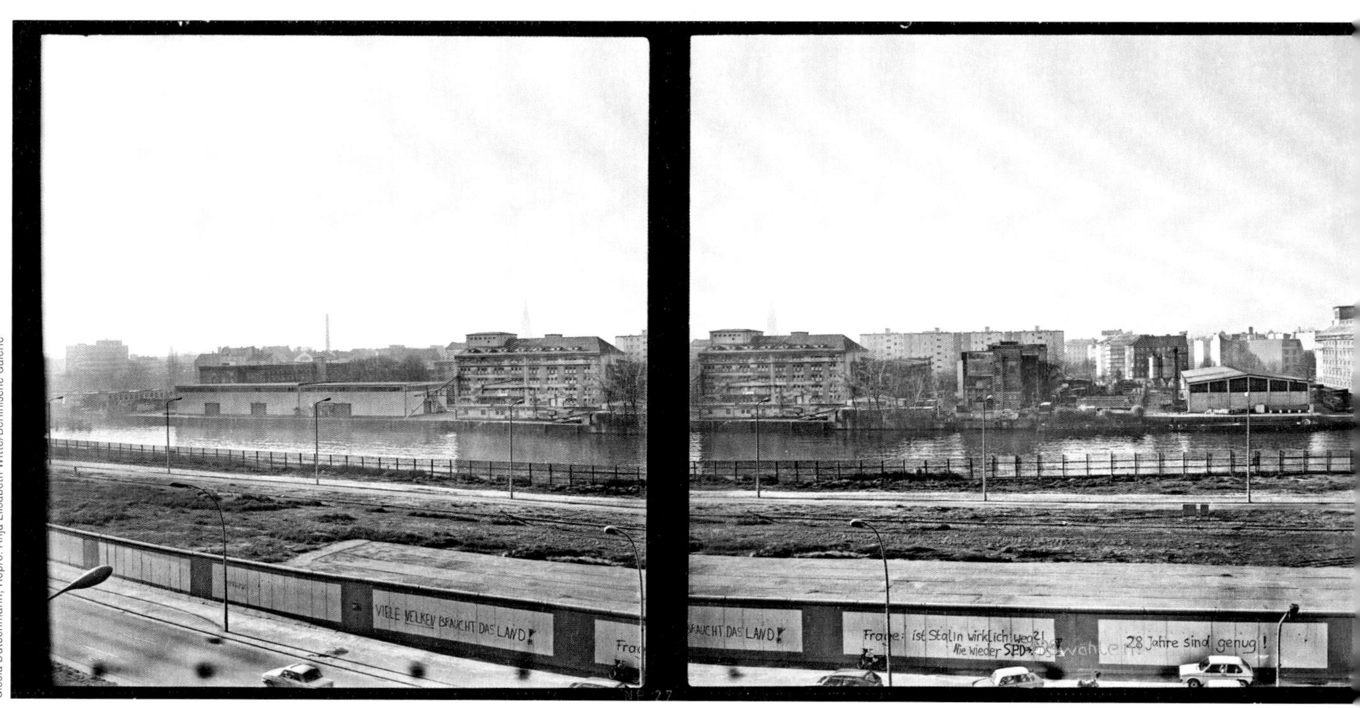

Gisela Dutschmann, Repro: Anja Elisabeth Witte/Berlinische Galerie

Die vollständig ausgebaute Grenzanlage, 1990

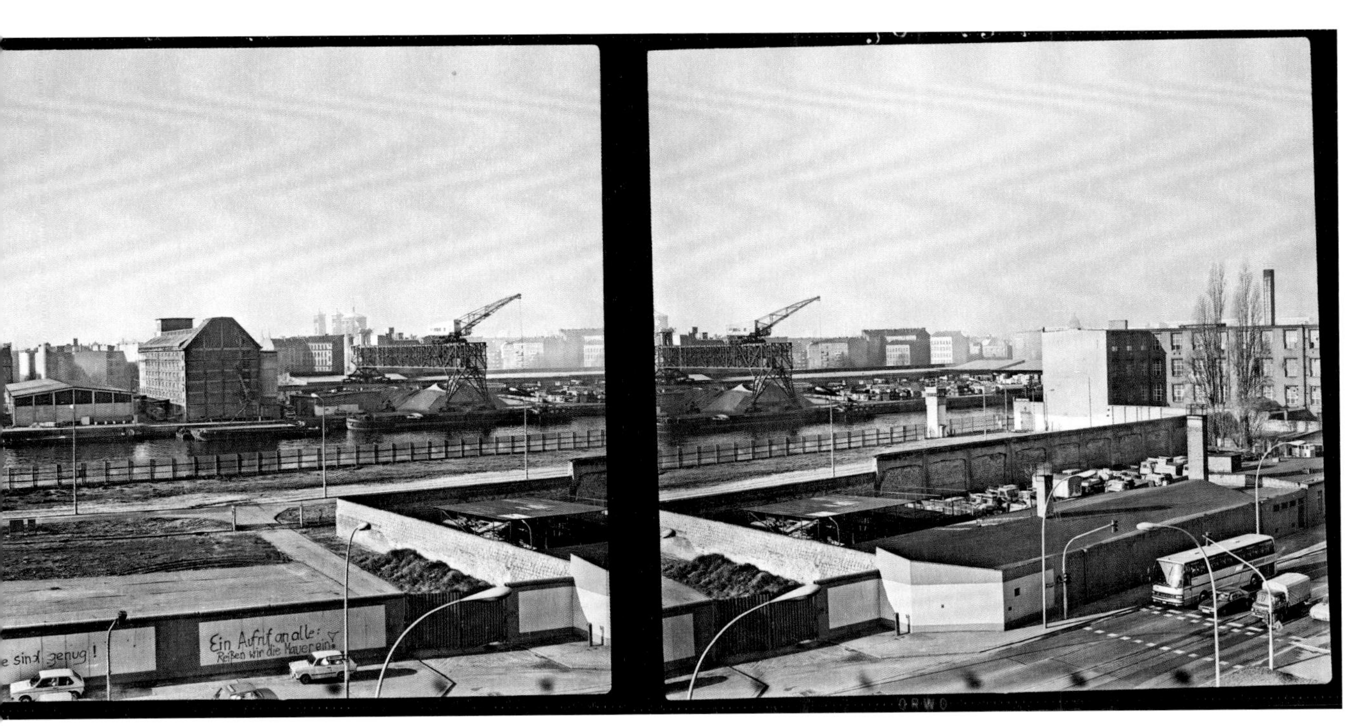
e sind genug!
Ein Aufruf an alle:
Reißen wir die Mauer ein!
ORWO

Entstehung der East Side Gallery

In der Nacht zum 10. November 1989 geschah mit der Öffnung der Grenze das Unvorstellbare. An der Oberbaumbrücke und an den anderen Grenzübergängen drängten sich Menschen und fielen sich in die Arme, sie feierten ihr Wiedersehen und die neu gewonnenen Freiheiten. Mit dem Mauerfall änderte sich alles. Es begann eine kurze Zeit, in der plötzlich alles möglich schien. Viele wollten Teil der Veränderungen sein, sie engagierten sich im demokratischen Aufbruch, in verschiedenen sozialen Bewegungen, bei künstlerischen Experimenten, gemeinschaftlichen Wohnformen und politischen Zusammenhängen: für ihre Rechte, für ihre Sichtbarkeit, um sich gegenseitig zu stärken, um etwas zu verändern oder auch nur auszuprobieren. Wie schon vor der Maueröffnung, jetzt aber verstärkt auch in Ost-Berlin, besetzten sie leerstehende Häuser, Wohnungen und Räume, manche zum Wohnen, viele auch als halb öffentlichen, politischen und künstlerischen Raum. Akteurinnen und Akteure der Subkultur Ost-Berlins nutzten die Gelegenheit, an prominenten Orten in der Stadt sichtbar zu werden und Kontakt aufzunehmen mit Menschen in West-Berlin. Sogenannte runde Tische begleiteten die Regierung der östlichen Stadt im Übergang zwischen der alten und der im März 1990 neu gewählten Regierung. Im Januar 1990 besetzten DDR-Bürgerinnen und -Bürger die Zentrale des Ministeriums für Staatssicherheit und stoppten damit die laufende Vernichtung der Überwachungsunterlagen. Die Menschen nahmen sich »ihre Akten«, sie eigneten sich die frei gewordenen Orte und Räume an, entwickelten Ideen für die Zukunft und Vorstellungen darüber, wie die Vereinigung der beiden deutschen Staaten verlaufen könnte und die Gesellschaft zu organisieren sei. Diese Zeit war voller Hoffnung.

Klaus Lehnartz, bpk

Grenzübergang Oberbaumbrücke, 10. November 1989

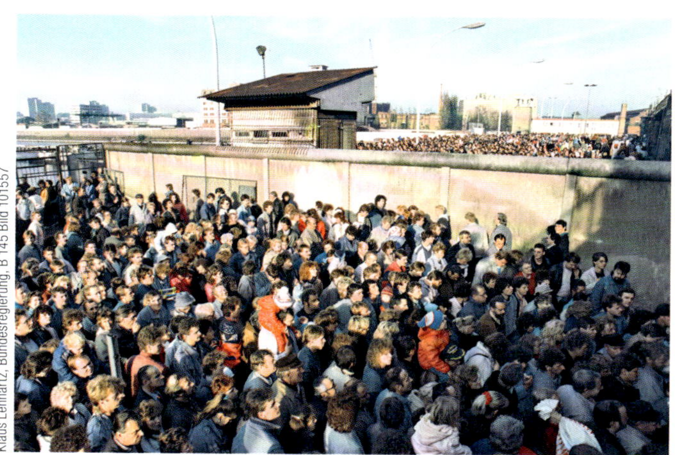

Klaus Lehnartz, Bundesregierung, B 145 Bild 101557

Grenzübergang Oberbaumbrücke, 10. November 1989

Künstlerinnen und Künstler aus Ost- und West-Berlin waren Teil des Aufbruchs. Anknüpfend an die West-Berliner Mauerkunst machten sie die einstigen Sperranlagen, die ihrer Funktion beraubt waren, zum Gegenstand und zum Objekt ihrer Kunst. Es vergingen keine zwei Wochen, bis der Verband Bildender Künstler in der DDR dazu aufrief, die Ost-Berliner Seite der Mauer künstlerisch zu erobern. Am 17. November 1989 malten die Kunstschaffenden Bilder und schrieben Botschaften auf die Mauer am Potsdamer Platz, die tags darauf aber schon den weißen Farbrollen der DDR-Grenzsoldaten zum Opfer fielen. Nach dieser Enttäuschung entwickelten die Ost-Berlinerin Heike Stephan und der West-Berliner David Monty die Idee, die Berliner Mauer zur längsten Open-Air-Galerie der Welt zu machen. Dieses Mal gingen sie den offiziellen Weg: Sie beantragten eine Genehmigung, die ihnen der DDR-Ministerrat auch erteilte. Das Verteidigungsministerium wies ihnen als Malfläche die Mauer an der Mühlenstraße zu. Nun begann David Monty, Künstlerinnen und Künstler anzuwerben. Als die Ideengeber der East Side Gallery das Projekt verließen, übernahm Montys Assistentin Christine MacLean die Verantwortung. Zusammen mit der Werbe- und Veranstaltungsagentur GmbH (Wuva), einem Werbeunternehmen, setzte sie die Idee in die Tat um: Ihr gelang es, mehr als hundert Menschen zu gewinnen, die 106 Kunstwerke und damit die East Side Gallery schufen. Sie prüfte auch, ob es sich um »seriöse Kunstwerke humanistischen Geistes« handelte, wie die DDR-Regierung es verlangt hatte. Ohne das Herzblut, die Energie und Tatkraft von Christine MacLean wäre die East Side Gallery nicht entstanden.

Künstlerinnen und Künstler malen auf die Berliner Mauer am Potsdamer Platz, 17. November 1989

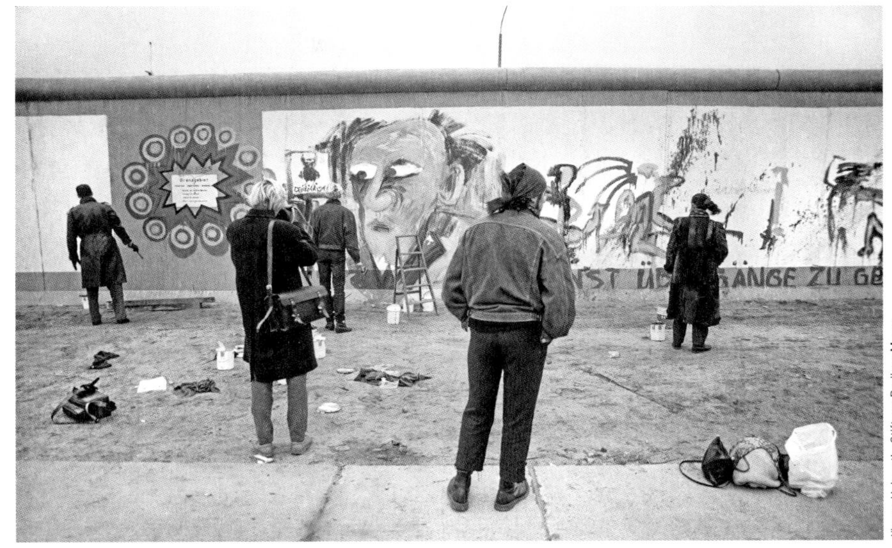

Jürgen Hohmuth, Stiftung Berliner Mauer

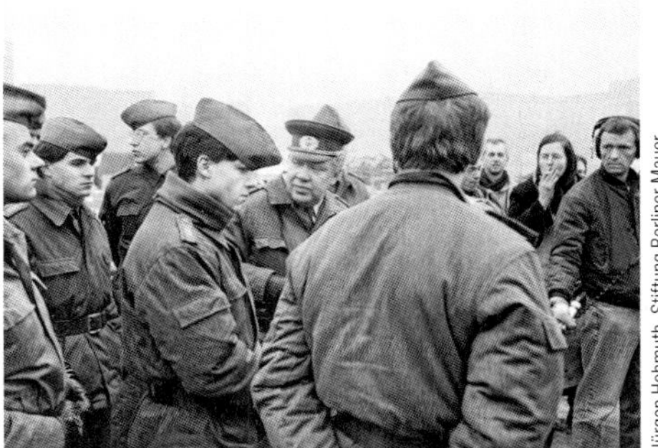

Jürgen Hohmuth, Stiftung Berliner Mauer

DDR-Grenzsoldaten beratschlagen sich, wie mit der Bemalung der Mauer am Potsdamer Platz umzugehen ist, 17. November 1989

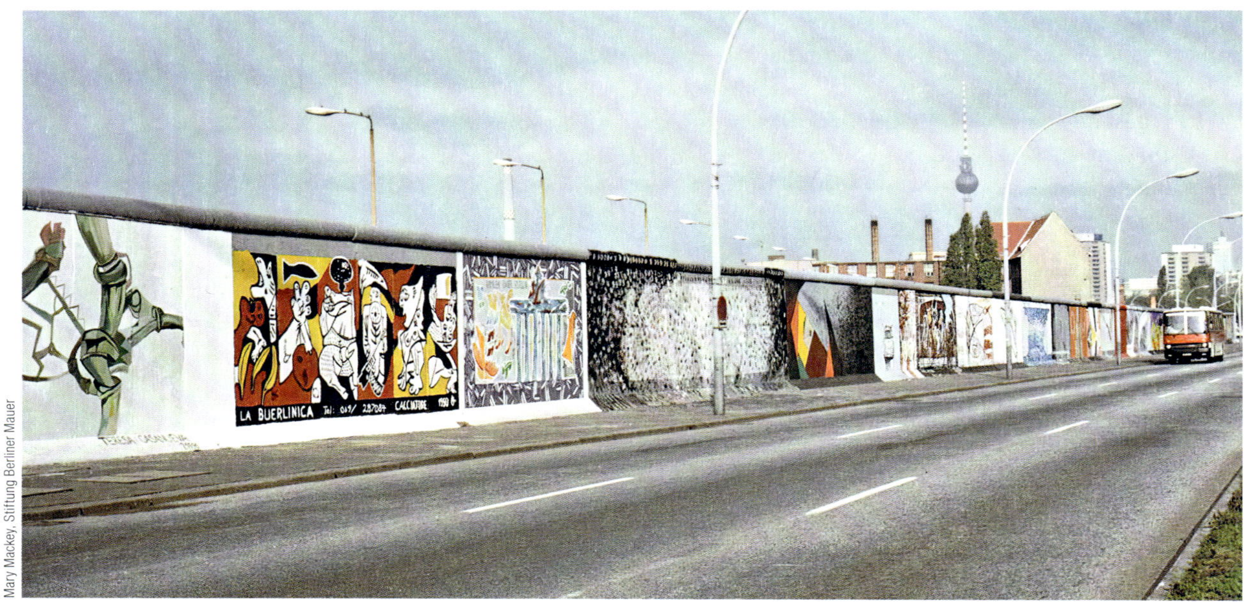

Mary Mackey, Stiftung Berliner Mauer

East Side Gallery,
September 1990

An der Kunstaktion beteiligten sich unterschiedlichste Menschen aus mehr als 20 Ländern. Sie alle reizte und berührte es, auf die Berliner Mauer zu malen oder zu schreiben. Einige hatten noch nie zuvor öffentlich gemalt, andere waren etablierte Künstlerinnen und Künstler, wieder andere hatten gerade erst ihr Kunststudium absolviert. Der Jüngste war 17 Jahre alt, die Mehrheit etwa so alt wie die Mauer selbst, knapp 30 Jahre. So verschieden wie die Kunstschaffenden waren auch ihre Kunstwerke – in Stil, Anspruch und Aussage. Alle kommentierten den Umbruch von 1989/90. Sie hielten die Euphorie über den Mauerfall fest, griffen aber auch eigene Erfahrungen auf – vom Leben in der Diktatur, mit der Berliner Mauer und vom Kampf um Demokratie. Viele drückten ihre Hoffnungen und Sorgen für die Zukunft aus: Wie geht es nach dem Ende des Kalten Krieges weiter? Wird es gelingen, Freiheiten zu bewahren? Werden auch andere Grenzen fallen? Als Zeitdokumente geben die damals entstandenen Bilder seit mehr als 30 Jahren Auskunft über die Wahrnehmungen, Stimmungen und Befürchtungen der Umbruchzeit, die sich zwischen grenzenloser Freude und Enttäuschungen bewegten.

Über 30 Jahre währt nun schon der Vereinigungsprozess, der in Politik, Gesellschaft und Wissenschaft heute kritischer gesehen wird als zuvor. Auch die Künstlerinnen und Künstler sowie die Zeitzeuginnen und Zeitzeugen aus Kreuzberg und Friedrichshain sehen die Vereinigung rückblickend mit gemischten Gefühlen. In den Interviews für die Open-Air-Ausstellungen haben sie ihre Gedanken dazu beschrieben. Für die meisten erfüllten sich die Hoffnungen von 1989/90 nur teilweise, den friedlich verlaufenden Mauerfall bewerten sie aber auch heute als einzigartiges freudvolles Jahrhundertereignis und das Ende der SED-Diktatur überwiegend als Glücksfall. Viele konnten die neuen Freiheiten nutzen, sich selbständig machen, reisen, frei von Zensur malen und reden. Aber nicht alle haben sich sofort in dem neuen gesellschaftlichen, wirtschaftlichen und sozialen System zurechtgefunden. Einige erlebten die 1990er Jahre als Bedrohung ihrer Existenz und erfuhren rassistische Angriffe. Eine Mehrheit kritisiert im Rückblick die Orientierung am Kapital und dass dem Gewinnstreben zu selten Grenzen gesetzt wurden. Ihre Meinungen und Rückblicke lassen zusammengenommen ein Panorama an Perspektiven auf 1990 entstehen. Dabei ergänzen die Aussagen von heute die Botschaften der Kunstwerke von 1990 und verdeutlichen: Das Gespräch über die Vergangenheit ist immer eine Auseinandersetzung mit Blick auf die Zukunft und die Frage, in welcher Gesellschaft wir leben wollen.

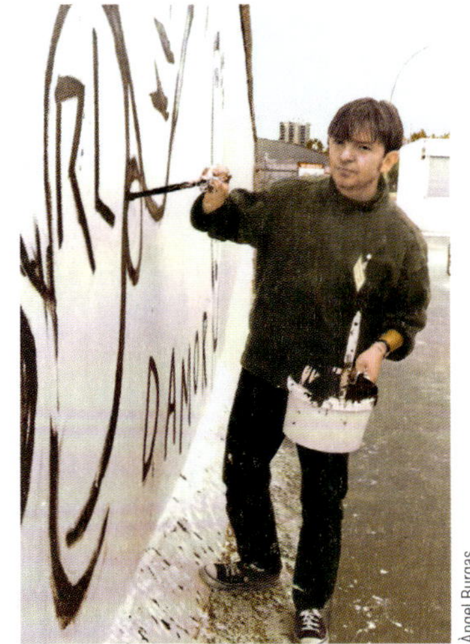

Àngel Burgas

Der Spanier Ignasi Blanch an der East Side Gallery, 1990

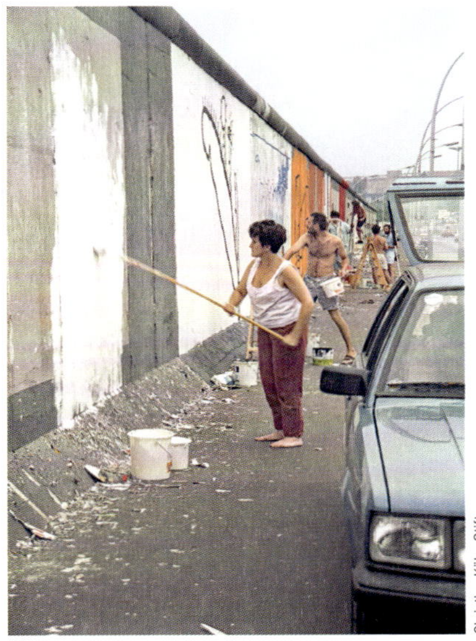

Christine Kühn Stiftung

Die westdeutsche Künstlerin Christine Kühn an der East Side Gallery, 1990

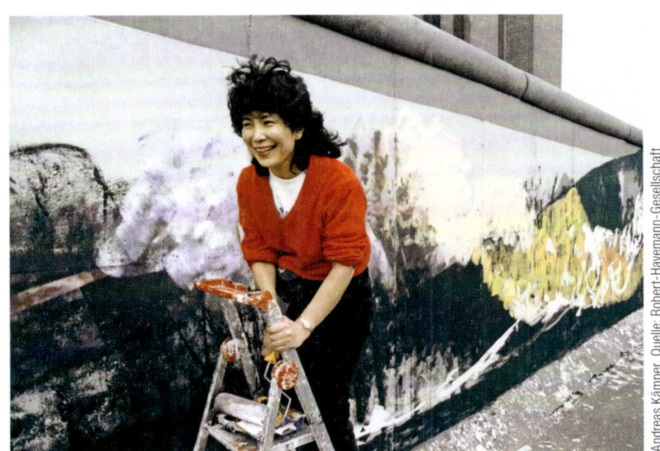

Andreas Kämper, Quelle: Robert-Havemann-Gesellschaft

Die Japanerin Kikue Miyatake an der East Side Gallery, 1990

Todesopfer an der Berliner Mauer im Umfeld der East Side Gallery

Die Berliner Mauer sollte verhindern, dass Menschen die DDR verließen. Viele nahmen dennoch das hohe Risiko einer Flucht in Kauf. Mehr als 785 000 Bürgerinnen und Bürger entkamen zwischen 1961 und 1989 auf diesem Weg der SED-Diktatur. Mindestens 101 Menschen schafften es nicht nach West-Berlin, sie kamen bei ihrem Fluchtversuch ums Leben.

Im Bereich der Mühlenstraße starben zwischen 1961 und 1972 mindestens sieben Männer auf der Flucht. Sie gelangten an den Grenzfluss, weil ihnen die Häuser und Höfe Schutz boten und nachts kaum einsehbar waren. Immer wieder gelang es Flüchtlingen, unbemerkt ins Wasser zu steigen und das West-Berliner Ufer zu erreichen. Aber Anton Walzer, Werner Probst und Manfred Weylandt wurden von den DDR-Grenzsoldaten entdeckt, die das Wasser mit Scheinwerfern beleuchteten und von den Brücken, vom Land und von Booten aus den Grenzfluss bewachten. Sie schwammen bis kurz vor die rettende Kaimauer auf der Kreuzberger Seite der Spree, als sie von Schüssen der Grenztruppen tödlich getroffen wurden. Udo Düllick konnte den Kugeln ausweichen; er starb vermutlich aufgrund von Unterkühlung und Erschöpfung. Philipp Held und Hans-Joachim Zock starben ebenfalls durch Ertrinken, ihre Fluchtversuche wurden aber erst entdeckt, als die Leichen aus dem Wasser geborgen wurden. Die Identität eines weiteren Flüchtlings konnte nie geklärt werden: Er ertrank vor den Augen von West-Berliner Anwohnern, und auch die DDR-Grenztruppen bemerkten ihn, aber sein Leichnam wurde nicht gefunden.

Vom Zeitraum ab 1972 sind fast keine Fluchtversuche und Todesopfer entlang der Mühlenstraße mehr bekannt. Bis 1978 waren dort die Häuser, Lagerhallen und Fabrikgebäude abgetragen worden. Die 3,60 Meter hohe »Grenzmauer 75« machte es unmöglich, in den Grenzbereich und an das Ufer der Spree zu gelangen. Für die DDR-Grenztruppen zeigte sich das nun freigeräumte Areal gut einsehbar, sie leuchteten es aus und konnten Bewegungen auf der weißen Rückseite der Mauer schnell erkennen. Nur einem jungen Mann gelang 1978 die Flucht: Er sprang von einem Boot ins Wasser und schwamm zum West-Berliner Ufer.

Im Grenzbereich an der Mühlenstraße verloren auch Menschen ihr Leben, die nicht die Absicht hatten, nach West-Berlin zu fliehen. Rätsel

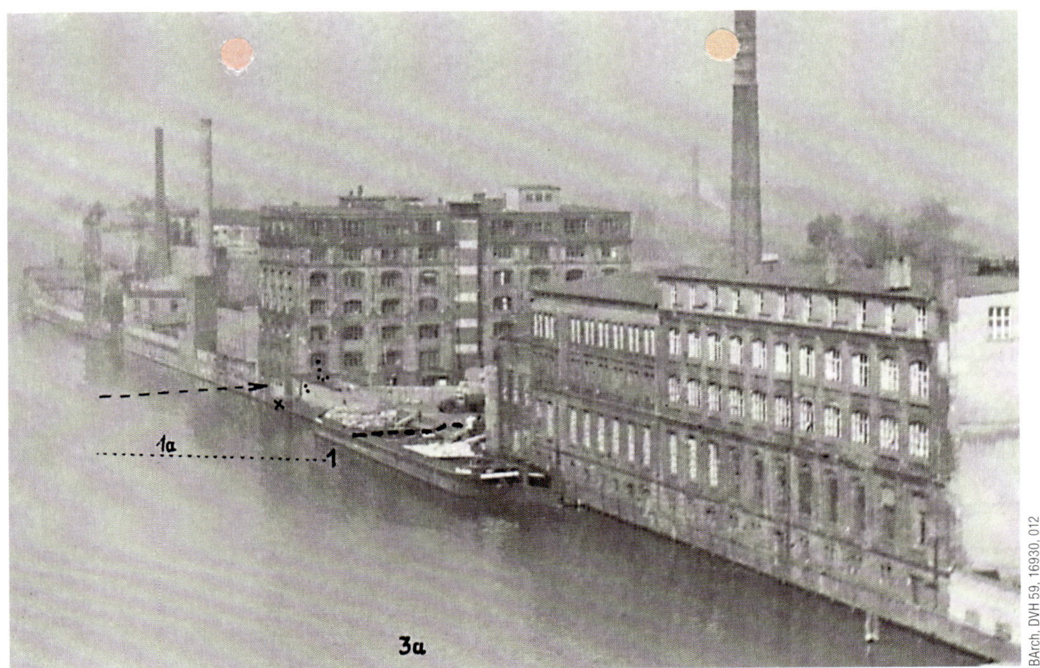

BArch, DVH 59, 16930, 012

Tatortfoto der DDR-Grenztruppen von Anton Walzers Fluchtweg in der Spree nahe der Oberbaumbrücke, 8. Oktober 1962

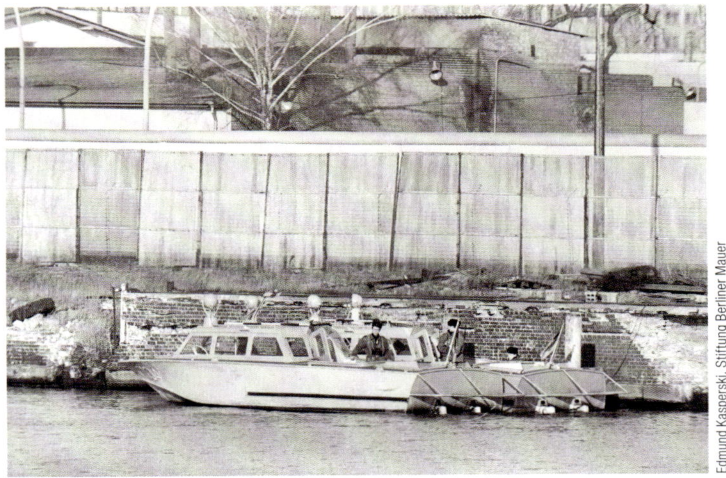

Edmund Kasperski, Stiftung Berliner Mauer

Ein Boot der Grenztruppen in der Spree am Mühlenstraßenufer, 1980

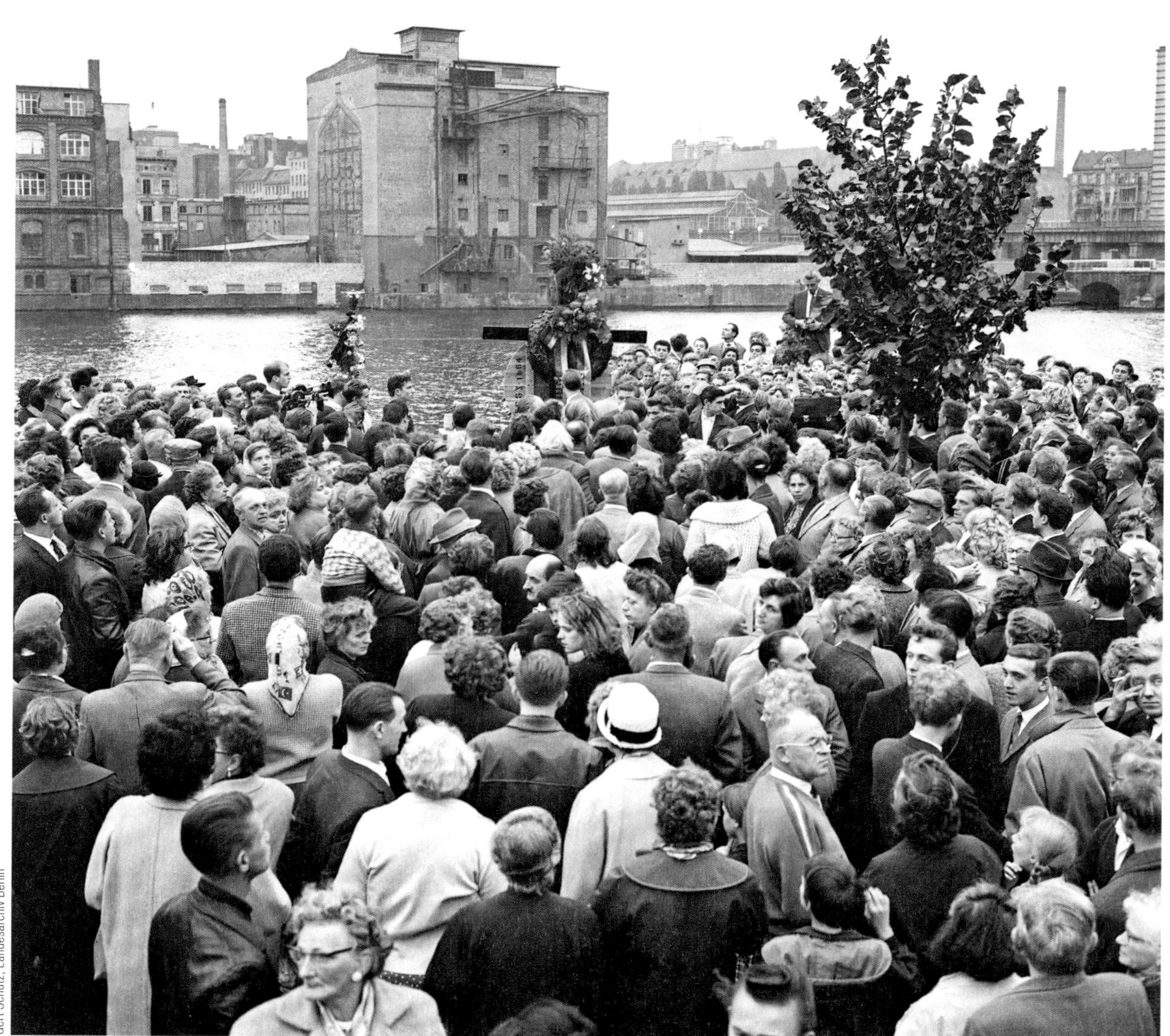

Gert Schütz, Landesarchiv Berlin

Gedenkveranstaltung für Udo Düllick am 9. Oktober 1961 am West-Berliner Ufer gab hier Ulrich Krzemien auf. Er war 1962 durch den Teltowkanal nach West-Berlin gelangt. Drei Jahre später schwamm er durch die Spree auf das Ost-Berliner Ufer zu und ertrank kurz vor der Kaimauer. Ein DDR-Grenzsoldat reagierte zu spät, der Leichnam wurde erst viele Tage später geborgen. Der West-Berliner Heinz Müller stand auf einem Aussichtspodest an der Schillingbrücke, als er, betrunken, in die Grenzanlagen fiel und von einem Grenzposten angeschossen wurde. Er erlag seinen Verletzungen.

Und dieser Konflikt, der sich dann abspielt: Sie haben alles, Sie könnten helfen, aber Sie dürfen nicht helfen, weil es politisch nicht gewollt ist.

Interview, 2021

Am West-Berliner Ufer kamen zwischen 1972 und 1974 vier Kinder ums Leben. Die Fünf- bis Achtjährigen fielen beim Spielen in die Spree und ertranken, weil der Fluss Grenzgewässer war. Cengaver Katrancı, Siegfried Kroboth, Giuseppe Savoca und Çetin Mert konnten sich allein nicht aus dem Wasser retten.

Den Booten der DDR-Grenztruppen war es ohne ausdrücklichen Befehl untersagt, so nah ans West-Berliner Ufer zu fahren. West-Berliner Rettungskräfte konnten nicht eingreifen wegen der Gefahr, dass die Grenztruppen auf sie schießen könnten. Der West-Berliner Senat weigerte sich, einen Zaun aufzustellen, weil er befürchtete, damit die Grenze anzuerkennen.

Erst im Oktober 1975 trafen West-Berliner Senat und DDR-Regierung Regelungen zur Rettung von West-Berliner Personen in Grenzgewässern. Dafür wurden Rettungssäulen an der Wassergrenze zwischen Ost- und West-Berlin installiert, an denen die DDR-Grenzposten über einen Unfall informiert werden konnten.

Auch der sechsjährige Andreas Senk ertrank im Grenzgewässer. Sein Sturz in die Spree am Morgen des 13. September 1966 blieb vermutlich von den DDR-Grenzsoldaten unbemerkt.

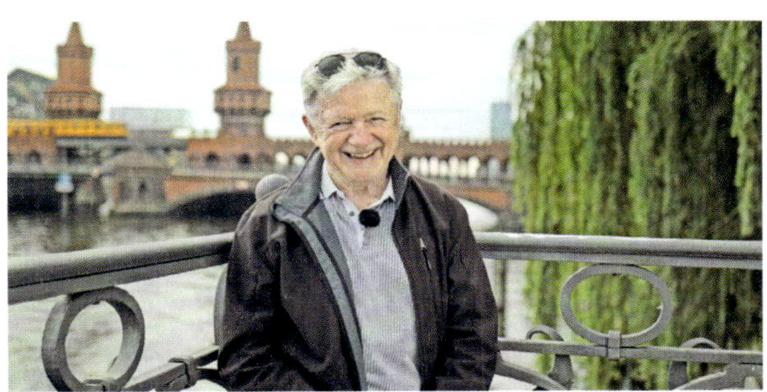

Stefan Krauss, Stiftung Berliner Mauer, 2021

Klaus Abraham

Klaus Abraham wurde 1937 in Berlin geboren. 1960 begann er eine Ausbildung bei der West-Berliner Feuerwehr. Nach dem Mauerbau half er bei Einsätzen an der Grenze, wenn Menschen aus ihren Wohnungen in die Sprungtücher der West-Berliner Feuerwehr sprangen. Als Feuerwehrtaucher rief man ihn, als Cengaver Katrancı am 30. Oktober 1972 in die Spree fiel. Allerdings war es ihm verboten, nach ihm zu suchen – die Spree gehörte zur DDR. Die Feuerwehrmänner versuchten, mit dem Kommandanten auf der Oberbaumbrücke und der Besatzung der DDR-Patrouillenboote zu sprechen und die Erlaubnis zu bekommen, in das Wasser zu steigen. »Wir haben gar keine Antwort bekommen«, erinnert sich Klaus Abraham. Seit diesem Tag bedrückt ihn die befohlene Untätigkeit. Nach 1990 erlebte er in leitender Funktion das Zusammenwachsen der beiden Feuerwehren in Berlin. Bis heute ist er der Meinung, dass »Ost« und »West« viel mehr und länger miteinander reden müssten, als es bisher geschehen ist.

»Diese Mauer wird nicht abgerissen!« – Die Idee für die East Side Gallery

Seit den 1980er Jahren haben Künstlerinnen und Künstler und viele andere Menschen die Grenzmauer vom Westen aus bemalt. In den innerstädtischen Bezirken West-Berlins, vor allem in Kreuzberg, war die Mauer fast durchgängig bunt und beschrieben. Schon vor der Maueröffnung träumten auch Ost-Berliner Künstlerinnen und Künstler davon, die trennende Wand auf der Ostseite zu bemalen. Angesichts des Verbots, die Mauer auch nur zu berühren, geschweige denn, sie zu verändern, schien dies bis November 1989 jedoch aussichtslos. Die Mauer war Bestandteil und Symbol einer angsteinflößenden Grenze, an der Menschen erschossen wurden, ums Leben kamen.

Erst die Grenzöffnung am 9. November 1989 machte es möglich, die Grenzanlage auch von östlicher Seite zumindest abschnittsweise in ein Kunstwerk zu verwandeln. Die Idee zur East Side Gallery entwickelten David Monty aus West-Berlin und Heike Stephan aus Ost-Berlin gemeinsam. Sie waren nicht die Einzigen, die die Berliner Mauer und das Grenzgebiet zwischen Ost- und West-Berlin künstlerisch nutzen oder überformen wollten. Grenze, Grenzöffnung, Grenzräume und die Veränderung der Stadt waren Themen, die viele Künstlerinnen und Künstler 1990 bewegten. Zu den bekanntesten der künstlerischen Aktivitäten gehörten das »Parlament der Bäume« von Ben Wagin in Berlin-Mitte sowie die Ausstellung »Die Endlichkeit der Freiheit«, die in beiden Stadthälften Installationen im öffentlichen Raum zeigte.

Doch den größten Publikumszulauf hatte die East Side Gallery. Sie wurde schon vor ihrer Eröffnung am 28. September 1990 berühmt und auf unzähligen Fotos festgehalten. Die Initiatorin und der Initiator der East Side Gallery sind weniger bekannt, vermutlich weil beide das Projekt nicht lange begleiteten. Nach ihnen war es Christine MacLean, die frühere Assistentin David Montys, die es erfolgreich zu Ende führte und im September 1990 gemeinsam mit vielen Künstlerinnen und Künstlern die East Side Gallery eröffnete.

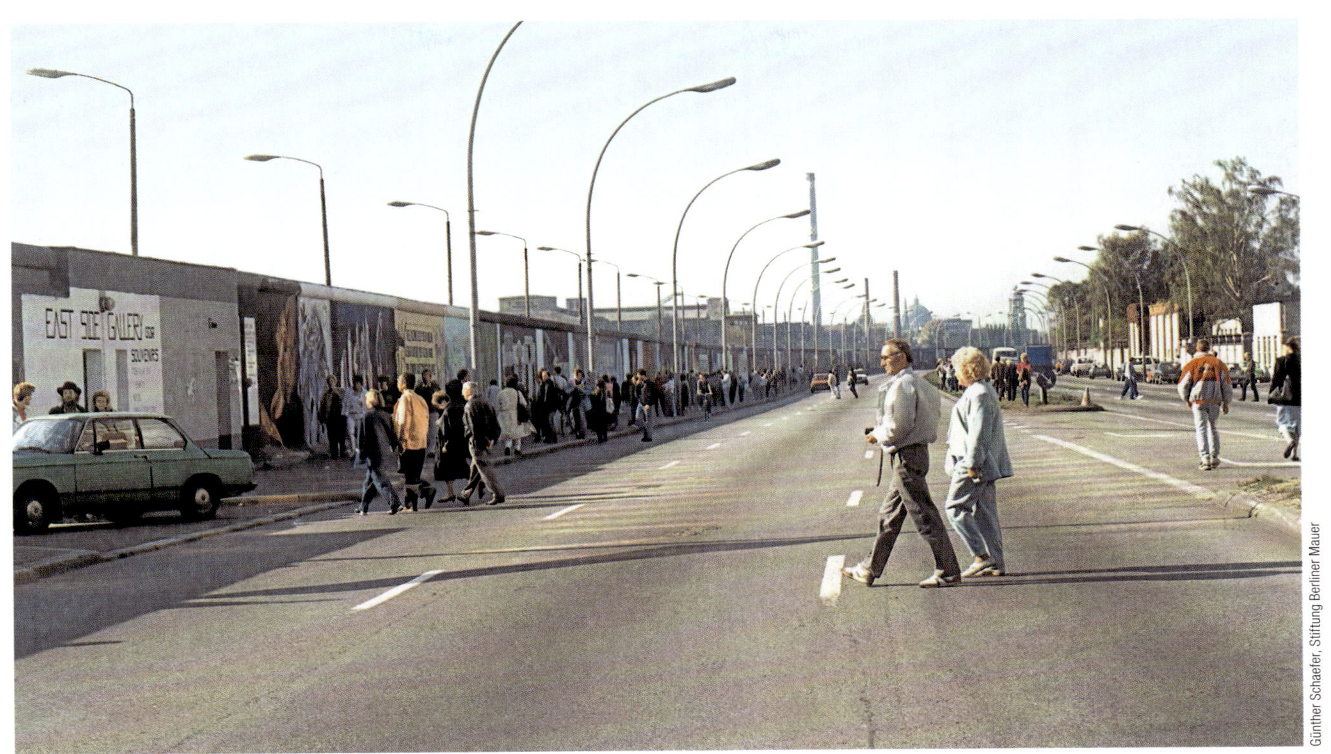

Günther Schaefer, Stiftung Berliner Mauer

Eröffnung der East Side Gallery am 28. September 1990

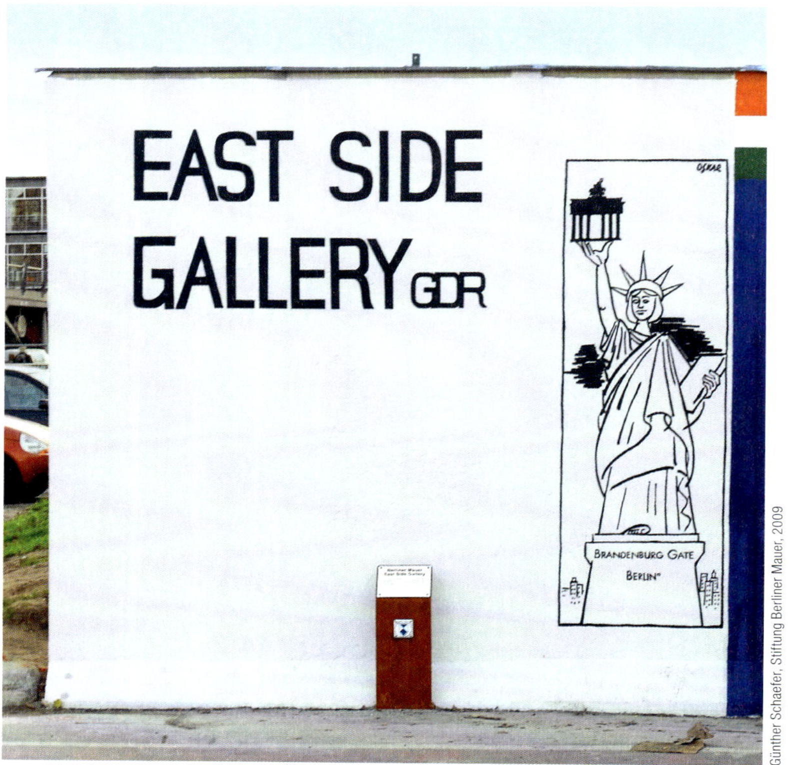

Günther Schaefer, Stiftung Berliner Mauer, 2009

HANS BIERBRAUER (OSKAR)

East Side Gallery, GDR

Hans Bierbrauer (Oskar) wurde 1922 in Berlin geboren. Seine politischen Karikaturen in den Berliner Tageszeitungen während der Berlinblockade 1948/49 machten den Lithografen und Maler bekannt. In den 1970er Jahren sprach er über Berlin hinaus ein Publikum an, als er in Fernsehshows wie »Dalli Dalli« als Schnellzeichner auftrat. An der East Side Gallery malte er nicht selbst, aber die Galerie beginnt mit einer seiner Karikaturen: Oskar genehmigte dem US-amerikanischen Künstler Lance Keller, seine New Yorker Freiheitsstatue zu kopieren. Hans Bierbrauer verstarb 2006 in Eutin.

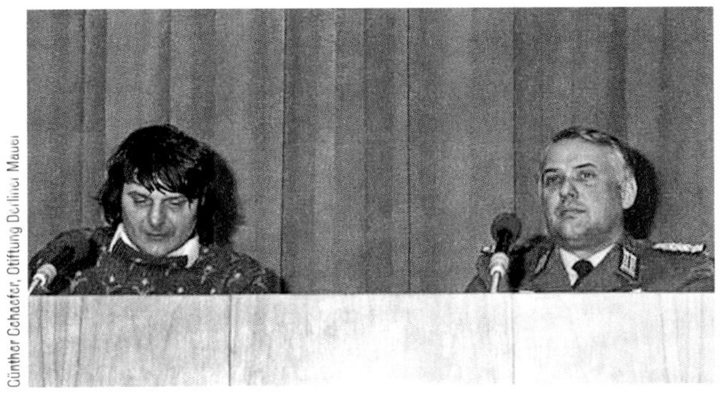
Günther Schaefer, Stiftung Berliner Mauer

David Monty bei einer gemeinsamen Pressekonferenz mit Oberstleutnant Rainer Menzel, Pressesprecher des Grenzkommandos Mitte, über die Idee zur Galerie, 29. Januar 1990

David Monty

David Monty wurde 1949 geboren und kam mit 16 Jahren nach West-Berlin. Er arbeitete als Radiomoderator und Journalist, in den 1970er Jahren hatte er ein Atelier in Kreuzberg. Am Abend des 17. November 1989 begegnete der Kulturmanager der Ost-Berliner Künstlerin Heike Stephan, und sie begannen die Idee für die längste Freiluftgalerie der Welt zu entwickeln. Es war David Monty, der mit dem Ministerium für Nationale Verteidigung der DDR verhandelte und nach einigen Treffen die offizielle Genehmigung für die Mauerbemalung in der Mühlenstraße erhielt. Bei einer Pressekonferenz im Januar 1990 forderte er Künstlerinnen und Künstler aus der DDR, der Bundesrepublik und aus dem Ausland auf, kritische Kunst auf die Mauer zu bringen. Er versicherte, dass dieser Mauerabschnitt nicht abgerissen würde, und stellte Ausstellungs- und Verkaufsmöglichkeiten für weitere Werke der Kunstschaffenden in Aussicht. David Monty veröffentlichte Beteiligungsaufrufe in Zeitungen und Radiosendungen, zog sich aber im Mai 1990 aus dem Projekt zurück. Er lebt in Berlin.

» Mein Sinn der Sache war ja, wie kann man aus einer Mauer – wo viele Menschen zu Schaden gekommen sind –, wie kann man das umdrehen? Dass die Mauer keine Todeszone mehr ist, sondern eine Begegnungsstätte. Wo man sich freut, hingeht, diskutiert, neugierig wird auf die Künstler.

Interview mit Ralf Gründer, 2019

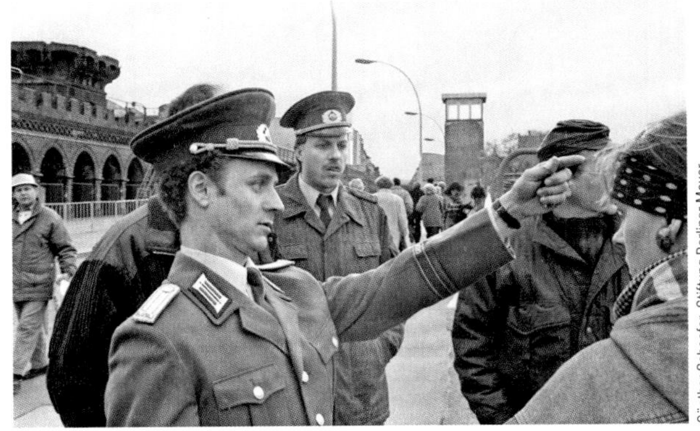
Günther Schaefer, Stiftung Berliner Mauer

Im Anschluss an die Pressekonferenz besichtigen interessierte Künstlerinnen und Künstler, David Monty und DDR-Grenzsoldaten den Mauerabschnitt von der Oberbaumbrücke aus, 29. Januar 1990

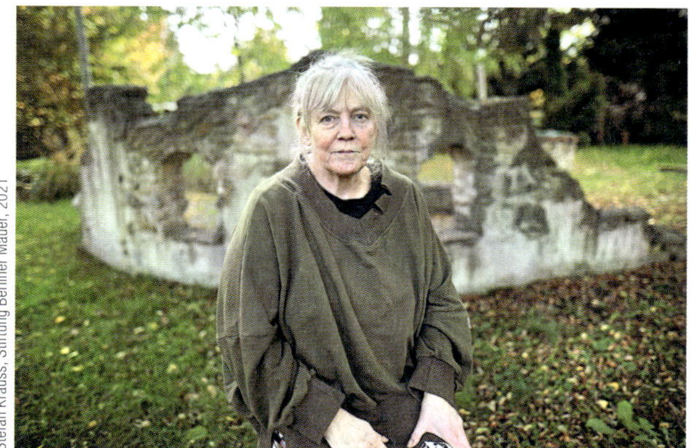

Stefan Krauss, Stiftung Berliner Mauer, 2021

Heike Stephan

Heike Stephan wurde 1953 in Thüringen (DDR) geboren. Schon als Kind wollte sie Künstlerin werden. 1982 schaffte sie es, als Autodidaktin in den Verband Bildender Künstler in Erfurt aufgenommen zu werden. Zusammen mit anderen Frauen veranstaltete sie Performances. Die Stasi beobachtete sie. 1983 zog Heike Stephan nach Ost-Berlin und beteiligte sich im November 1989 an der ersten Malaktion auf der Ostseite der Berliner Mauer am Potsdamer Platz. Die Mauer wurde weiß grundiert, Farben waren gestellt worden, internationale Fernsehsender berichteten von der Aktion. Aber die Berliner Mauer befand sich auch weiterhin im Eigentum der DDR, und am nächsten Tag überstrichen Grenzsoldaten die Bilder. Heike Stephan entwickelte nun gemeinsam mit David Monty die Idee für die East Side Gallery. Die Aktion vom Potsdamer Platz sollte weitergeführt werden, dieses Mal mit internationalen Kunstschaffenden und mit dem Ziel einer Open-Air-Galerie. Als das Ministerium für Nationale Verteidigung entschied, die Mauer an der Mühlenstraße zur Verfügung zu stellen, stieg Heike Stephan aus dem Projekt aus. Der 1,3 Kilometer lange Abschnitt entsprach nicht ihrer Vorstellung von einer großen, internationalen und weltweit längsten Open-Air-Galerie. Heute lebt die Künstlerin und Kuratorin in Thüringen.

> **Die East Side Gallery ist eine meiner größten Ideen gewesen.**
> Interview, 2021

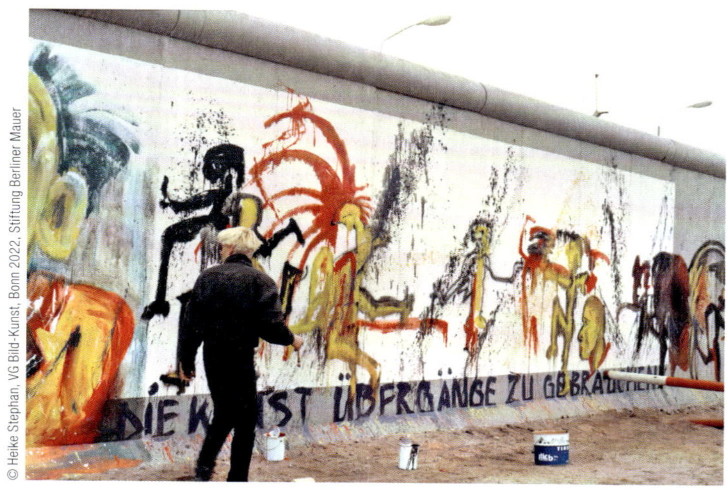

© Heike Stephan, VG Bild-Kunst, Bonn 2022, Stiftung Berliner Mauer

Heike Stephans Gemälde auf der Mauer am Potsdamer Platz am 17. November 1989

Keiner von uns wusste, wohin die ESG führte, es war kein ausgetretener Weg, genau wie die Wiedervereinigung. Du bist einfach mit dem Strom geschwommen. Nur Begeisterung trieb uns voran.

MacLean: Zwei Berlins, eine Mauer, 2019

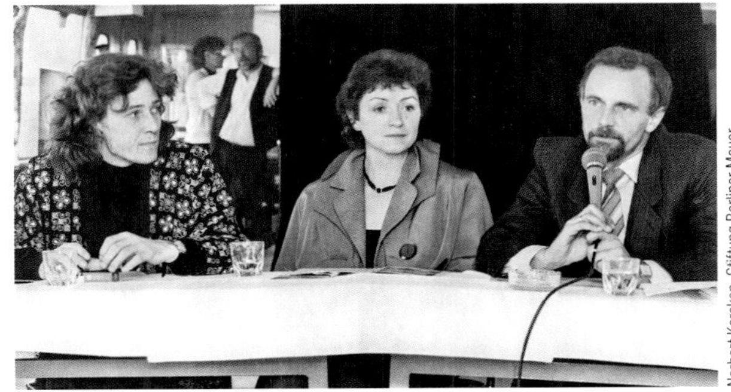

Norbert Kersken, Stiftung Berliner Mauer

Christine MacLean (Mi.) mit Peter Nagelschmidt und Rainer Uhlmann von der Werbe- und Veranstaltungsagentur (Wuva), 1990

Christine MacLean

Christine MacLean, geboren in Schottland, kam 1979 nach West-Berlin. Von 1982 bis 1986 arbeitete sie in der Britischen Botschaft in Ost-Berlin. Ab Frühjahr 1990 koordinierte sie als Assistentin von David Monty, später als Mitarbeiterin der Werbe- und Veranstaltungsagentur (Wuva) die Künstlerinnen und Künstler an der East Side Gallery. Sie betreute die mehr als hundert Malenden, teilte Mauerstücke zu, organisierte Farben, Eimer und Leitern und stellte ihr Auto als Depot und ihre Wohnung als Übernachtungsmöglichkeit zur Verfügung. Christine MacLean trieb der Austausch mit den Künstlerinnen und Künstlern an – und die Idee, mit der East Side Gallery ein Denkmal der Hoffnung und Freude zu schaffen. Ende 1991 war ihre Arbeit getan, und sie widmete sich neuen Projekten. Später ging sie zurück nach Schottland und war dort bis zu ihrem Tod 2021 als Heilpraktikerin tätig.

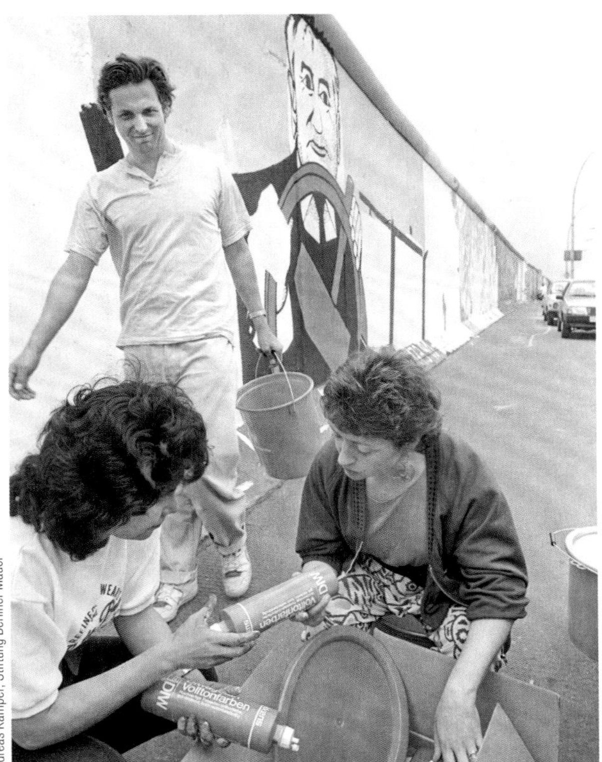

Andreas Kämper, Stiftung Berliner Mauer

Christine MacLean bringt Kikue Miyatake Farben, 1990

Wer sind die Künstlerinnen und Künstler der East Side Gallery?

An der East Side Gallery konnten alle mitwirken, die mit ihrer Kunst die Mauer verändern wollten. East-Side-Gallery-Initiator David Monty lud die Mitglieder der ost- und westdeutschen Künstlerverbände ein und warb darüber hinaus mit Zeitungsanzeigen und Radioaufrufen für sein Projekt. Viele Künstlerinnen und Künstler wurden zudem über Mund-zu-Mund-Propaganda oder direkt angesprochen.

Danach verlief das Prozedere immer gleich: Wer sich beteiligen wollte, reichte Skizzen für ein Mauerbild ein, die von David Montys Assistentin Christine MacLean freigegeben wurden. Entscheidend war, dass die Skizze der Auflage des DDR-Ministerrates »im humanistischen Geiste« entsprach und sich mit den Themen Freiheit, Menschenrechte oder Umweltschutz beschäftigte. Es gab aber auch Künstlerinnen und Künstler, die das Prozedere nicht kannten oder es umgehen wollten und spontan und ungefragt auf die Mauer malten.

Die Mitwirkenden kamen aus 21 Ländern, wobei sich die meisten Kunstschaffenden 1990 gerade in Berlin oder in Deutschland aufhielten. Die Hälfte lebte in Ost-Berlin oder der DDR. Die meisten waren um die 30 Jahre alt. Einige hatten Kunst studiert oder gelernt und verdienten damit ihr Geld. Andere standen am Anfang ihrer Karriere und malten das erste Mal im öffentlichen Raum auf eine große Fläche. Und wieder andere malten nur dieses eine für alle zugängliche Bild.

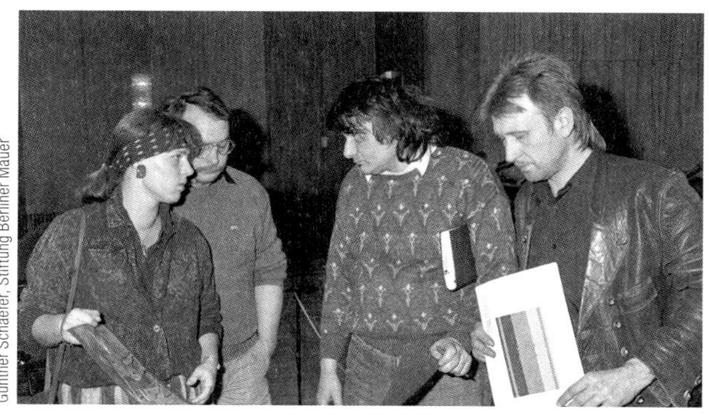

Günther Schaefer, Stiftung Berliner Mauer

Nach der Pressekonferenz zur East Side Gallery im Januar 1990 diskutiert David Monty mit Günther Schaefer und einer unbekannten Künstlerin deren Entwürfe

Die 118 Künstlerinnen und Künstler malten von Februar bis September 1990, oft mehrere Tage lang, während die Abgase an der Straße das Atmen erschwerten. Wer schon zu Beginn des Jahres 1990 malte, kam häufig ins Gespräch mit den Menschen, die am Grenzübergang Oberbaumbrücke entlang der Mauer anstanden, oder sprach auch mit den DDR-Grenzsoldaten. Im Herbst war die Situation anders, häufig malten die Künstlerinnen und Künstler jetzt allein, und es gab weniger Gespräche mit Vorbeigehenden. Erst bei der Eröffnungsfeier am 28. September 1990 lernten sich alle Künstlerinnen und Künstler kennen.

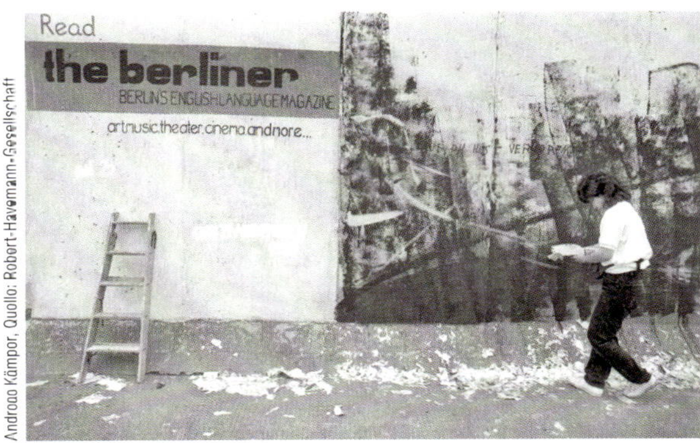

Andreas Kämper, Quelle: Robert-Havemann-Gesellschaft

Die japanische Künstlerin Kikue Miyatake ist gerade zu einem Arbeitsaufenthalt in Frankfurt am Main, als sie 1990 von der Möglichkeit erfährt, sich an der East Side Gallery zu beteiligen

Birgit Kinder malt 1990 ihren Trabi an die Mauer, ohne um Erlaubnis zu fragen – nachdem sie sich mit ihrer Nachbarin Margaret Hunter über den Platz geeinigt hat

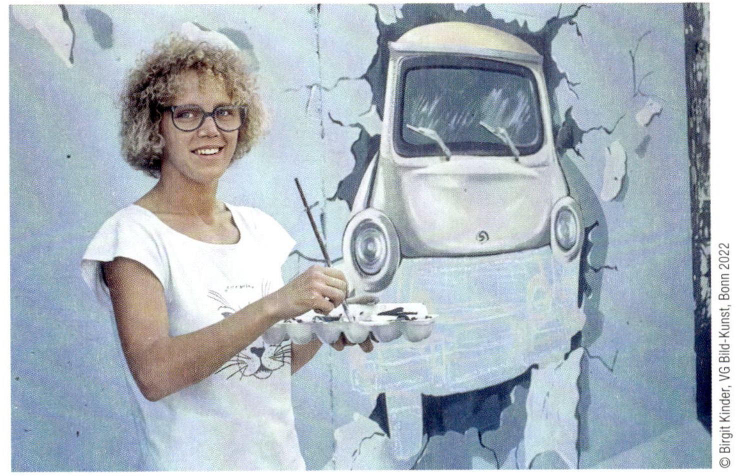

Andreas Kämper, Quelle: Robert-Havemann-Gesellschaft

Der in Deutschland und Indien lebende Künstler Kumar Narendra Jain gehört zu den Ersten, die 1990 an der Mühlenstraße malen

Die Berliner Mauer als Thema und Objekt der Kunstwerke

Als die Künstlerinnen und Künstler 1990 für die East Side Gallery auf die Mauer an der Mühlenstraße malten, war die Grenze das meistgewählte Thema. Niemanden ließ die Tatsache unberührt, von Osten auf eine noch kurz zuvor streng bewachte Grenzmauer des Europa teilenden Eisernen Vorhangs zu malen. Einige Künstlerinnen und Künstler lebten in der DDR und hatten wie Susanne Kunjappu-Jellinek und Thomas Klingenstein selbst Erfahrungen mit Flucht, Ausreise und politischer Haft gemacht. Für andere wie Gabriel Heimler waren Grenzen an sich das Thema ihres Bildes und die Mauer ein Beispiel dafür.

In einigen Darstellungen wurde das Bauwerk Mauer zum Objekt der Kunst: Die Veränderung der Mauer war Ziel und Inhalt der Kunstwerke. Die ungarische Künstlergruppe Stellvertretende Durstende warf Farbeimer über die Mauer, ihr Bild zeigt die Farbspuren. Christine Kühn ließ Vorübergehende ihren farbigen Handabdruck auf der Mauer hinterlassen, und Laszlo Erkel bohrte sogar Löcher hinein – für einen Blick in die Unendlichkeit. Sie spielten mit der Unberührbarkeit der Grenzmauer und nahmen ihr durch die Kunst die angstbesetzte Unnahbarkeit. Stephan Jäger (Cacciatore) und Oliver Meline kalkulierten den Abbau oder Zerfall der Mauer und das Verschwinden ihres Bildes in die Aussage ihres Kunstwerks ein.

SUSANNE KUNJAPPU-JELLINEK

Curriculum Vitae

Eine Rosenblüte für jedes Todesopfer an der Berliner Mauer – das Bild von Susanne Kunjappu-Jellinek stellt den »Lebenslauf der Mauer« dar. Bei aller Freude über den Mauerfall war es der Künstlerin wichtig, die Mauer als das darzustellen, was sie gewesen war: ein Bauwerk des Kalten Krieges, mit Opfern auf beiden Seiten und einem Todesstreifen, der Menschen daran hindern sollte, ihr ungeliebtes Land zu verlassen. Die Blüten ergänzte sie in der Version von 2009, um die Erinnerung an die Todesopfer wachzuhalten.

Susanne Kunjappu-Jellinek lebte in Ost-Berlin und studierte Kunst. 1971 wurde sie wegen »Vorbereitung eines ungesetzlichen Grenzübertritts« verhaftet und ein Jahr später durch die Bundesrepublik freigekauft. In München absolvierte sie die Meisterschule für Mode. Die Künstlerin lebt heute in Berlin.

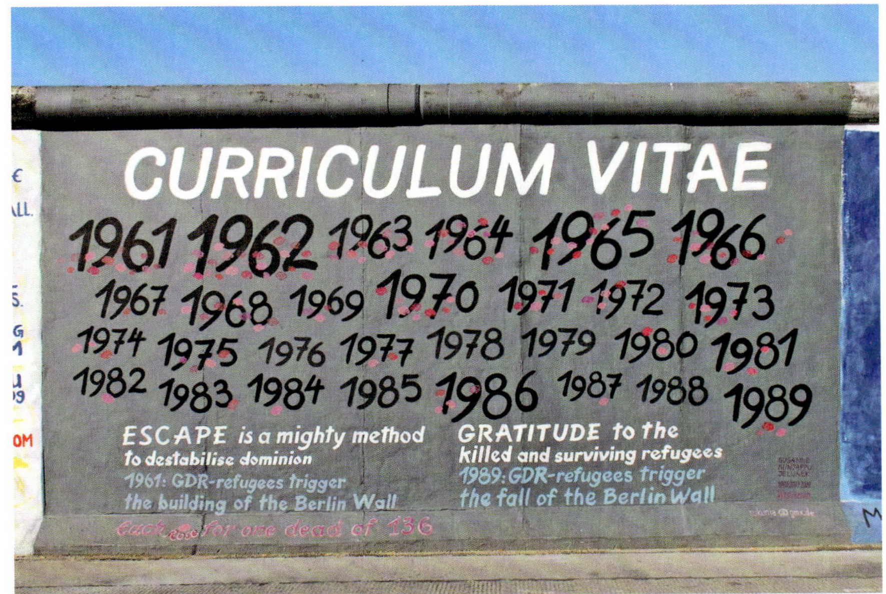

Günther Schaefer, Stiftung Berliner Mauer

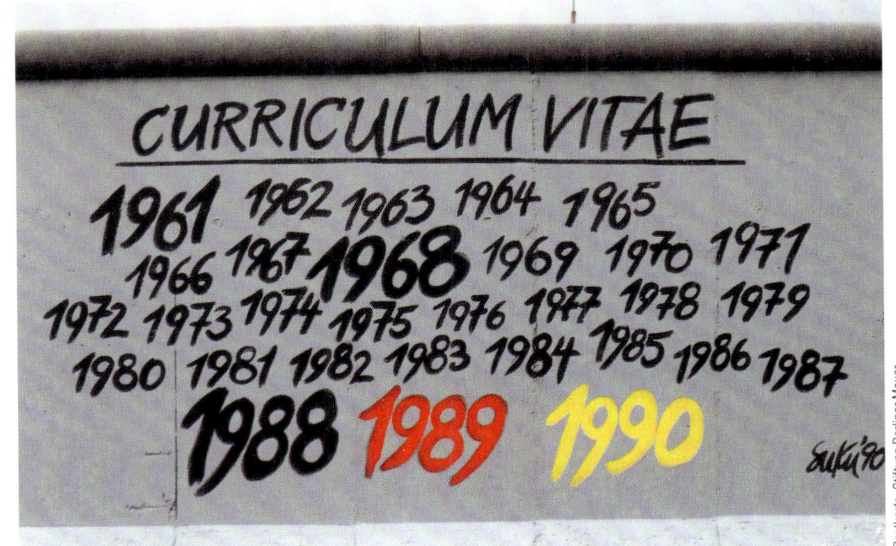

Postkarte, Stiftung Berliner Mauer

2009 (oben) und 1990 (unten)

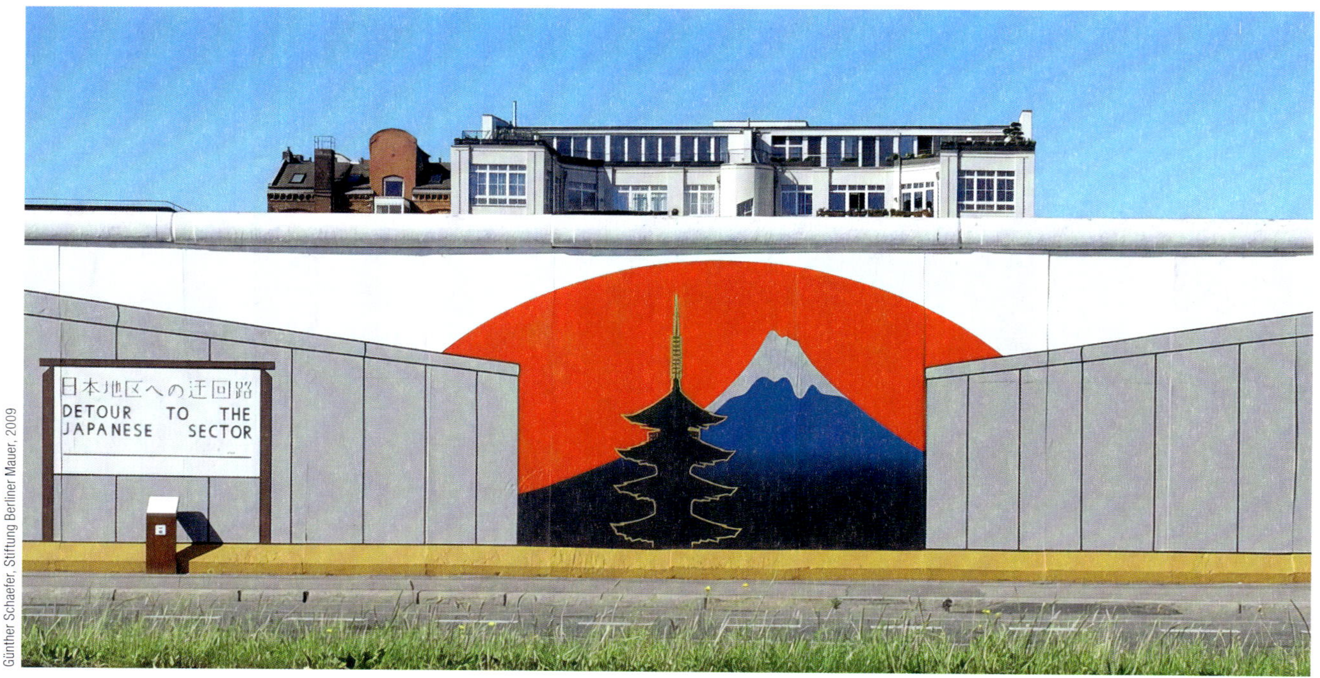

Günther Schaefer, Stiftung Berliner Mauer, 2009

THOMAS KLINGENSTEIN

Umleitung in den japanischen Sektor

»Die Mauer geht auf, ich kann mir einen Wunsch erfüllen, kann in eine fremde oder in eine andere Kultur gehen, kann etwas erfahren, darf reisen« – diesen Kindheitswunsch brachte der 1961 in Ost-Berlin geborene Thomas Klingenstein auf die East Side Gallery. Schon als Schüler interessierte er sich für Asien, durfte dann aber nicht Japanologie studieren. 1981 wurde der Oppositionelle verhaftet und nach vier Monaten Haft in die Bundesrepublik abgeschoben. Er wohnte in West-Berlin und Paris und ab 1984 für zehn Jahre in Japan. Der Künstler und Schriftsteller lebt heute in Berlin.

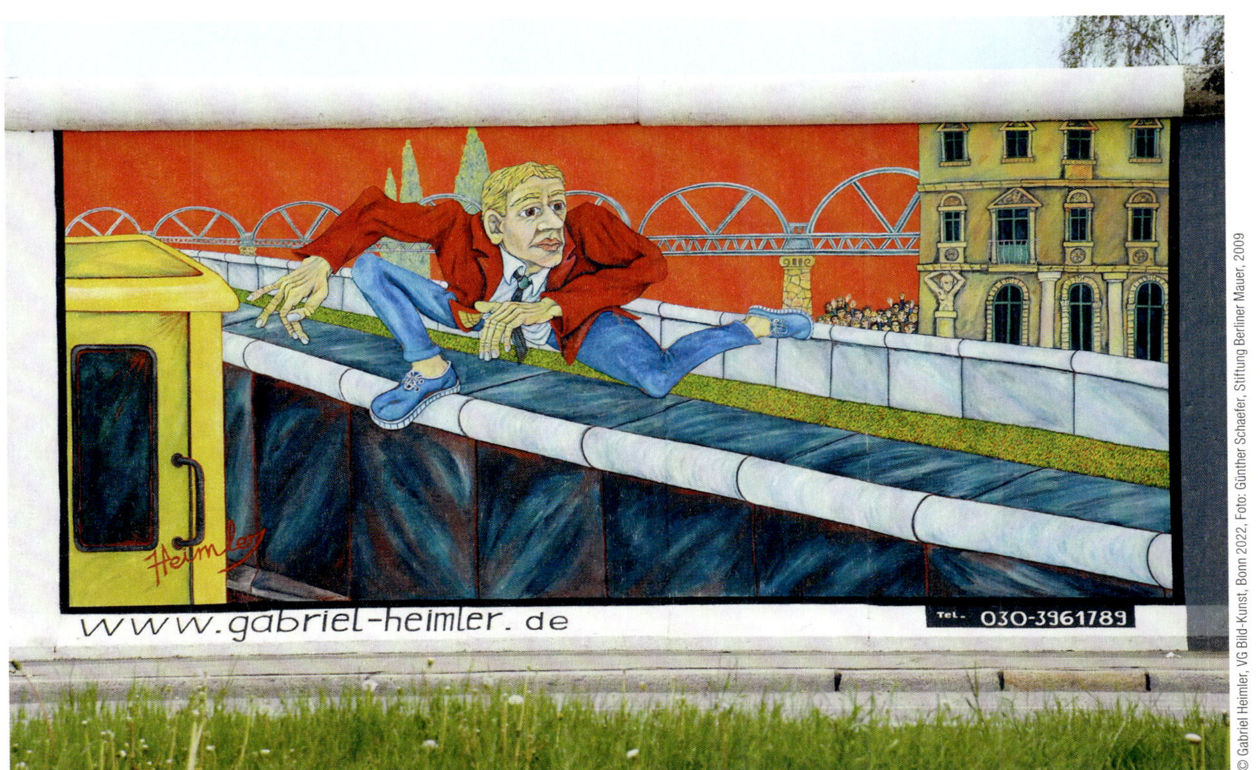

GABRIEL HEIMLER

Mauerspringer

Gabriel Heimler ging es mit seinem »Mauerspringer« nicht um die Richtung des Überspringens, sondern um das Überwinden der Grenze an sich. Für den Künstler ist die springende Figur das »human potential«, die »menschliche Möglichkeit«. Die Figur kann alles – von West nach Ost und von Ost nach West springen. Das Bild lässt sich auf seine Biografie beziehen: Gabriel Heimler hat einen französischen und einen ungarischen Pass, lebte in Ost- und in West-Berlin. Er verließ Berlin nach Erfahrungen mit antisemitischen Anfeindungen und wohnt seit 2010 in Neuseeland.

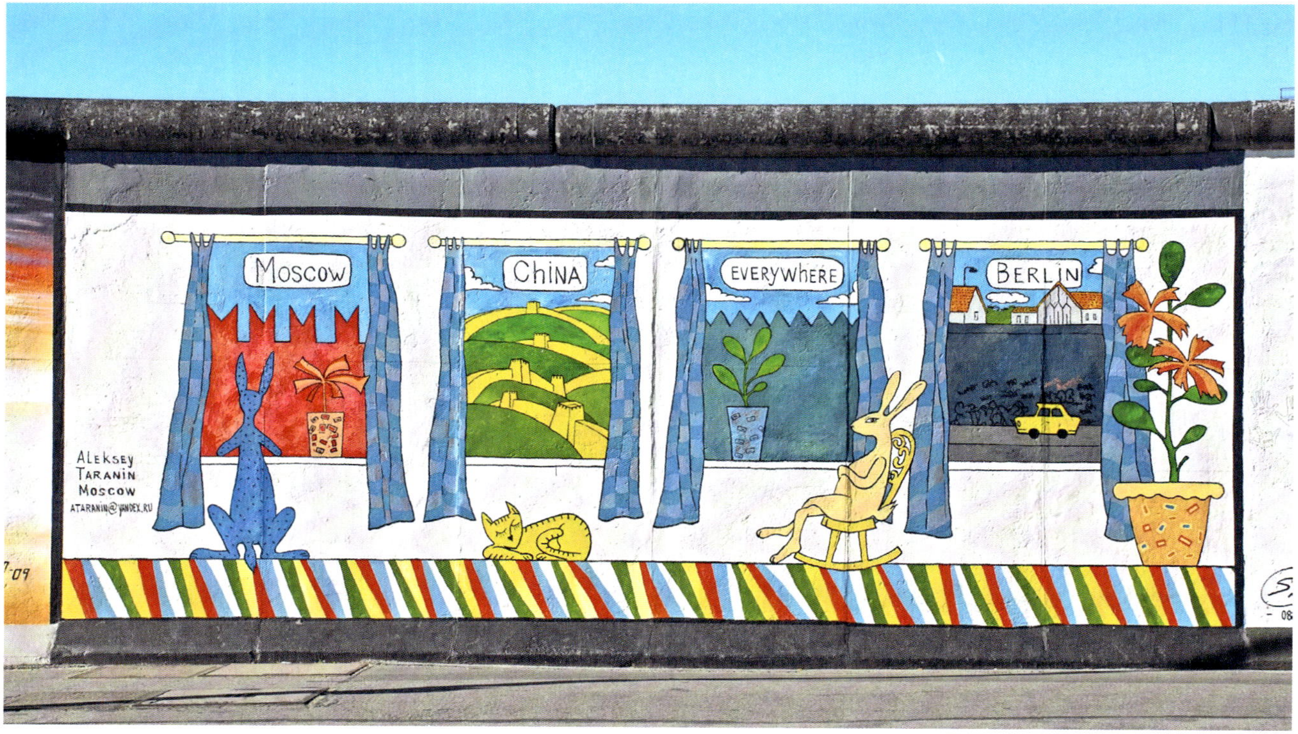

Günther Schaefer, Stiftung Berliner Mauer

ALEXEJ TARANIN

Mauern International

Alexej Taranin studierte Kunst in Moskau. 1990 kam der Buchillustrator nach Berlin. Ursprünglich hatte er ein Bild zum Thema Aids auf die Mauer gemalt. Christine MacLean, für die Galerie zuständig, lehnte es jedoch als anstößig ab, eine ihrer seltenen inhaltlichen Einflussnahmen. Taranin übermalte es und schuf das Bild »Mauern International«, das auf ironische Weise Mauern in der Welt darstellt. Er wollte damit seine – ihm aus der Rückschau naiv erscheinende – Hoffnung ausdrücken, dass »bald alle Mauern der Welt zusammenbrechen« werden und alles »grenzenlos schön« wird.

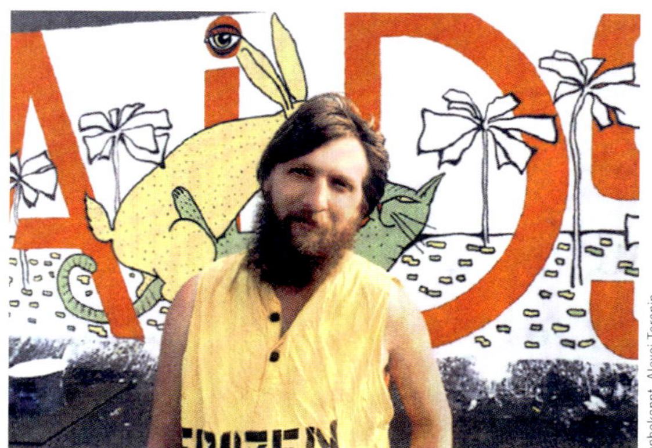

unbekannt, Alexej Taranin

Alexej Taranin vor seinem ersten Bild zum Thema Aids, 1990; oben: 2009

STELLVERTRETENDE DURSTENDE

Wir haben versucht, Farben über die Mauer hinübergelangen zu lassen

Die Künstlergruppe Hejettes Szomjazók (Stellvertretende Durstende) gründete sich 1984 in Budapest. Die Mitglieder waren Balázs Beöthy, Attila Danka, Balázs Fekete, Elek Is, Attila Nagy, Rolland Pereszlenyi und Tibor Varnagy. Für ihr Bild 1990 warfen die Künstler Farbeimer über die Berliner Mauer. Dies sollte symbolisch stehen für die Öffnung des Eisernen Vorhangs in Ungarn. 2009 versuchte die Gruppe, ihr Bild durch das präzise Werfen der Farbeimer möglichst genau zu reproduzieren.

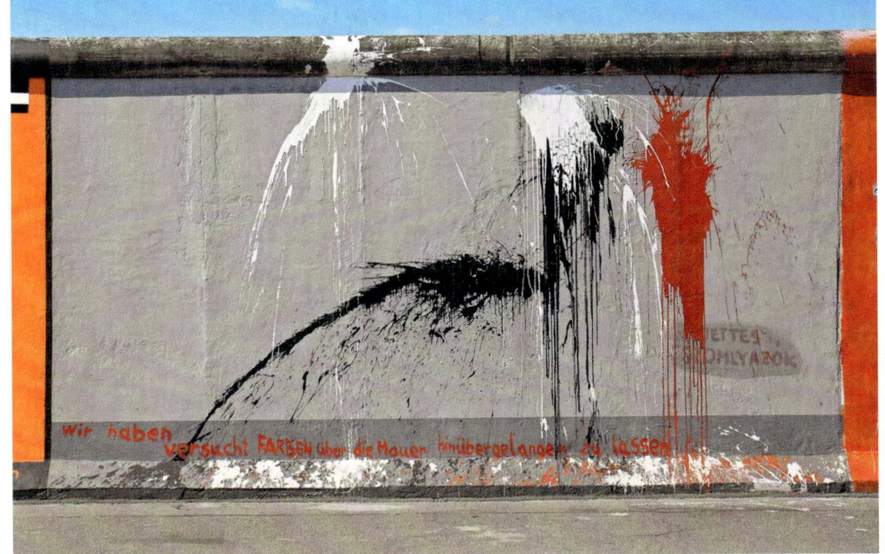

Günther Schaefer, Stiftung Berliner Mauer

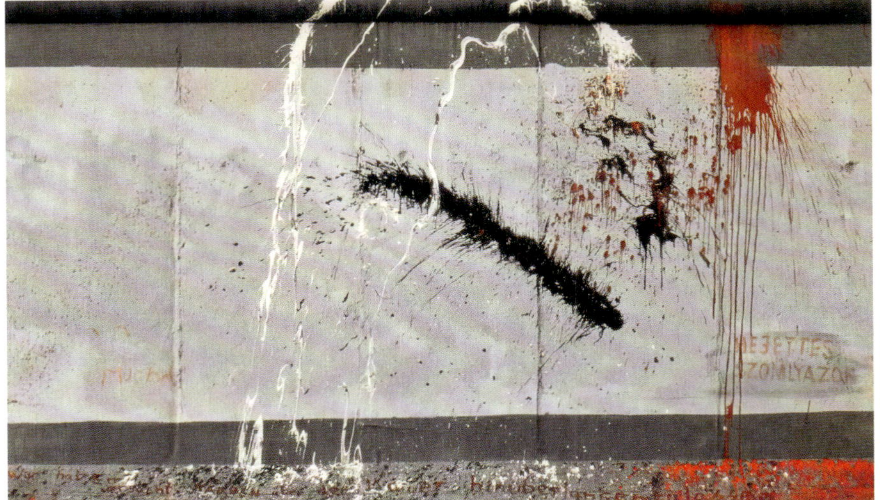

Postkarte, Stiftung Berliner Mauer

Bei der Sanierung 2009 (oben) versuchten die Künstler genauso zu werfen wie 1990

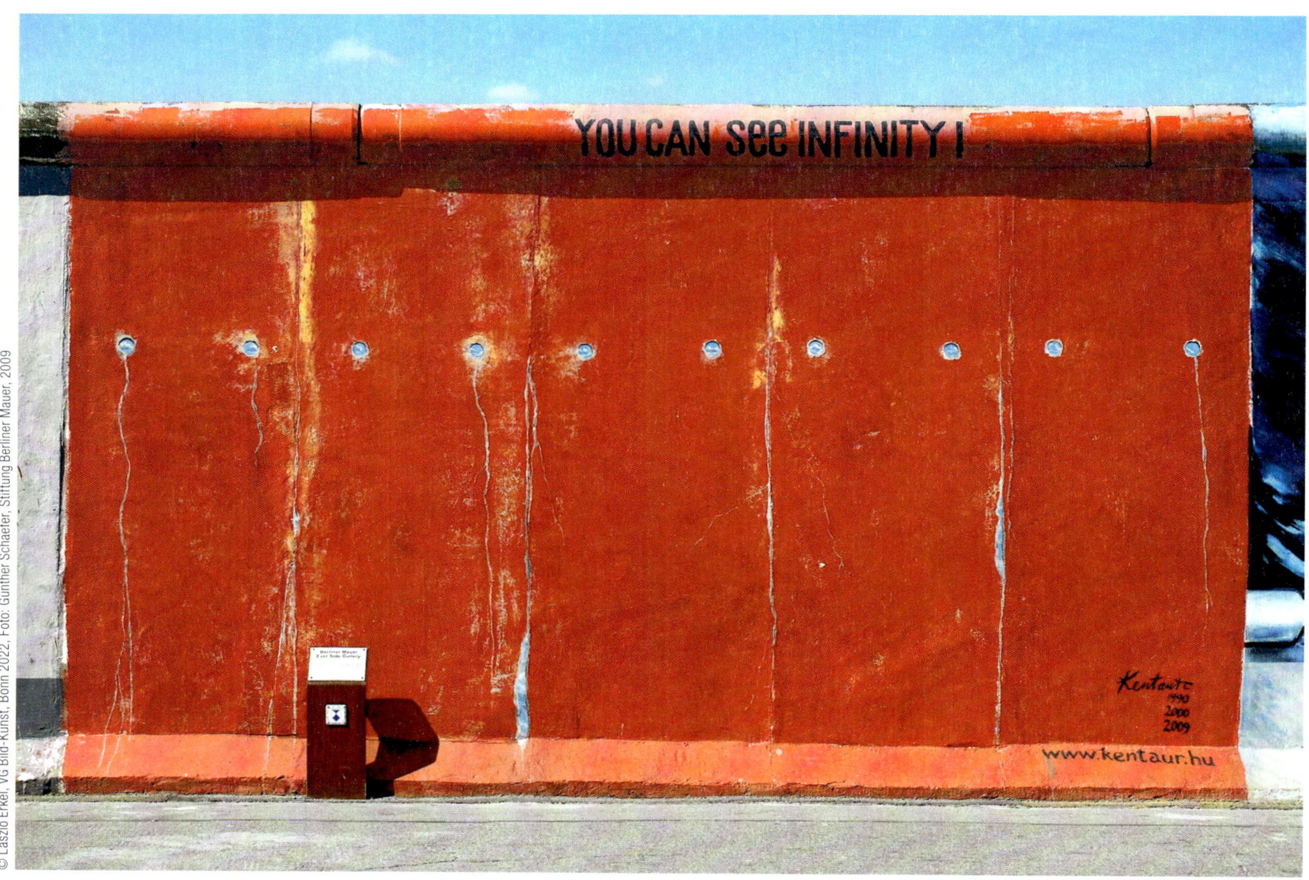

LASZLO ERKEL

You Can See Infinity

Laszlo Erkel studierte in Budapest Malerei und arbeitete im Bühnendesign berühmter Opern- und Theaterhäuser. Für sein Bild bohrte er Löcher in die Berliner Mauer: Er wollte einen Blick hindurch in die Unendlichkeit schaffen. Vermutlich bei der Sanierung 2009 wurden die Löcher geschlossen.

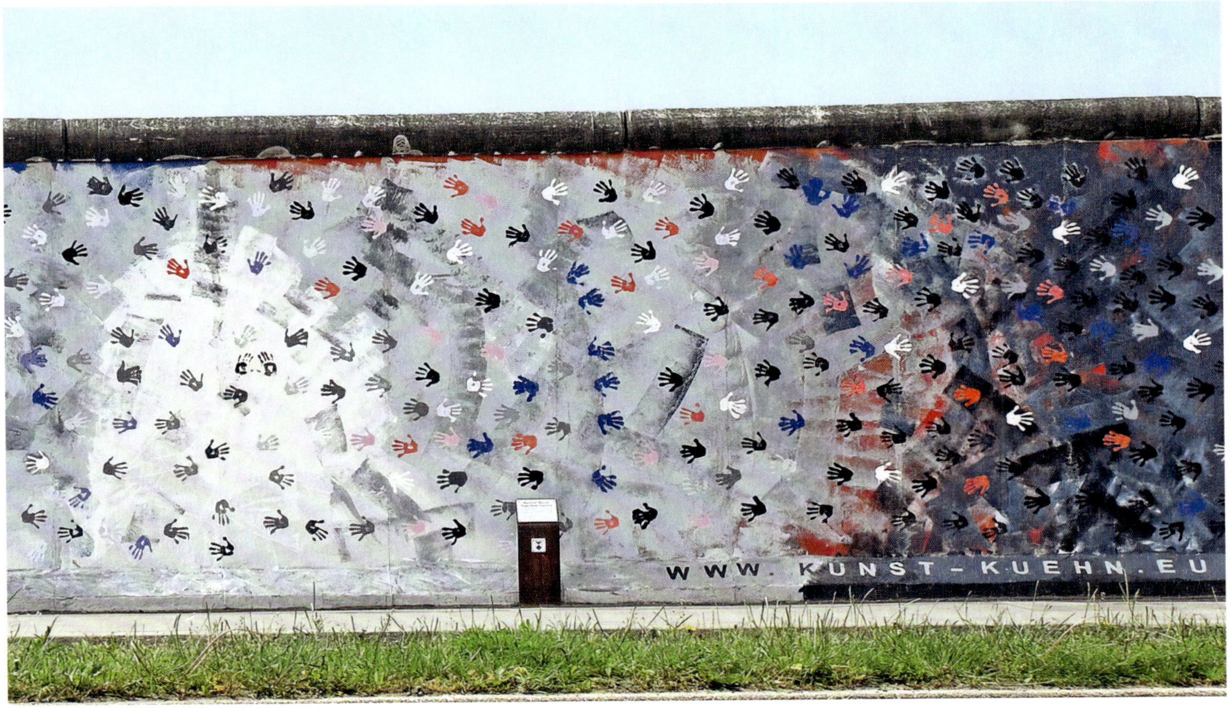

Günther Schaefer, Stiftung Berliner Mauer, 2009

CHRISTINE KÜHN

Touch the Wall

Die Berliner Mauer zu berühren und seinen Handabdruck zu hinterlassen – in der DDR hätte dies zu einer Verhaftung geführt. Für ihr Bild an der East Side Gallery bat die westdeutsche Künstlerin Christine Kühn Vorbeigehende, genau dies zu tun. Die Passantinnen und Passanten sollten die Mauer durch ihre Markierung symbolisch in Besitz nehmen, um sie, wie die Künstlerin es formulierte, zu beherrschen und ihr die Macht zu nehmen. Christine Kühn hatte in Berlin Archäologie, Kunstgeschichte und anschließend Malerei studiert. 2011 ist sie verstorben.

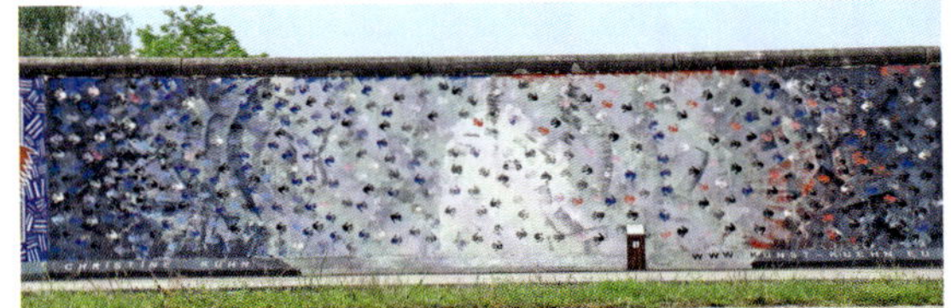

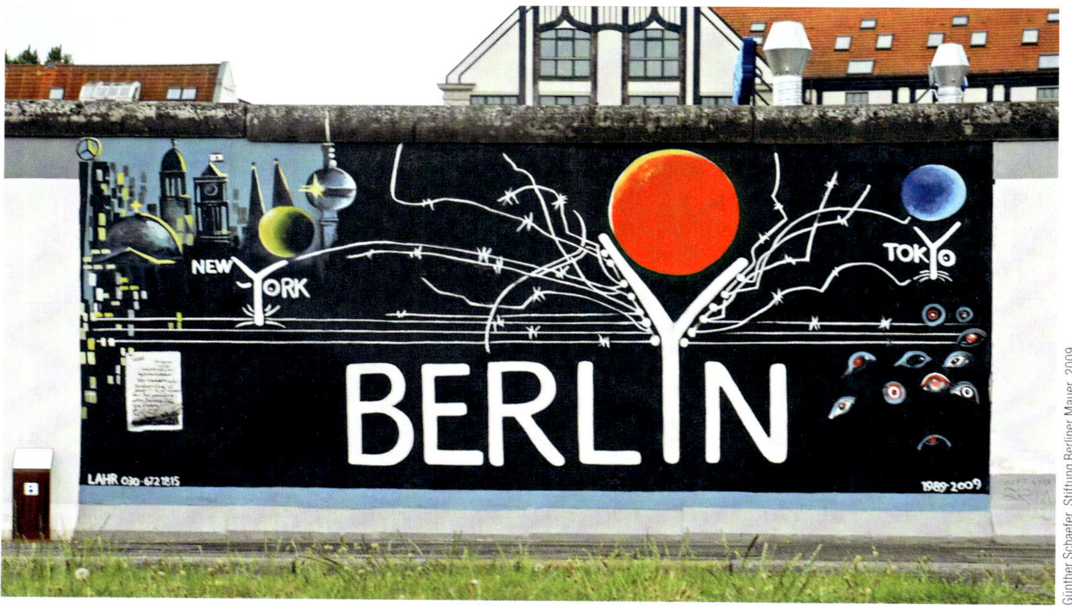

Günther Schaefer, Stiftung Berliner Mauer, 2009

GERHARD LAHR

Berlyn

Gerhard Lahr wurde 1938 in Reichenbach (Sachsen) geboren. Er lebte ab 1963 in Ost-Berlin und war ein bekannter Illustrator von Kinderbüchern. In seinem Wandbild »Berlyn« stellt Gerhard Lahr die Berliner Mauer der ersten Ausbaustufe von 1961 dar: mit Stacheldraht als Übersteigschutz. Der Draht spannt ein Band der Hoffnung von New York über »Berlyn« nach Tokyo. Gerhard Lahr ergänzte einen Brief, in dem ein Freund aus Leningrad über seine Freude über die Maueröffnung schrieb. Bei der Sanierung 2009 ersetzte Gerhard Lahr den Brief durch eine Zeichnung.

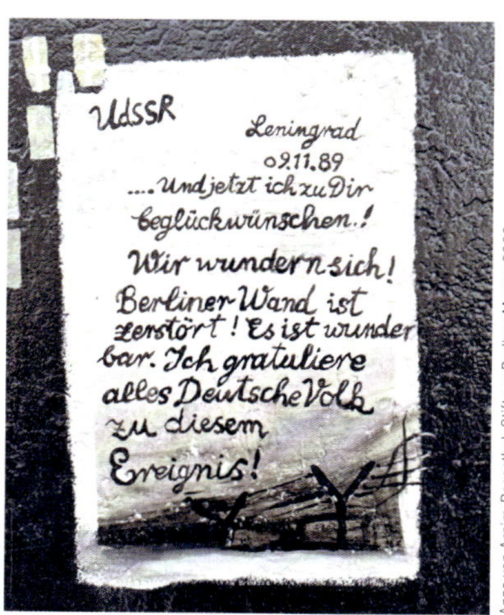
UdSSR Leningrad 09.11.89

....Und jetzt ich zu Dir beglückwünschen.!

Wir wundern sich! Berliner Wand ist zerstört! Es ist wunderbar. Ich gratuliere alles Deutsche Volk zu diesem Ereignis!

Anna von Arnim-Rosenthal, Stiftung Berliner Mauer, 2022

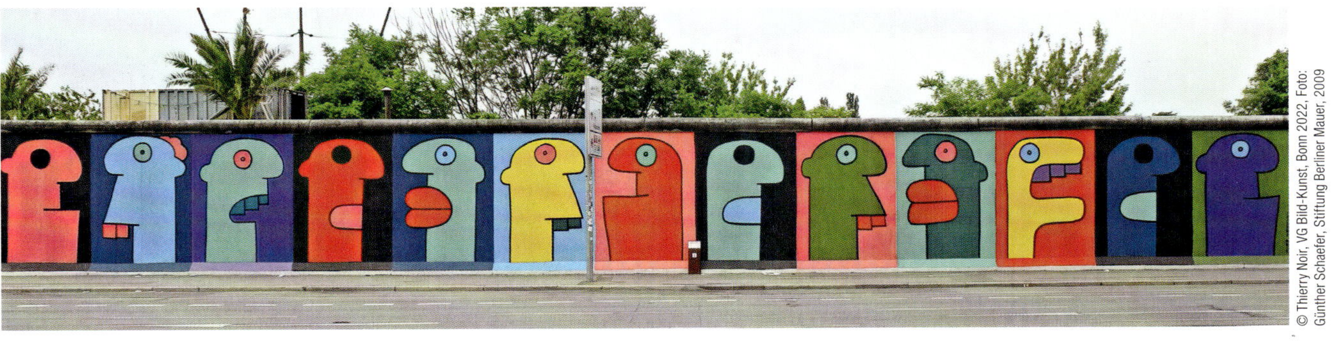

THIERRY NOIR

Hommage an die junge Generation

Thierry Noir wurde 1958 in Lyon (Frankreich) geboren. 1982 zog er nach West-Berlin, wo er im Georg-von-Rauch-Haus direkt an der Grenze wohnte. Seit 1984 bemalte er täglich die Westseite der Mauer, um ihr durch die Bemalung etwas entgegenzusetzen und sie »verschwinden« zu lassen. Seine markanten bunten Köpfe wurden weltberühmt und Thierry Noir zu einem der bekanntesten Street Artists der Welt. An der East Side Gallery schuf er ein Fresko mit den berühmt gewordenen bunten Köpfen, das er »Hommage an die junge Generation« nannte. Es war ihm wichtig, die Mauer als historisches Zeugnis zu erhalten und an die jungen Menschen zu appellieren, Demokratie und Frieden zu bewahren.

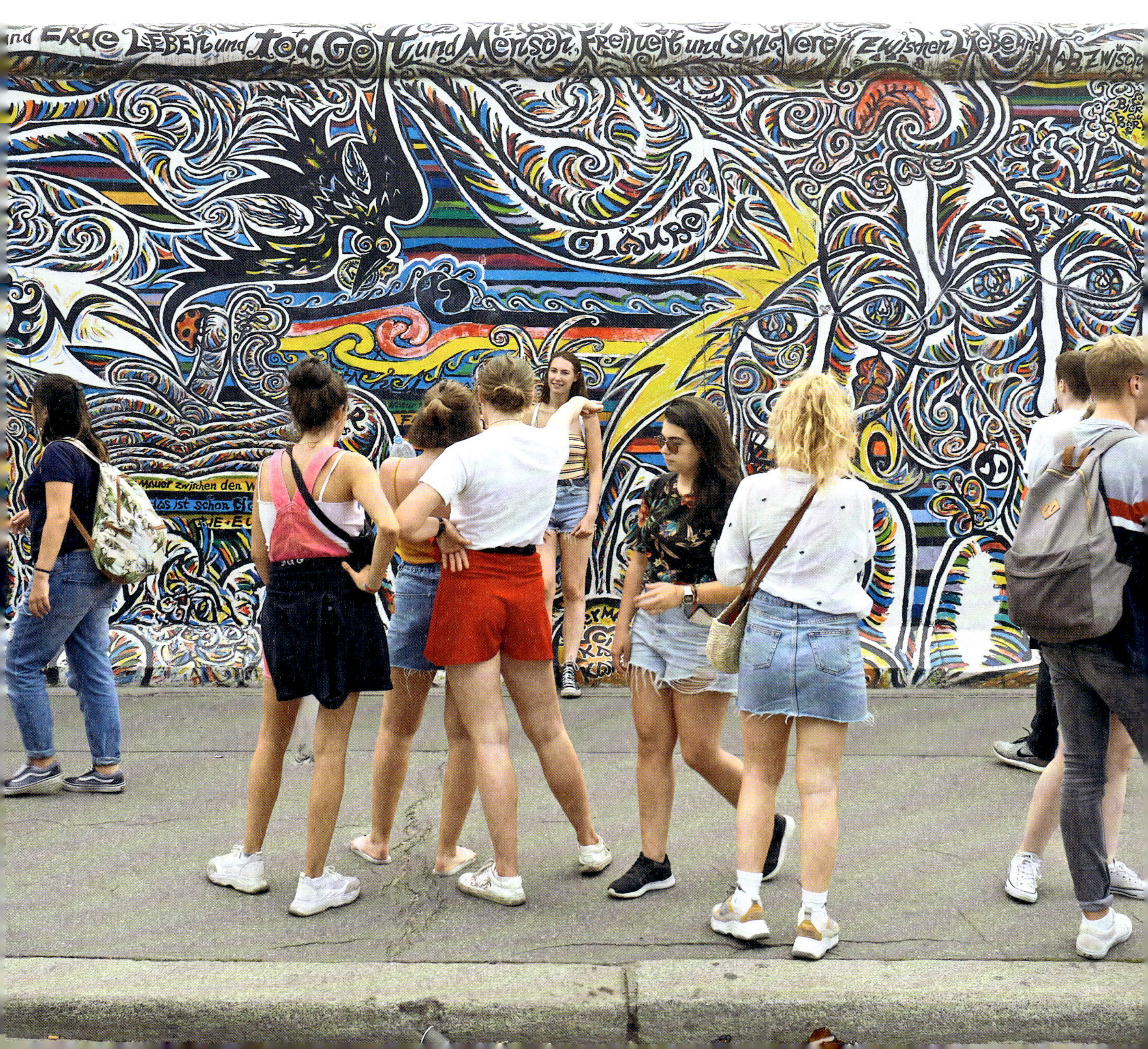
nd Erde Leben und Tod Gott und Mensch, Freiheit und Sklaverei, zwischen Liebe und Haß zwisch
Glauben
Mauer zwischen den W
das ist schon

2

Aneignung und Verdrängung in der Mühlenstraße: Was bleibt in der Erinnerung?

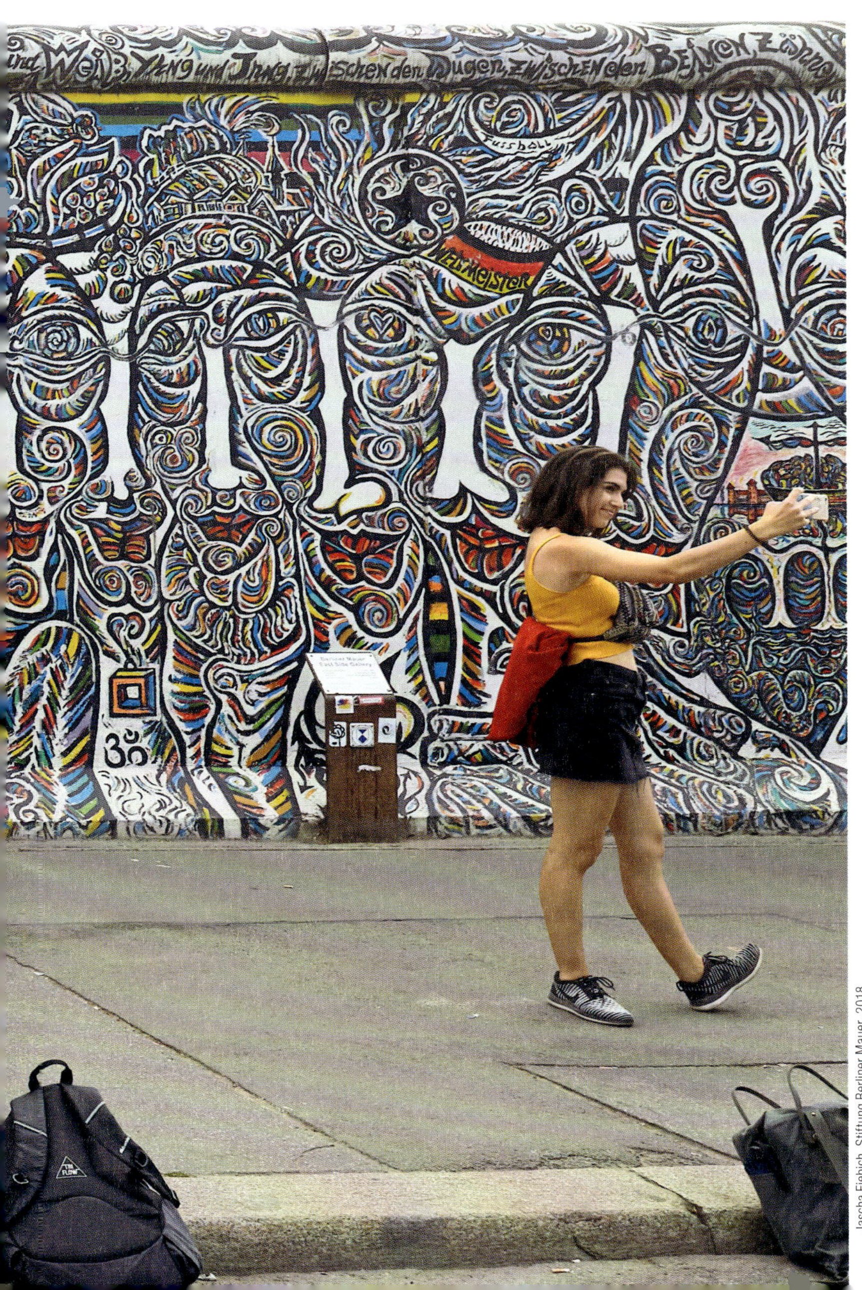

Jascha Fiebich, Stiftung Berliner Mauer, 2018

Schnelle Aneignungen Anfang der 1990er Jahre

Im November 1989 fiel die Berliner Mauer. Das eröffnete für viele vor allem junge Menschen in Ost- und West-Berlin auf einen Schlag eine neue Welt: neue Räume, neue Straßen und Häuser – unbekanntes Terrain, oft genug ungenutzt und leerstehend. Die Mühlenstraße in Ost-Berlin war für sie ein perfekter Ort: für Graffiti auf der Rückseite der East Side Gallery, für Abende auf den Dächern der leerstehenden Gebäude und auf der Oberbaumbrücke, für alternative Wohnformen und für unkonventionelles Leben.

Die 1990er Jahre haben diese Generation stärker geprägt als ihre vorherige Sozialisation in West- oder Ost-Berlin. Für die jungen Berlinerinnen und Berliner, die ab 1990 die Stadt eroberten, kam der Fall der Mauer im richtigen Moment. Sie schlossen sich wegen gemeinsamer Interessen an Musik, am Sprayen oder an alternativen Wohnprojekten schnell in Szenen zusammen. Die abweichenden Nutzungen haben das Gesicht der Mühlenstraße in diesen Jahren bestimmt. Ab 1991 siedelten sich dort Menschen in Bauwagen und umgebauten Fahrzeugen in einer »Wagenburg« an. Im Schutz der Mauer, abseits sozialer Kontrolle, eröffnete sich den Bewohnerinnen und Bewohnern ein Raum zur eigenen Entfaltung. Den Sprayern und Writern aus dem In- und Ausland bot die weiße Rückseite der Mauer an der Mühlenstraße eine riesige Leinwand.

Graffiti war in West-Berlin schon vor dem Mauerfall ein wichtiges künstlerisches und politisches Ausdrucksmittel verschiedener Subkulturen. Dazu gehörten Jugendliche und junge Männer (seltener Frauen), die selbst oder deren Eltern aus der Türkei, aber auch aus anderen Ländern nach Berlin gekommen waren.

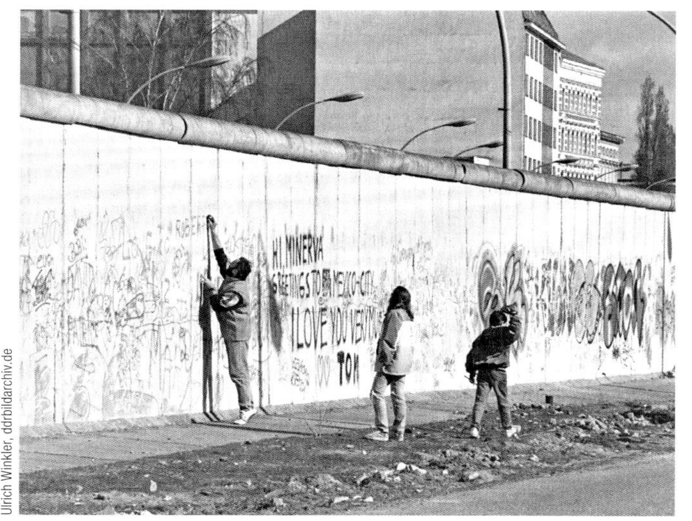

Ulrich Winkler, ddrbildarchiv.de

Malen auf die Berliner Mauer an der Mühlenstraße, März 1991

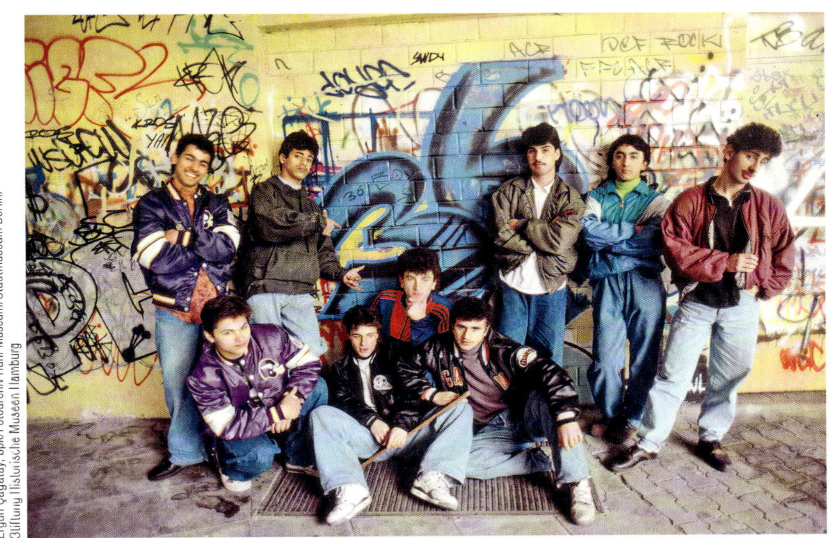

Ergun Çağatay, bpk/Fotoarchiv Ruhr Museum/Stadtmuseum Berlin/ Stiftung Historische Museen Hamburg

Die Jugendlichen der Kreuzberger Gang 36Boys hinterließen an vielen Orten der Stadt ihre Tags, April 1990

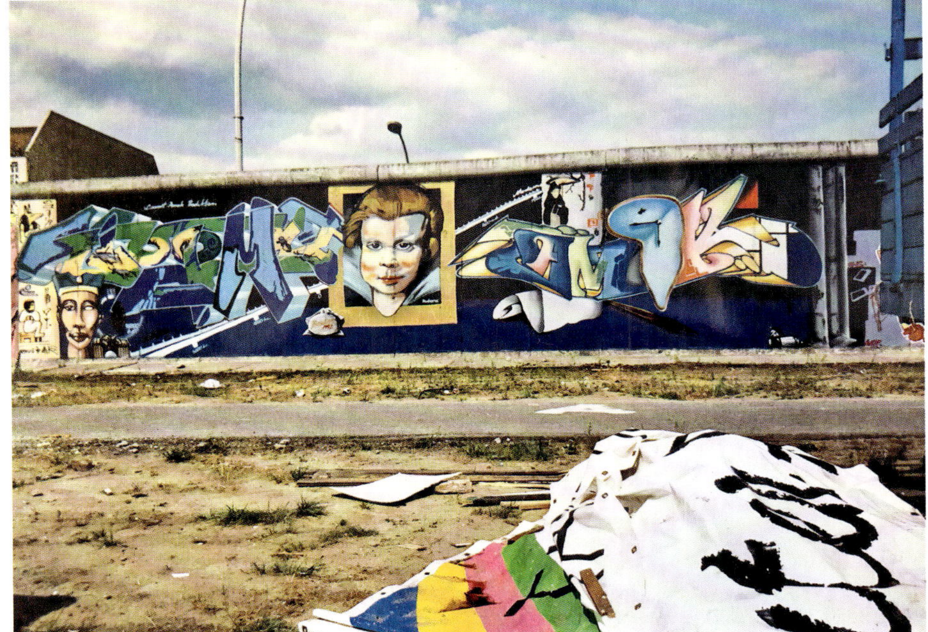

Erik Mahnkopf

Graffiti von Loomit und Amok auf der Rückseite der East Side Gallery, 1992

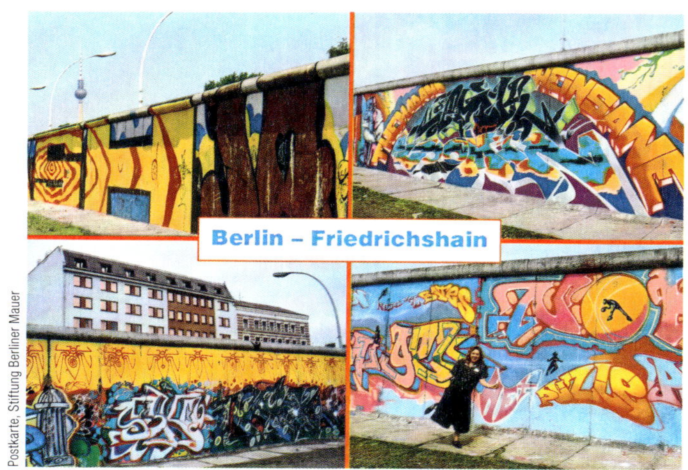

Postkarte, Stiftung Berliner Mauer

Die Graffiti auf der Rückseite der East Side Gallery waren in den 1990er Jahren beliebte Postkartenmotive

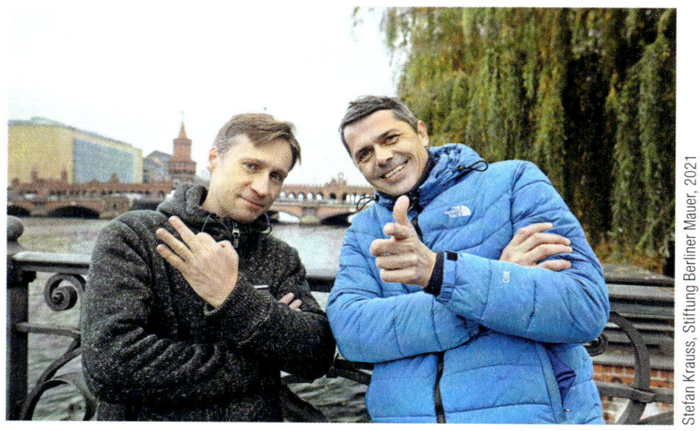

Stefan Krauss, Stiftung Berliner Mauer, 2021

Erik Mahnkopf

Erik Mahnkopf wurde 1976 in Ost-Berlin geboren. West-Berlin war in seiner kindlichen Vorstellung eine schöne und bunte Welt. Als die Mauer im November 1989 fiel, war er vom anderen Teil der Stadt zunächst enttäuscht, aber die bemalte West-Berliner Mauerseite beeindruckte ihn nachhaltig. Er begann 1990 mit Graffiti und Stylewriting und erlebte diese Zeit als Befreiung von allen Zwängen. Auf die Mauer zu malen, die davor für ihn ausschließlich mit Angst verbunden war, empfand er als Genugtuung. In den 1990er Jahren brachte Erik Mahnkopf mit der »Graffiti Goes East«-Tour das Stylewriting nach Osteuropa, sprühte weltweit von Russland über China bis Indonesien. Seit 2010 malt er großformatige Bilder mit seiner WENU Crew und ist Gründer einer Berliner Agentur, die Fassaden mit Großkunst gestaltet.

Als die Berliner Mauer fiel, war erst einmal alles erlaubt. Und es war »unser Berlin«. Man hatte immer das Gefühl: Es ist einfach auch meins.

Interview, 2021

Der Kreuzberger Stylewriter Daniel Kensbock malt 1993 auf die Rückseite der East Side Gallery

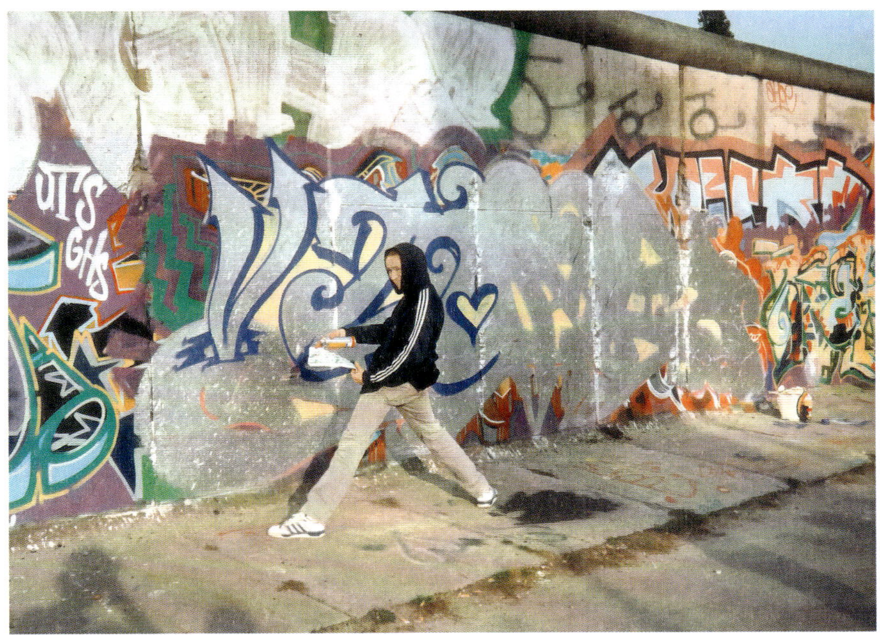

Erik Mahnkopf

Daniel Kensbock

Daniel Kensbock wurde 1970 in West-Berlin geboren. Er wuchs in der Nähe des heutigen Kreuzberger May-Ayim-Ufers (früher Gröbenufer) auf und blickte täglich auf den Grenzstreifen. Oft beobachtete er beim Entenfüttern die Patrouillenboote der Grenztruppen auf der Spree, hatte aber von Ost-Berlin nur eine diffuse Vorstellung.
Schon in den 1980er Jahren war er über Breakdance zum Graffiti gekommen und hatte auf die Mauer in Kreuzberg gesprüht. Mit dem Mauerfall eröffneten sich auch für ihn völlig neue Freiräume. Plötzlich war es möglich, auf die Rückseite der Berliner Mauer zu malen – auch auf die am anderen, dem Friedrichshainer Ufer, auf die er immer geschaut hatte. Hier malten Jugendliche aus Ost- und West-Berlin zusammen mit international bekannten Writern und Sprayern an der »West Side Gallery«. Die Szene bekam durch den Mauerfall neue Impulse, und auch das Writing erlebte eine Zeitenwende. Daran wirkte Daniel Kensbock maßgeblich mit.

Beim Erkunden der Stadt gehörte das einfach dazu: Da ist man überall reingeklettert und hat alles bemalt. Man hat sich diese Orte genommen. Es ging um Räume und um Aneignung.

Interview, 2021

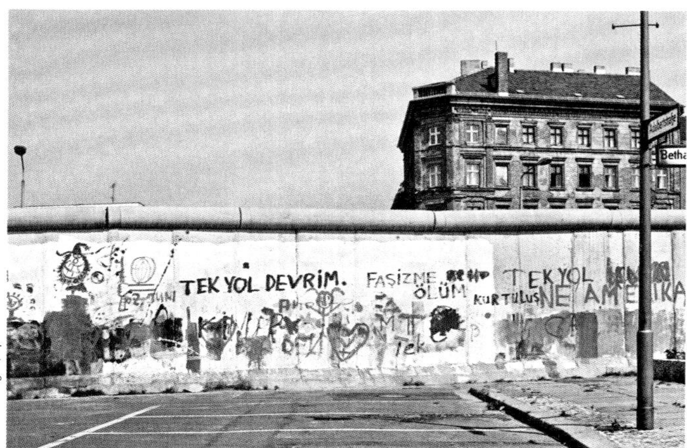

Herbert Höltgen, bpk

Von West-Berliner Seite wurde die Mauer in vielen Sprachen, vor allem auch auf Türkisch und Kurdisch beschrieben wie hier am Bethaniendamm, 1979

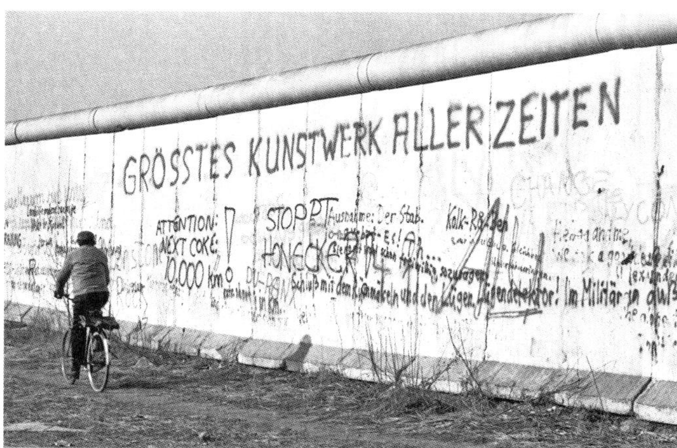

Ulrich Horb

Mauerkunst veränderte die Wahrnehmung der Grenzmauer im Westen, Aufnahme vom Potsdamer Platz, 1982

Neben den Sprayern und Writern bemalten Künstlerinnen und Künstler die Berliner Mauer in West-Berlin. Gemeinsam machten sie die bemalte Grenzmauer zu einem Markenzeichen des Westteils der Stadt. Nach dem Mauerfall weitete sich diese Szene nach Ost-Berlin aus. Berlin entwickelte sich zur europäischen Hauptstadt von Graffiti. Der Mauerfall schuf auch neue Möglichkeiten für Wagenburgen: Existierten vor 1989 in West-Berlin drei Wagenplätze, waren es nach dem Mauerfall zwölf in der Stadt.

Für die Wagenburgen und die Sprayer interessierte sich zunächst niemand. Der brachliegende Grenzstreifen war kein Teil des Kreuzberger oder Friedrichshainer Kiezes. Viele Berlinerinnen und Berliner hätten die Reste der Mauer Anfang der 1990er lieber abgerissen gesehen, als dass sie künstlerisch genutzt wurden. Die East Side Gallery hatte kaum eine Lobby, nur die Kunstschaffenden selbst säuberten sie immer wieder und kämpften unermüdlich für ihren Erhalt, denn unter den Bildern bröckelte das Mauerwerk. Dass die Mauer hier schon seit November 1991 unter Denkmalschutz stand, bedeutete zunächst wenig. In einer Stadt, in der die Devise »Die Mauer muss weg!« galt, musste sich der Denkmalschutz in Zurückhaltung üben. Bald stellte sich zudem heraus, dass der ehemalige Grenzstreifen am Wasser ein attraktives Baugebiet sein würde. Damit rückte auch die Wagenburg ins Blickfeld des politischen Interesses.

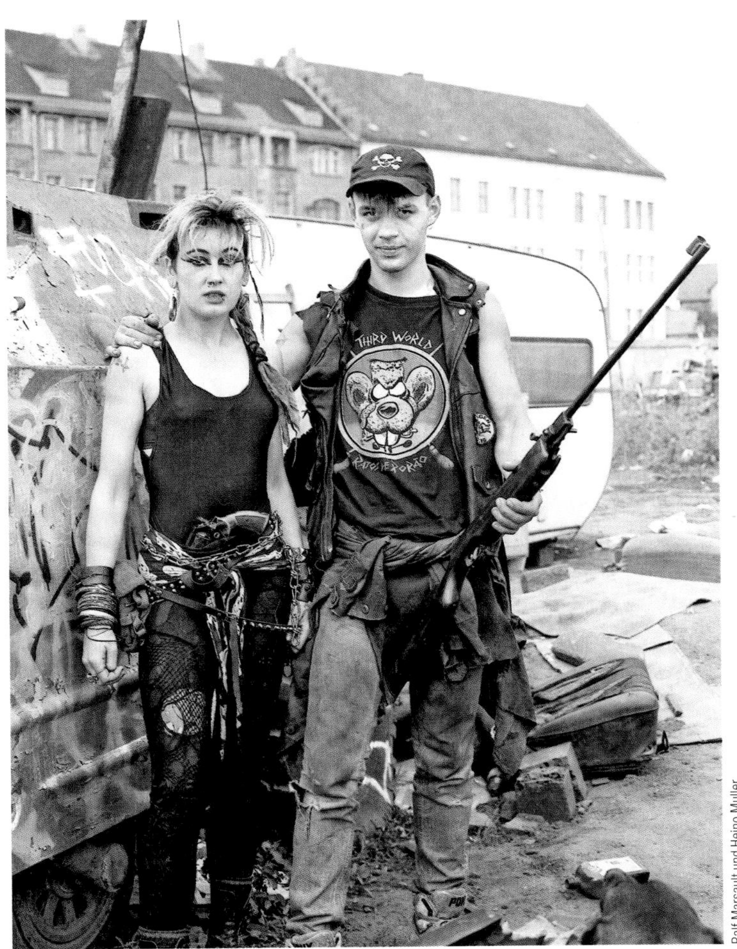

Ralf Marsault und Heino Muller

Ralf Marsault fotografierte Chris und Feraï 1994 so, wie sie gesehen werden wollten

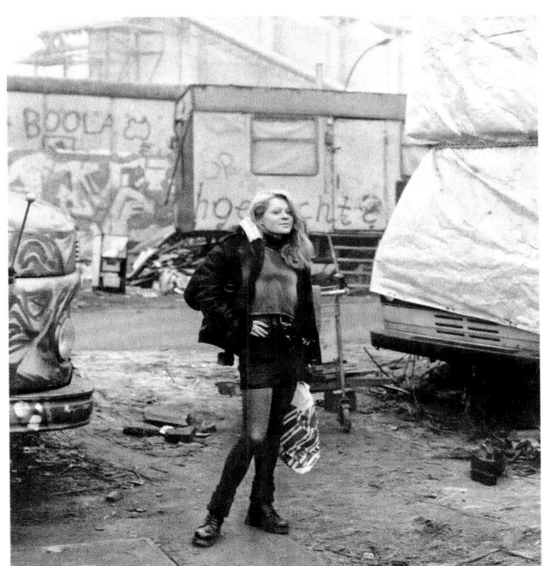

Rab GP Lewin

Die Schnappschüsse des Schotten Rab Lewin ermöglichen einen Blick in die East-Side-Wagenburg, 1992

Pläne der Stadt und erste Verdrängungen

Ziel der damaligen Stadtentwicklungspolitik war es, gemeinsame Konzepte für beide Stadthälften zu entwerfen und das einst geteilte Berlin wieder zusammenzuführen. Das brachliegende Friedrichshainer Ufer sollte belebt werden und sich zum Wasser orientieren. Zusammen mit dem leerstehenden Areal des früheren Güterbahnhofs nördlich der Mühlenstraße war der Uferstreifen 1992 Gegenstand eines städtebaulichen Ideenwettbewerbs Hauptbahnhof/Spreeufer. Der Siegerentwurf sah den Bau von 14 Stadthäusern und zwei langen Gebäuderiegeln auf dem ehemaligen Grenzstreifen vor und schuf die Grundlage für die heutige Situation: das 140 Meter hohe, weiße Wohnhochhaus Living Levels und der direkt anschließende 140 Meter breite Hotel- und Wohnkomplex Pier 61/64 – gebaut im früheren Grenzstreifen, zwischen East Side Gallery und Spree.

Vorschläge einzelner Politiker, die East Side Gallery abzutragen und außerhalb der Stadt wieder aufzustellen, um die Fläche optimal nutzen zu können, lehnte das Berliner Abgeordnetenhaus ab. Die Frage, wie die Baupläne umgesetzt werden könnten und gleichzeitig das Denkmal zu erhalten sei, blieb allerdings ungelöst. Erst in den 2000er Jahren offenbarten sich der Öffentlichkeit die Konsequenzen der Baugenehmigungen: Der Senat hatte die Wagenburg 1996 räumen lassen. Nun lag der ehemalige Grenzstreifen erneut brach, Strandbars ließen sich nieder, Müll und Schrott wurden abgelagert, die Sandskulpturen-Show »Sandsation« veranstaltet und Partys gefeiert. Als Investoren gefunden waren, endete diese Phase. Zwischen Spree und Mühlenstraße entstand ein öffentlicher Park, und für die Bauprojekte wurden Teile der East Side Gallery versetzt, um Zufahrten und eine Bootsanlegestelle zu schaffen.

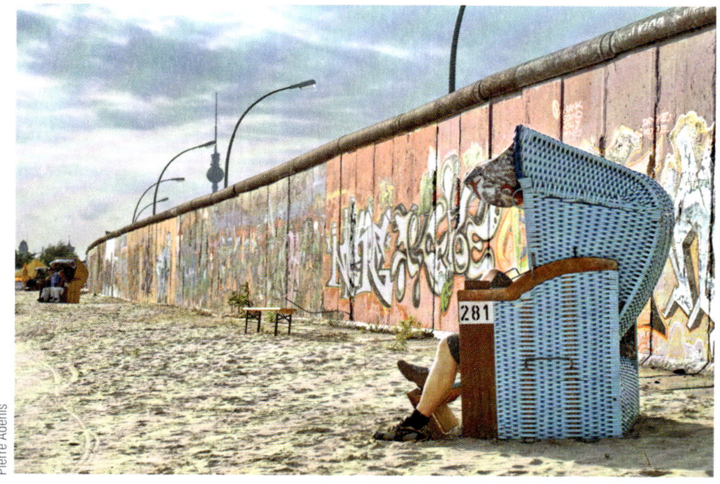

Pierre Adenis

Die Bars Oststrand und Strandgut mussten 2012 schließen, 2003

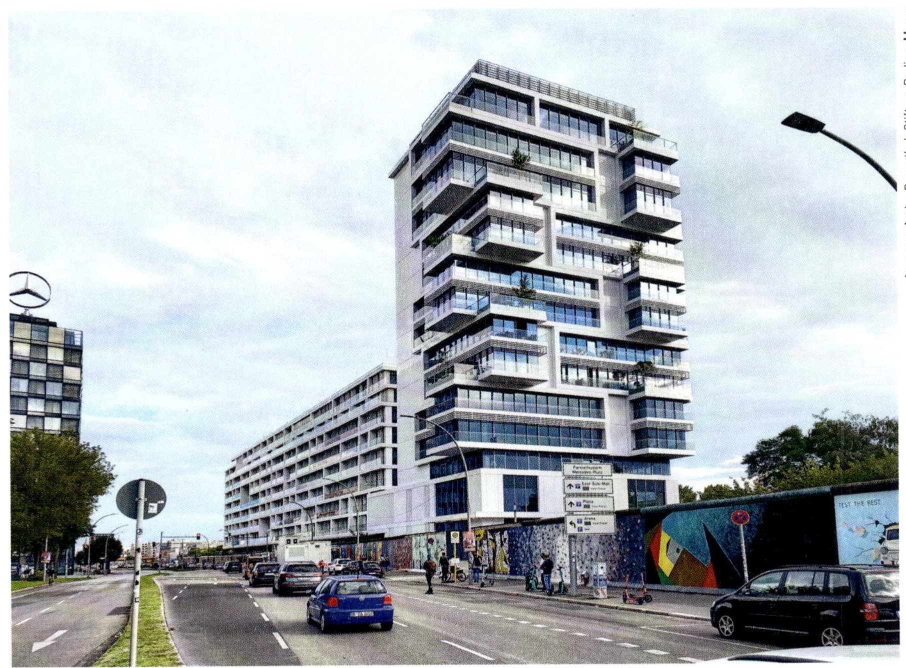

Anna von Arnim-Rosenthal, Stiftung Berliner Mauer

Living Levels und Pier 61/64, 2022

Hierarchisierung von Erinnerung

Die East Side Gallery war in dieser Zeit der Witterung, den Autoabgasen und Beschmierungen ausgesetzt. Zuständig für den Erhalt war das chronisch unterfinanzierte Straßen- und Grünflächenamt des Bezirkes Friedrichshain-Kreuzberg. Weiterhin engagierten sich Teile der ursprünglich an der Schaffung der Galerie beteiligten Künstlerinnen und Künstler, seit 1996 in der Künstlerinitiative East Side Gallery e.V. Erst 2009 führten Land und Bezirk nach einigen Teilsanierungen in früheren Jahren eine umfangreiche Sanierung der Galerie mit öffentlichen Mitteln durch, um sie langfristig zu erhalten. Dieser Entscheidung vorangegangen war eine seit Beginn des Jahrtausends intensiv geführte zivilgesellschaftliche, wissenschaftliche wie politische Debatte über die angemessene öffentliche Erinnerung an die Todesopfer an der Berliner Mauer und den Umgang mit den verbliebenen historischen Spuren und Resten der Mauer.

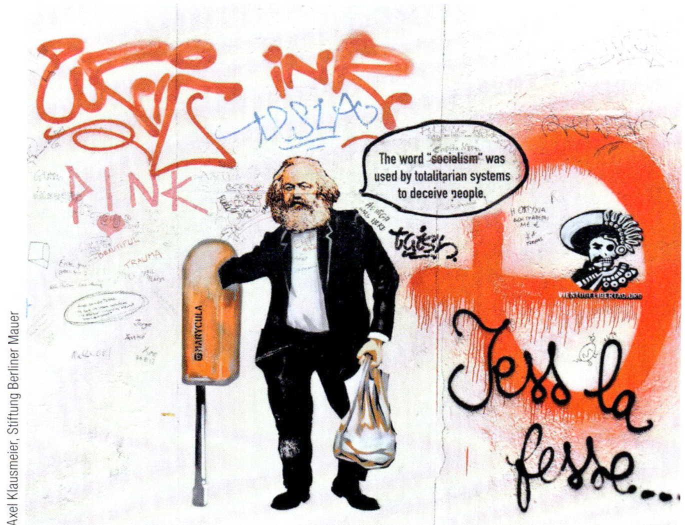

Axel Klausmeier, Stiftung Berliner Mauer

Auch heute noch wird die Rückseite der East Side Gallery für politische Graffiti genutzt, hier ein flaschensammelnder Karl Marx, 2018

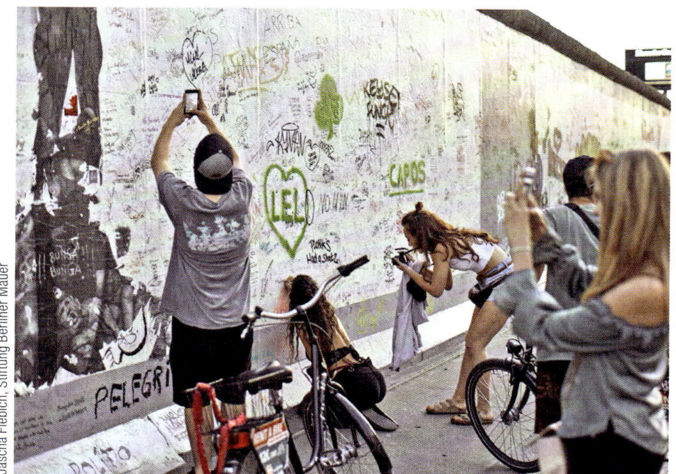

Jascha Fiebich, Stiftung Berliner Mauer

Auch wenn es nicht erlaubt ist, hinterlassen Besucherinnen und Besucher gern ihre Namen und andere Botschaften an der East Side Gallery, 2018

Der öffentliche Druck führte dazu, dass die Berliner Landesregierung (und dann auch die Bundesregierung) beschloss, die Überreste der Berliner Mauer besser zu schützen. Eine besondere Bedeutung bekam die Gedenkstätte an der Bernauer Straße, die zum zentralen Gedenkort für die Opfer des DDR-Grenzregimes und als Lern- und Bildungsort ausgebaut wurde. Die East Side Gallery hingegen soll an zwei Zeitschichten erinnern: Einerseits soll sie durch ihre eindrucksvolle Länge die Trennwirkung der früheren Grenze verdeutlichen, andererseits ein Denkmal für die künstlerische Aktion von 1990 und die Freude über den Mauerfall sein. Andere Zeitschichten und ambivalente Erzählungen aus der Zeit vor und nach 1989 fanden in dieser Definition keinen Platz.

Die Denkmalschutzbehörden nahmen diesen Gedanken der Generalsanierung von 2008/09 auf und schrieben 2014 die Bedeutung der East Side Gallery als doppeltes Denkmal auch in einem Denkmalpflegeplan fest: als längster erhaltener Rest der Berliner Mauer und als künstlerische Aneignung im Umbruchjahr 1990. Die East Side Gallery wurde musealisiert. Auf der der Spree zugewandten Seite strich man sie weiß und versetzte sie in die Zeit des Grenzregimes zurück, auf der Straßenseite bemalte und konservierte man sie in ihrem Zustand als East Side Gallery seit 1990. Der weiße Anstrich der Rückseite soll den früheren Schrecken der Mauer vermitteln, war doch diese Seite weiß gestrichen, damit Grenzsoldaten Flüchtlinge besser erkennen konnten. Die Stiftung Berliner Mauer hat den Abschnitt geweißt, an dem sich die Ausstellung den Todesopfern an der Berliner Mauer widmet.

Der Denkmalpflegeplan thematisiert bestimmte Zeitschichten und erinnert so auch nur an bestimmte Geschichten, denn die Mauerrückseite als europaweit bekannter Graffitiort spielte bei der Sanierung und in dem Denkmalpflegeplan keine Rolle. Im Gegensatz zu den offiziell genehmigten Werken der Galerie wurden Graffiti auf der Rückseite der Mauer seit ihrer Unterschutzstellung im November 1991 als illegale Kunst behandelt. Der Denkmalschutz vertritt die Auffassung, Graffiti würden dem Denkmalwert einen inhaltlichen Schaden zufügen.

Die Geschichten der Sprayer und Writer sind bisher ebenso wenig Teil der Erzählung dieses besonderen Ortes wie die Zeit der Wagenburg. Und das, obwohl die Bedeutung der Berliner Mauer als Ort für die weltweite Graffitiszene, für Street-Art und künstlerische Kommentare ungebrochen ist. Auch wenn sie im Sinne des Denkmalrechtes illegal sind: Die Graffiti sind heute wie in den 1990er Jahren prägend für die East Side Gallery und werden ebenso fotografiert wie die offiziellen Werke entlang der Mühlenstraße. Die Wagenburg an der East Side Gallery wiederum war kein Sonderfall, im Gegenteil, nach 1989 entstanden die Wagenburgen in Berlin in der Mehrzahl in Mauernähe, lagen hier doch zahlreiche Flächen brach.

Die Vergangenheit des Mauer- und Kunstortes in der Mühlenstraße ist komplexer als lange Zeit gedacht – die Geschichten aus der Zeit vor und nach 1989 sind vielfältiger als von der Erinnerungskultur und offiziellen Geschichtspolitik bisher abgebildet. Dank zahlreicher Projekte, Initiativen und Förderungen werden marginalisierte Perspektiven immer stärker, aber noch zu wenig selbstverständlich verankert. In der Auseinandersetzung mit ihnen gibt es viel zu lernen – nicht zuletzt darüber, wie, durch wen und zu welchem Zweck Geschichte gemacht wird. Geschichtserzählung hat immer etwas mit den Machtstrukturen der Gegenwart zu tun: Wer erzählt und vermittelt welche Geschichte? Welches Narrativ wird offiziell vertreten? Die East Side Gallery ist mit ihrer komplexen Geschichte ein guter Ort, um darüber zu sprechen, bewährte Erzählungen aufzubrechen und sich über widerstreitende Perspektiven auszutauschen.

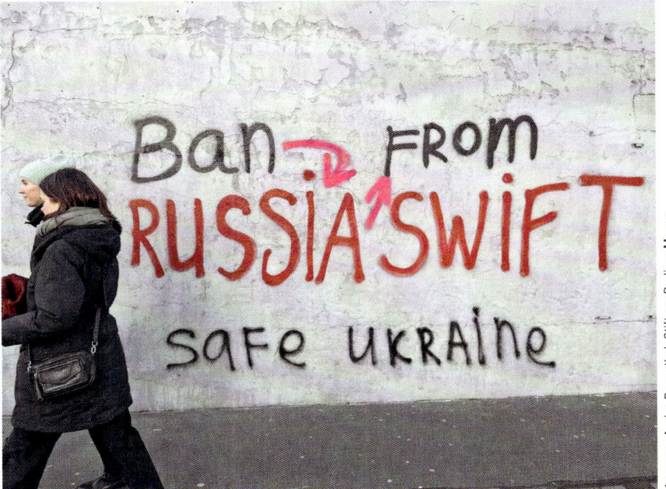

Anna von Arnim-Rosenthal, Stiftung Berliner Mauer

Auf aktuelle Ereignisse wie den Einmarsch der russischen Armee in die Ukraine im Februar 2022 wird umgehend mit Graffiti an der East Side Gallery reagiert

Street-Artists und Graffitikunst an der East Side Gallery

Die Kunst an der Berliner Mauer in der Mühlenstraße entstand 1990 auf beiden Seiten. Die offiziell genehmigten und berühmt gewordenen Bilder der East Side Gallery auf der einen, die illegalen und nicht mehr vorhandenen Writings und Graffiti einer internationalen Szene und jugendlichen Subkultur auf der anderen Seite. Aber ganz so trennscharf ist es nicht, internationale Graffitikünstler beteiligten sich auch an der East Side Gallery: Jay One, Kim Prisu, Hervé Morlay und Andreas Paulun. Auch ihre Kunstwerke stehen unter Denkmalschutz. Normalerweise ist Graffitikunst vergänglich und wird, wie auf der Rückseite der Mauer geschehen, schnell entfernt oder von neuen Motiven überdeckt. Dadurch entsteht der Eindruck, es habe diese Kunst niemals gegeben.

2009 (oben) und
1990 (unten)

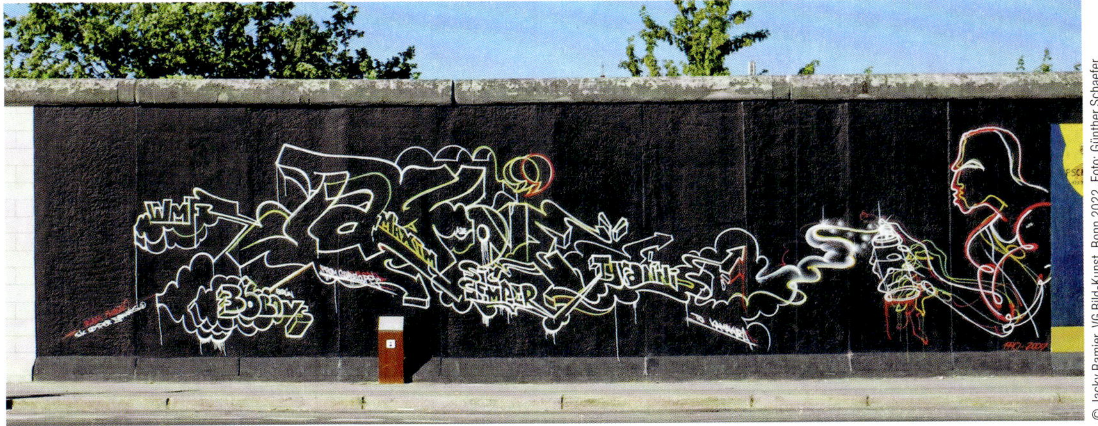

© Jacky Ramier, VG Bild-Kunst, Bonn 2022, Foto: Günther Schaefer, Stiftung Berliner Mauer

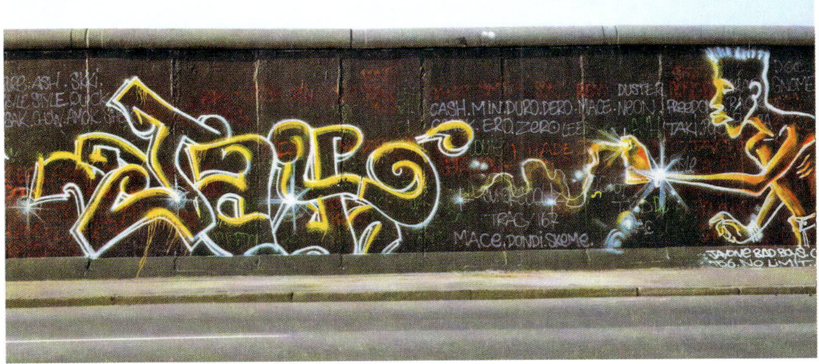

© Jacky Ramier, VG Bild-Kunst, Bonn 2022, Postkarte, Stiftung Berliner Mauer

JACKY RAMIER (JAY ONE)

Jacky Ramier (Jay One), geboren 1967 auf der Karibikinsel Guadeloupe, war im Paris der 1980er Jahre ein Pionier der Graffitikunst. Im Zentrum seines Bildes an der East Side Gallery stand sein Künstlernamen Jay, umringt von den Namen berühmter Berliner Sprayer und Stylewriter. Bei der Sanierung 2009 veränderte Jacky Ramier sein Bild, indem er die Namen reduzierte und damit die Kreuzberger Straßengang 36 Boys und Mitgründer Maxim hervorhob. Heute arbeitet der international bekannte Künstler vor allem zu den Themen des Schwarzen Widerstands und der Resilienz in einer rassistischen Gesellschaft.

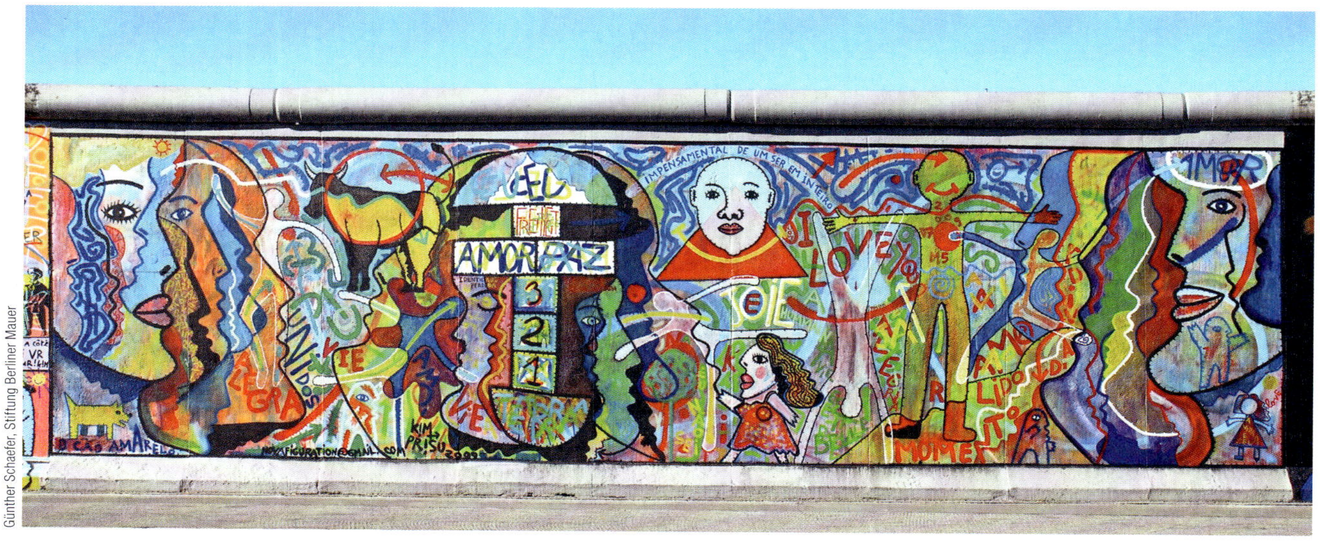

Günther Schaefer, Stiftung Berliner Mauer

JOAQUIM ANTÓNIO BORREGANA (KIM PRISU)

O povo unido nunca mais será vencido

Joaquim António Borregana (Kim Prisu) wurde 1962 im portugiesischen Aldeia da Dona geboren. Er wuchs in Frankreich auf und wurde zum Wegbereiter der Kunstbewegung Figuration Libre und der Nuklé-Art, die Elemente der Comiczeichnung und der Graffitikunst aufgreift. 1990 kam er nach Berlin. Sein Bild nannte er nach einem Slogan der portugiesischen »Nelkenrevolution« 1974 »Das geeinte Volk wird nie wieder geknechtet werden«. Bei der Sanierung 2009 passte Borregana sein Bild den gesellschaftlichen und politischen Umständen 20 Jahre nach dem Mauerfall an.

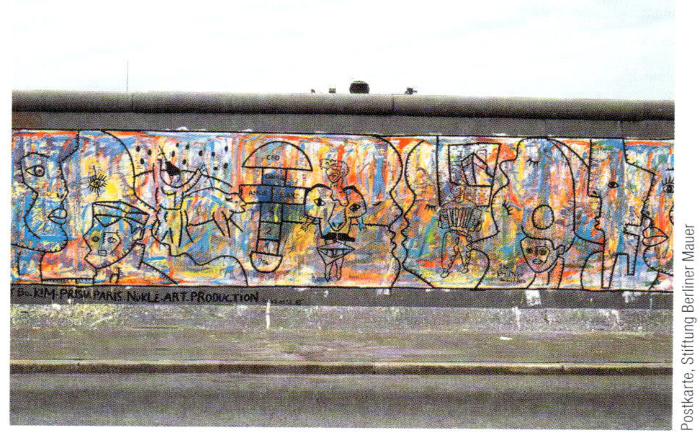

Postkarte, Stiftung Berliner Mauer

2009 (oben) und 1990 (unten)

ANDREAS PAULUN / HERVÉ MORLAY (VR2009*)

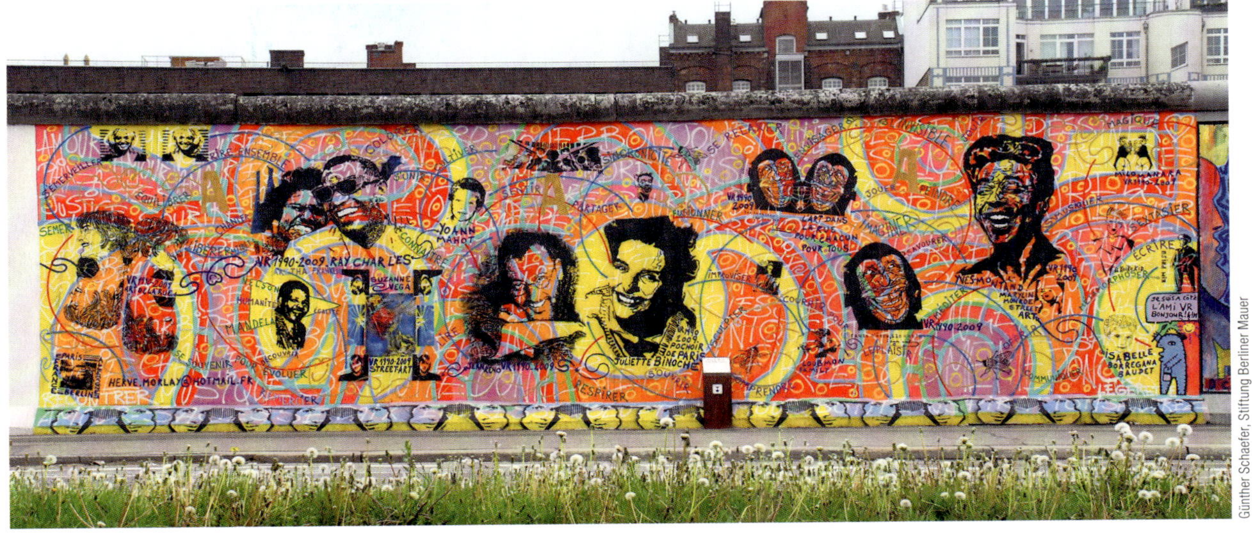

Günther Schaefer, Stiftung Berliner Mauer

Amour, Paix-Sagesse

Hervé Morlay (VR2009*) wurde 1962 geboren und wuchs in Paris auf. Das Malen auf der weltberühmten Berliner Mauer empfand er wie den »heiligen Gral« der Straßenkunst, und er freut sich besonders darüber, dass das Kunstwerk »für immer« bewahrt werden wird. Der Maler, Fotograf und Videokünstler schuf 1990 gemeinsam mit dem deutschen Künstler Andreas Paulun das fröhliche Street-Art-Bild »Amour, Paix, Sagesse« (Frieden, Liebe, Weisheit). Sie benutzten dafür Schablonen (pochoirs). Die Version von 2009 unterscheidet sich deutlich vom Original. Im Bild finden sich aufgesprühte Porträts, etwa von Ray Charles, Nelson Mandela, Suzanne Vega, Jean Reno, Yves Montand und Marilyn Monroe. Dazwischen ließ Morlay Platz für Graffiti anderer Street-Artists. Das Bild verstehen sie als Hommage an die Freude der Kunst und des menschlichen Miteinanders und als Gegenstück zur Gewaltgeschichte der Grenzmauer.

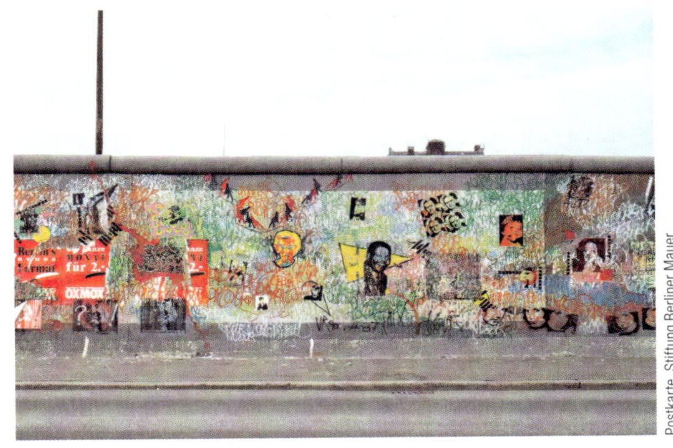

Postkarte, Stiftung Berliner Mauer

2009 (oben) und 1990 (unten)

Die Wagenburg an der East Side Gallery

Nach der Öffnung der Berliner Mauer lag der frühere Grenzstreifen an der East Side Gallery brach. Ab 1991 ließen sich hier Menschen in teilweise stillgelegten Fahrzeugen und umgebauten Bauwagen nieder. Zunächst zog eine West-Berliner Wagenburg hierher, die ihren Standort in Berlin-Mitte räumen musste. Nahe der Oberbaumbrücke wurde eine Gruppe heimisch, die Hühner, Ziegen und andere Tiere mitbrachte. Zwischen diesen beiden Gruppierungen versammelten sich weitere Menschen aus Berlin, aber auch Zugezogene aus Deutschland und anderen Ländern, jugendliche Ausreißer sowie Kreative. Die Mauer bot einen guten Schutz gegen »außen«, weder Schaulustige noch die Polizei konnten einfach hineinschauen. Doch war die 1,3 Kilometer lange Mauer für die Bewohnerinnen und Bewohner in ihrem Alltag auch ein Hindernis. Um lange Wege zu vermeiden, schufen sie einen zusätzlichen Durchgang. Das Loch in der Mauer ist heute noch zu sehen und die einzige erhaltene Spur der Wagenburg.

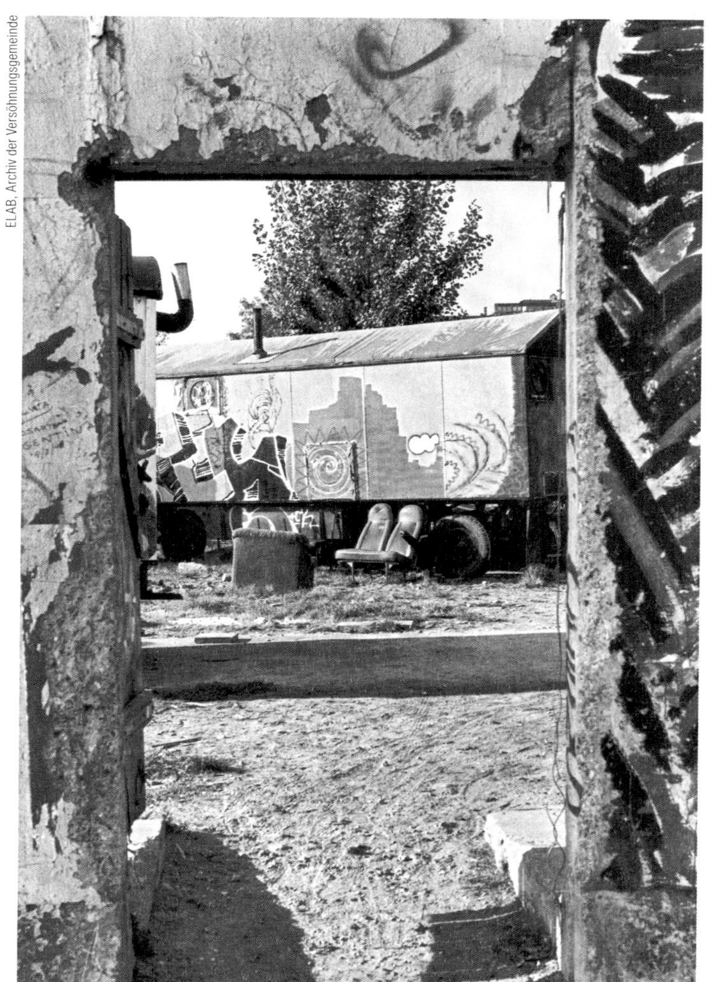

ELAB, Archiv der Versöhnungsgemeinde

Blick durch das »Loch« in der Mauer auf die Wagenburg, zwischen 1991 und 1996

In der sogenannten East-Side-Wagenburg lebten mehr als 250 Menschen. Aufgrund von Größe und Umfang des Areals ließ sich das Zusammenleben nicht mehr in den eigentlich üblichen Plenen gemeinschaftlich organisieren. Die »East Side« wurde zum sozial schwächsten Wagenplatz Berlins, wo Konflikte nicht ausblieben. Ein Wasser- und ein Stromanschluss existierten nicht, und erst ab 1994 gab es einige Toilettenhäuser. Mehrheitlich abwertend berichtete die Presse über den Zustand des Geländes, über Kriminalität und Drogenhandel. Als die Zeitungen 1996 von einem Totschlag und Tuberkuloseverdacht schrieben, nahm das mediale und politische Drängen auf eine Räumung zu. Am 17. Juli 1996 ließ der Berliner Senator für Inneres die Bewohnerinnen und Bewohner der »East Side« räumen.

» Die Menschen der Wagenburg lebten wie auf einer Insel.
Interview, 2021

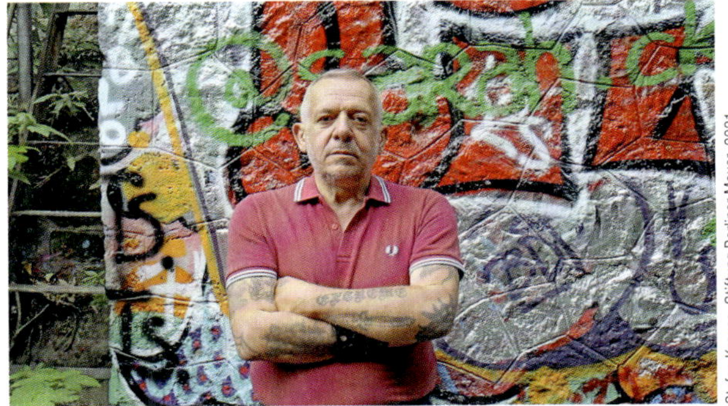

Stefan Krauss, Stiftung Berliner Mauer, 2021

Ralf Marsault
Der Franzose Ralf Marsault lebte in den 1990er Jahren gelegentlich auf dem Wagenplatz »East Side« und ab 2004 für 15 Jahre in der Wagenburg »Kreuzdorf« in Berlin-Kreuzberg. Einen ersten Zugang zu den Wagenburgen und den Menschen dort erhielt er durch seine Fotografien, obwohl das Fotografieren in Wagenburgen ein Tabu ist. Seine Aufnahmen aber boten den Abgebildeten Raum für Selbstinszenierungen, sie zeigten sich, wie sie gesehen werden wollten. Ralf Marsault faszinierte, wie die Bewohnerinnen und Bewohner ein demokratisches Zusammenleben schaffen wollten, jenseits der Gesellschaft. Der promovierte Kulturanthropologe lebt heute in Paris.

Seite 58/59: Die Wagenburg an der East Side Gallery, 1996

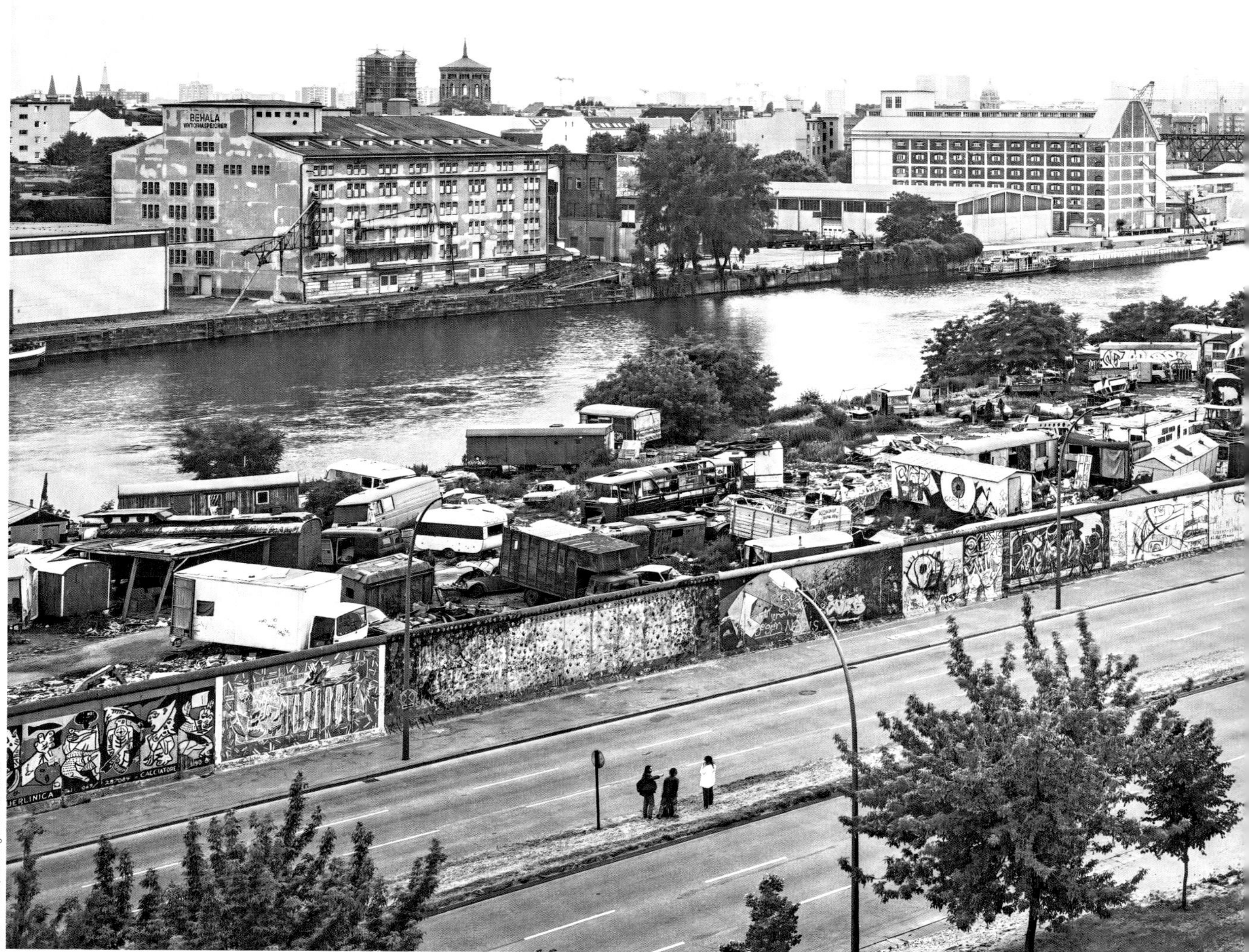

Peter Thieme, Stiftung Berliner Mauer

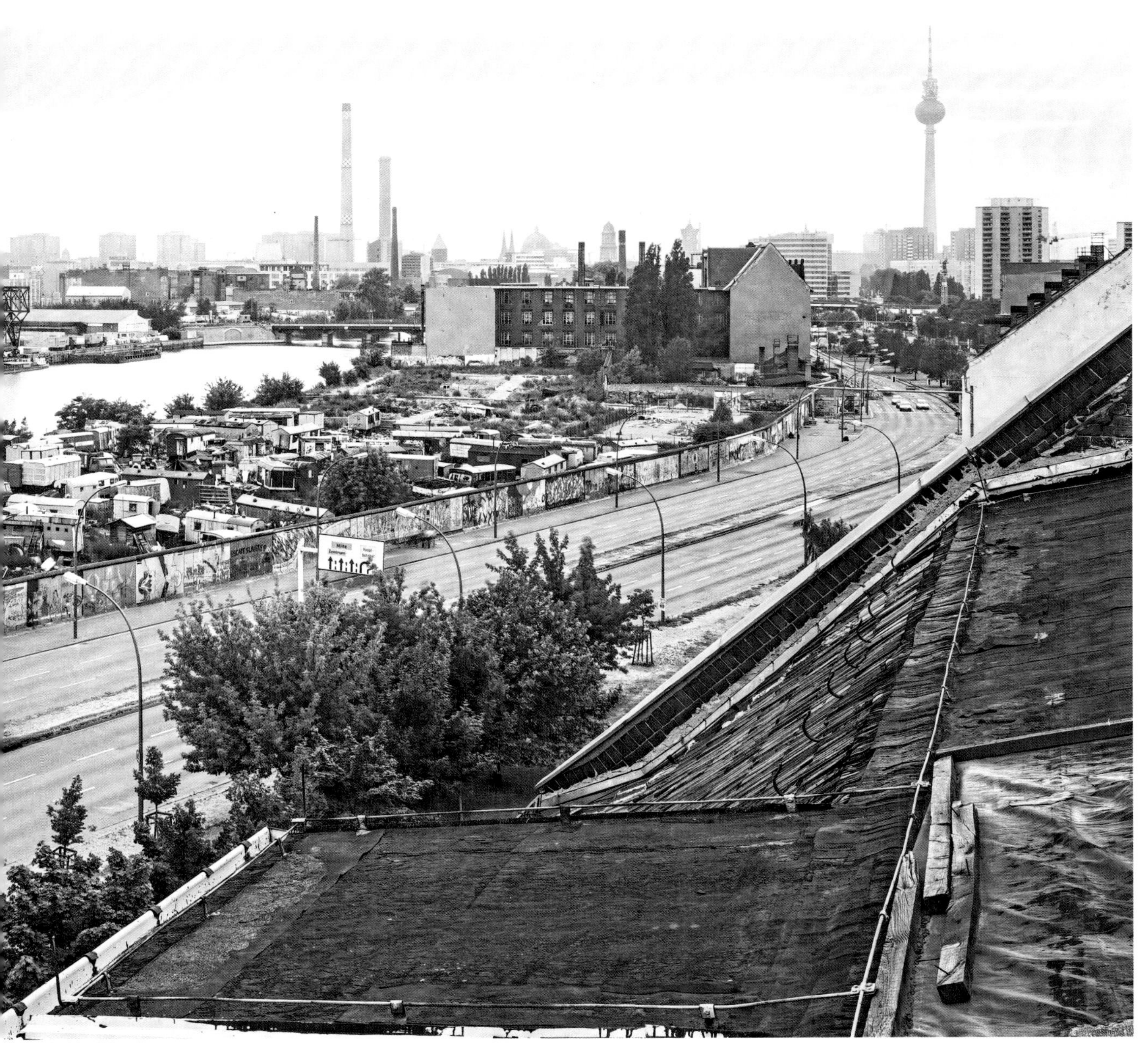

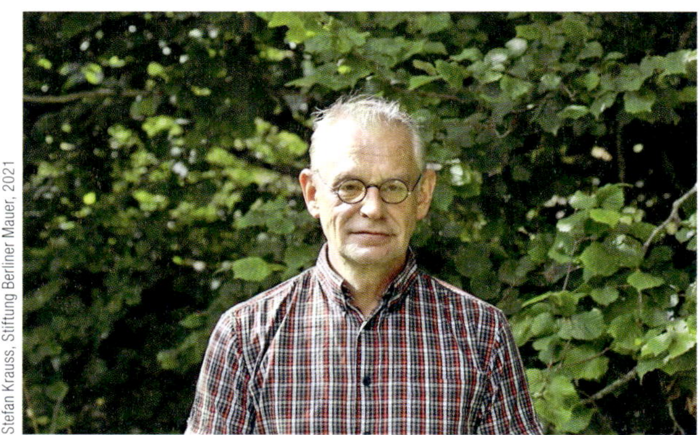

Stefan Krauss, Stiftung Berliner Mauer, 2021

Rab GP Lewin

Rab GP Lewin wurde 1967 in North South Wales, Australien geboren und wuchs in den schottischen Highlands auf. Ab 1992 lebte er in Berlin in besetzten Häusern und Wagenburgen. Der Wagenplatz an der East Side Gallery war für Rab Lewin ein temporärer Ort, ohne Regeln, ohne Organisation, anarchistisch und offen für alle. Ein Raum, in dem die Bewohnerinnen und Bewohner ihre Kreativität einbringen konnten und wollten, der aber auch durch interne Konflikte geprägt war. Der Fotograf dokumentierte mit seiner Kamera die Menschen in der Wagenburg und schuf damit seltene Bilder einer Szene, in der das Fotografieren verboten ist. Heute lebt Rab Lewin in Ardnamurchan (Schottland).

»Wir haben die Mauer als eine Art Schutz benutzt.

Interview, 2021

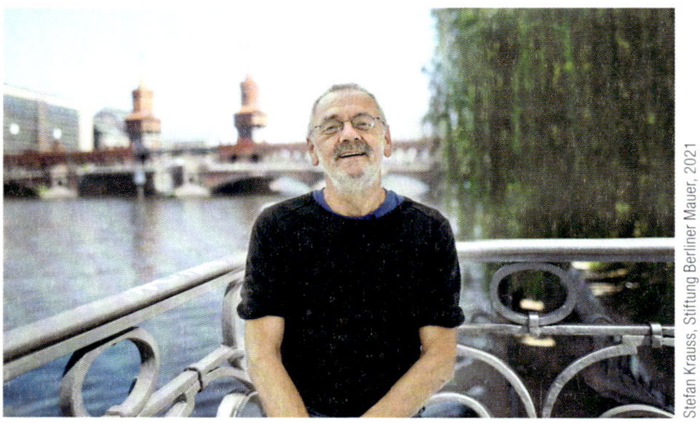

Stefan Krauss, Stiftung Berliner Mauer, 2021

Gerold Kohl

Gerold Kohl wurde 1958 geboren und zog mit 29 Jahren nach West-Berlin. Der gebürtige Aachener studierte Elektrotechnik und Architektur und absolvierte Ausbildungen zum Möbeltischler und Solarteur. Gerold Kohl wohnt schon seit seiner Ankunft in Berlin auf Wagenplätzen. Er schätzt die Unabhängigkeit und die Gemeinschaft. Seiner Erinnerung nach fehlte der Wagenburg an der East Side Gallery dieses Zusammengehörigkeitsgefühl. Kritisch sah er es auch, als sie wegen der zunehmenden Kriminalität die Solidarität der anderen Wagenburgen verlor und bei der Räumung durch die Polizei kaum Unterstützung erfuhr. Gerold Kohl engagiert sich seit den 1990er Jahren dafür, dass Wagenburgen in Berlin erhalten bleiben, und arbeitet beim Berliner Verein Gesellschaftsspiele e.V.

»Den Kampf für die Freiflächen haben wir verloren. Die sind alle zugebaut worden. Aber es sind sehr, sehr viel mehr Menschen geworden, die in Wagenburgen leben. Jetzt haben wir 12, 13 Wagenburgen und sind rund 1000 Leute, so viele sind wir früher nie gewesen.

Interview, 2021

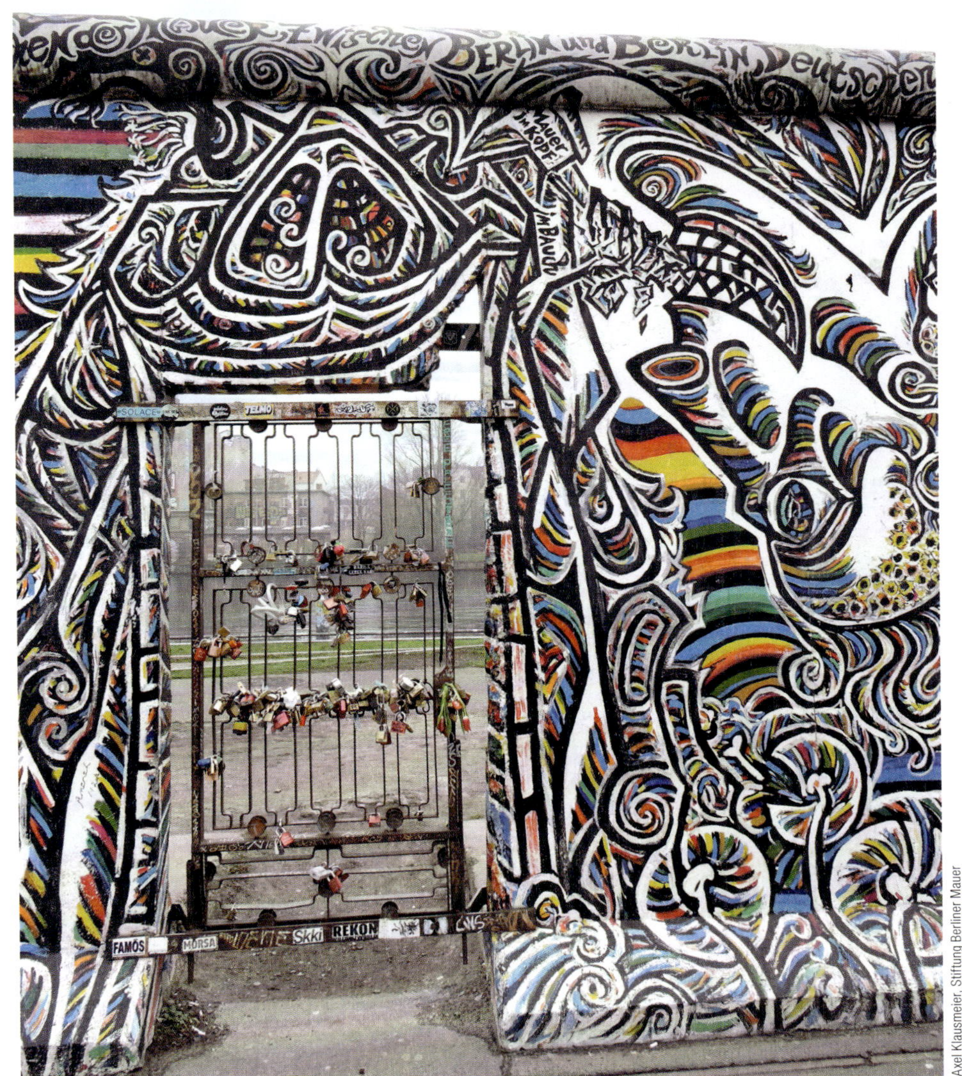

Heute erinnert nur noch das »Loch« in der East Side Gallery an die Wagenburg. Inzwischen vergittert, nutzen Menschen es für sogenannte Liebesschlösser, 2018

Axel Klausmeier, Stiftung Berliner Mauer

Ein Denkmal der Freude und der nachdenklichen Töne: Der Mauerfall in der Kunst der East Side Gallery

Ein häufig gewähltes Thema an der East Side Gallery ist die Freude über die friedliche Überwindung der Diktatur in der DDR und die Öffnung der Grenze am 9. November 1989. Euphorie, Zuversicht, Zukunftshoffnungen – viele Kunstwerke feiern, dass mit dem Fall der Mauer das Undenkbare möglich wurde: dass nach über fünfzig Jahren Kaltem Krieg eine Situation, die unveränderbar schien, friedlich überwunden werden konnte. Berühmt wurde der Trabi von Birgit Kinder – das Bild des kleinen, unscheinbaren DDR-Autos, das mit seiner Fahrerin am Steuer unversehrt die Mauer durchbricht. Auch andere Kunstschaffende zeigen einen Mauerdurchbruch oder wählten abstrakte Darstellungen von mit Wucht einschlagenden Veränderungen. Barbara Greul Aschanta und Günther Schaefer setzten sich mit dem Datum 9. November 1989 auseinander und erinnern im Moment der Euphorie an die Reichspogromnacht am 9. November 1938.

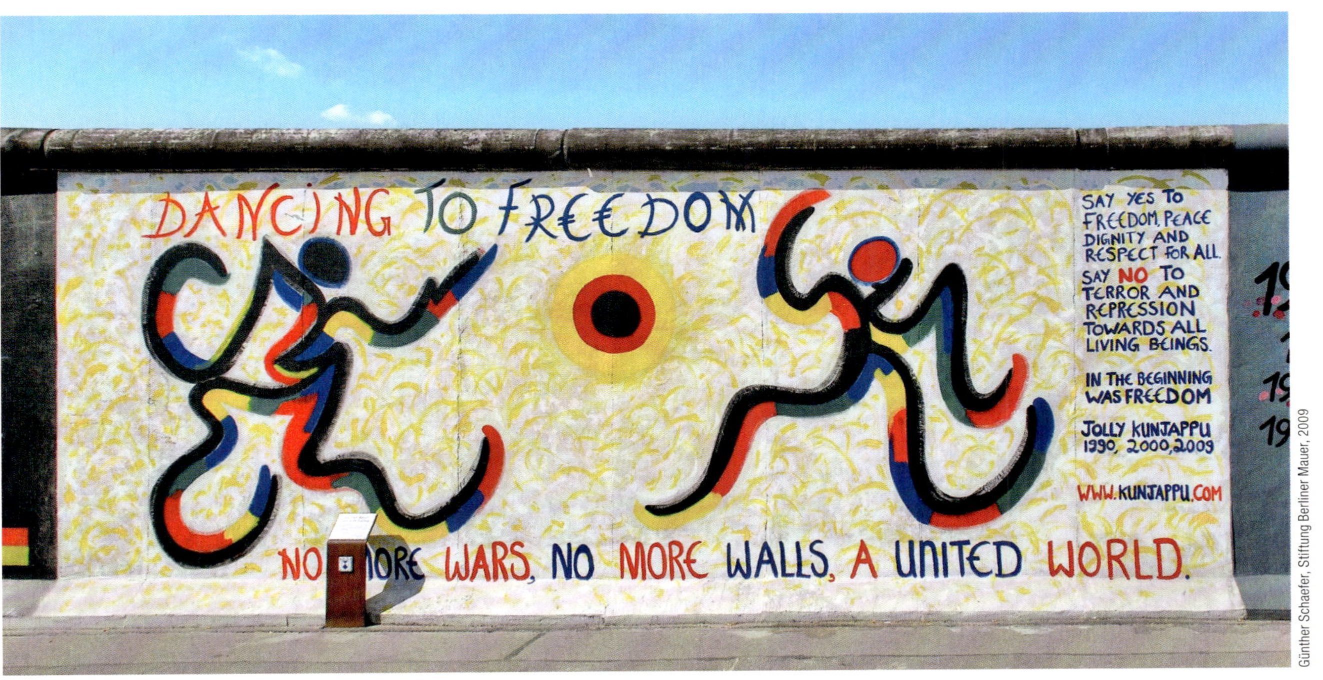

Günther Schaefer, Stiftung Berliner Mauer, 2009

JOLLY KUNJAPPU

Dancing to Freedom

Jolly Kunjappu wurde 1950 in Chennai (Indien) geboren und lebt seit 1970 in der Bundesrepublik. Er studierte Marketing und Hotelmanagement und ging seiner Leidenschaft für Kunst und Musik nach. Unter dem Eindruck des Endes der Blockkonfrontation und des Kalten Krieges wollte Jolly Kunjappu vor allem eines bekunden: Freude über die Freiheit. Auch heute wünscht er sich, dass die Menschen friedlich und respektvoll miteinander leben. Die Botschaft seines Bildes »Dancing to Freedom« lautet: »Nie wieder Krieg, nie wieder Mauern, eine vereinte Welt«. Bei der Sanierung 2009 ergänzte Jolly Kunjappu einen Text, der sich gegen Repression und Terror ausspricht.

Günther Schaefer, Stiftung Berliner Mauer, 2009

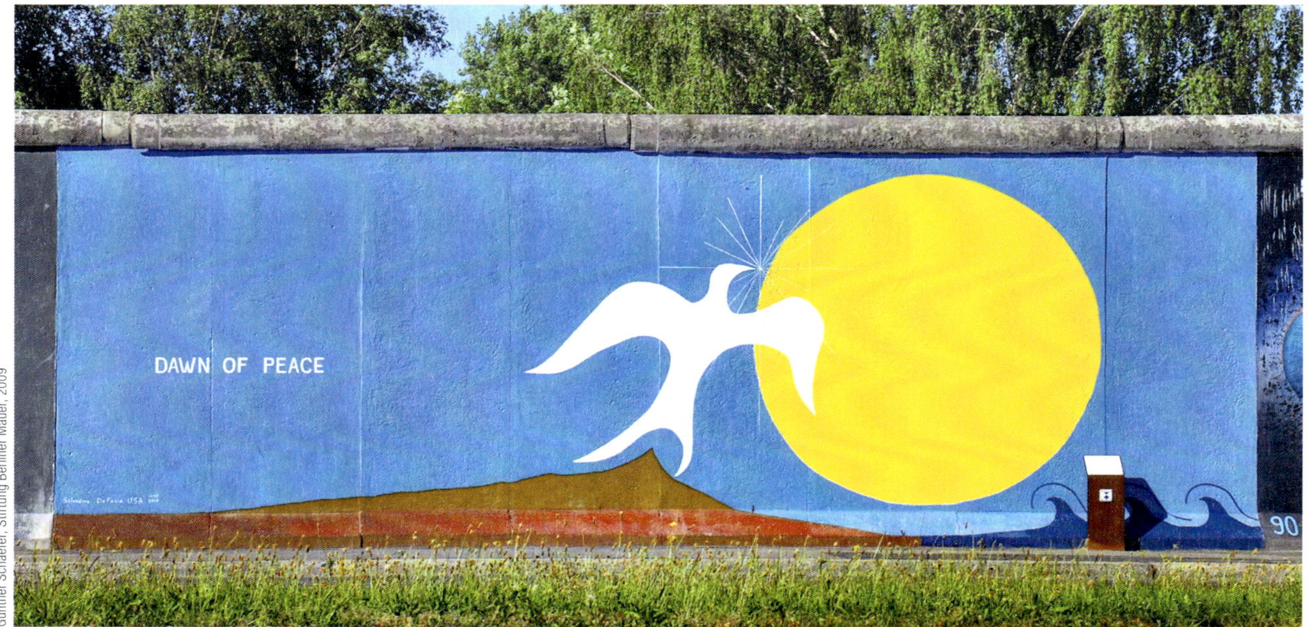

SALVATORE DE FAZIO

Dawn of Peace

Salvatore de Fazio aus den USA widmete sein Bild »Dawn of Peace« (Der Frieden bricht an) dem Ende des Kalten Krieges 1989/90. Er fand dafür einfache, starke Symbole: eine Friedenstaube vor einer großen gelben Sonne. Die Taube ist kurz davor, die Sonne zu berühren.

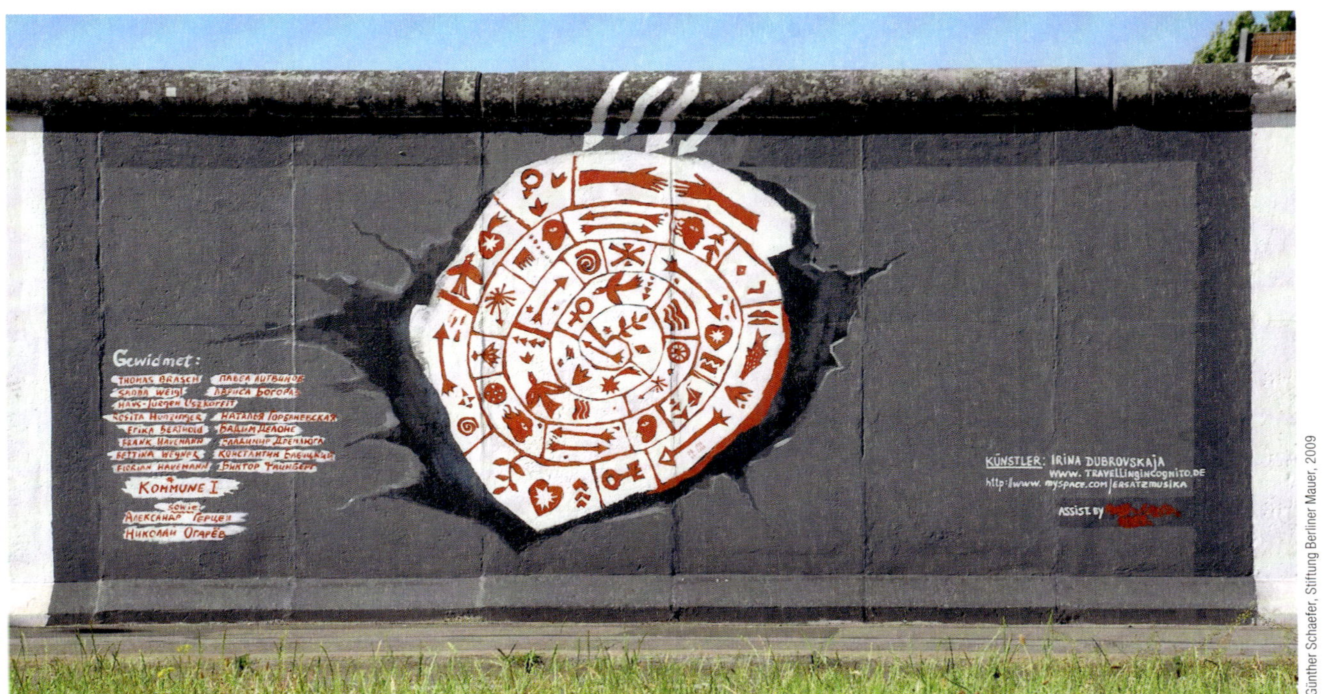

Günther Schaefer, Stiftung Berliner Mauer, 2009

IRINA DUBROWSKAJA

Die Wand muss weichen, wenn der Meteorit der Liebe kommt

Irina Dubrowskaja wurde 1961 in Donezk (Sowjetunion) geboren und studierte in Moskau Innenarchitektur. Seit 1992 lebt sie in Berlin. In ihrem Bild »Die Wand muss weichen, wenn der Meteorit der Liebe kommt« schlägt ein Stein in die Berliner Mauer ein. Sie widmete es später Mitgliedern der Opposition und von Menschenrechtsorganisationen in der DDR, West-Berlin und der Sowjetunion.

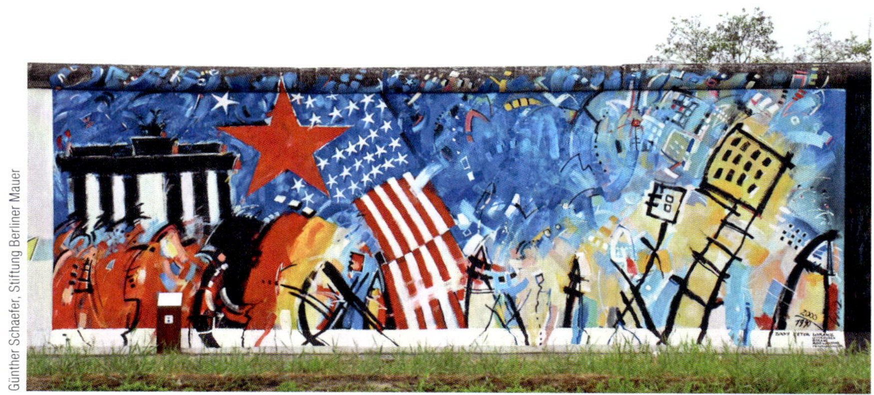

Günther Schaefer, Stiftung Berliner Mauer

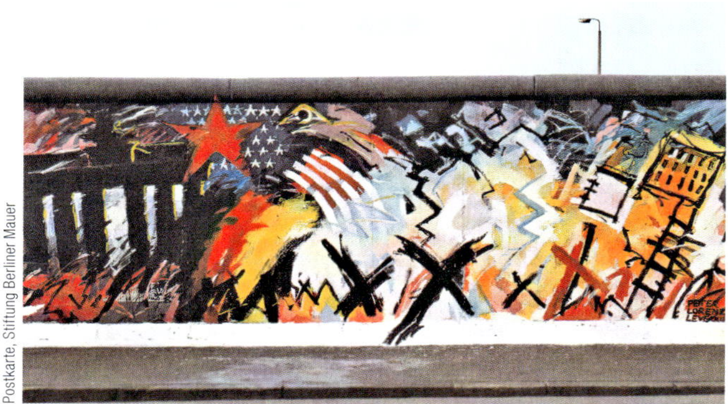

Postkarte, Stiftung Berliner Mauer

2009 (oben) und
1990 (unten)

PETER LORENZ

Peter Lorenz wurde 1946 in Leverkusen geboren. Er studierte Malerei, Grafik und Radierung. Seit 2012 lebt er in Berlin. Sein abstraktes Bild stellt den Mauerfall am Brandenburger Tor dar und zeigt chaotische Szenen des Zusammenbruchs und Neuanfangs: »Für mich war das schon etwas ganz Besonderes, dass plötzlich die Amerikaner mit den Russen und den Deutschen, dass da so eine gewisse Harmonie war, die ja auch diese Veränderung ermöglicht hat.« Peter Lorenz wollte darauf hinweisen, dass mit dem Mauerfall nicht nur die Grenze fiel, sondern auch Ideologien in sich zusammenbrachen. 2009 passte er das Bild seinem weiterentwickelten Malstil an.

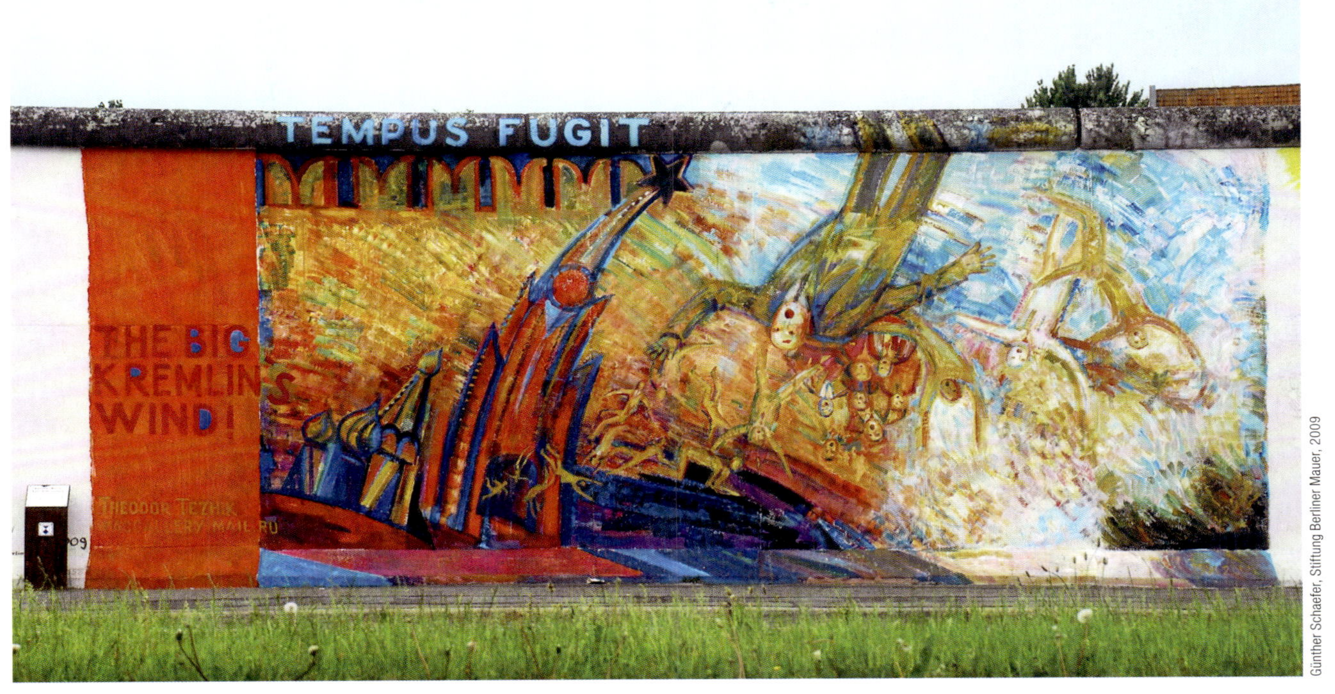

Günther Schaefer, Stiftung Berliner Mauer, 2009

THEODOR CHEZLAV TEZHIK

The Big Kremlin's Wind

Theodor Chezlav Tezhik wurde 1946 in Elektrostal (Sowjetunion) geboren. Er studierte Malerei, Bildhauerei und Architektur in Moskau. 1990 schuf er als erster Russe ein Gemälde an der Berliner Mauer: In »The Big Kremlin's Wind« (Großer Kremlwind) wirbelt der Wind in eine Menschenmenge und den sowjetischen Präsidenten Michail Gorbatschow über den Moskauer Kreml. Der Spruch »Tempus fugit« (Die Zeit flieht) erinnert an die Rolle des Kremls beim Mauerfall und daran, dass sich politische Verhältnisse schnell ändern können.

BIRGIT KINDER

Test the Rest

Birgit Kinder wurde 1962 in Elgersburg (DDR) geboren. Mit 21 Jahren ging sie nach Ost-Berlin, um dort zu arbeiten und sich nebenberuflich zur Künstlerin zu qualifizieren. Seit 1990 ist sie freischaffende Künstlerin und arbeitet als erfolgreiche Wandmalerin. Ihr Bild »Test the Best« malte sie 1990 spontan auf die Berliner Mauer, die Zeit der Genehmigungen war aus ihrer Sicht vorbei. Der Trabi bricht unbeschadet durch die Berliner Mauer und steht dabei sinnbildlich für die Revolution in der DDR, die friedlich die Macht der SED-Herrschaft brach. In Birgit Kinders Worten: »Dieser instabile, kleine, enge Trabi, der schafft es, diese Mauer zu durchbrechen, und hat nicht eine Blessur. Rammelt durch die Mauer, die Fetzen fliegen, der Beton fliegt weg und der Trabi fährt da durch. Und hat keine Blessur und kommt heil am anderen Ende an.«

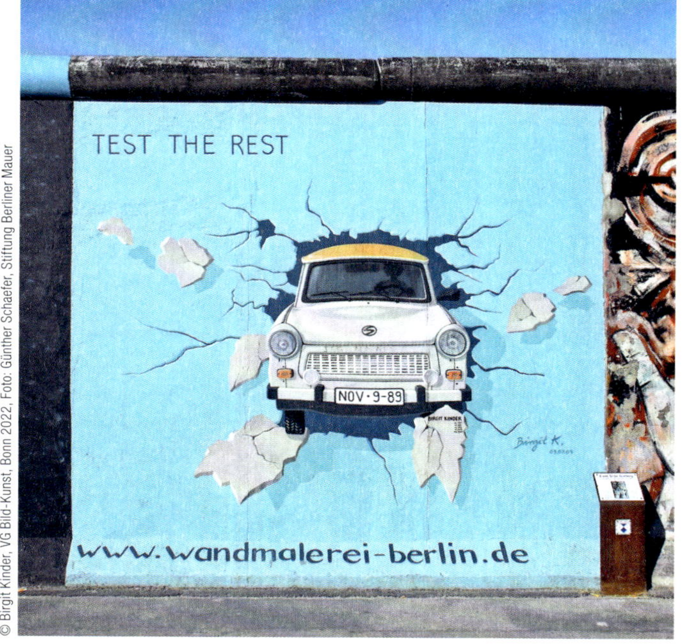

2009 (links) und 1990 (rechts)

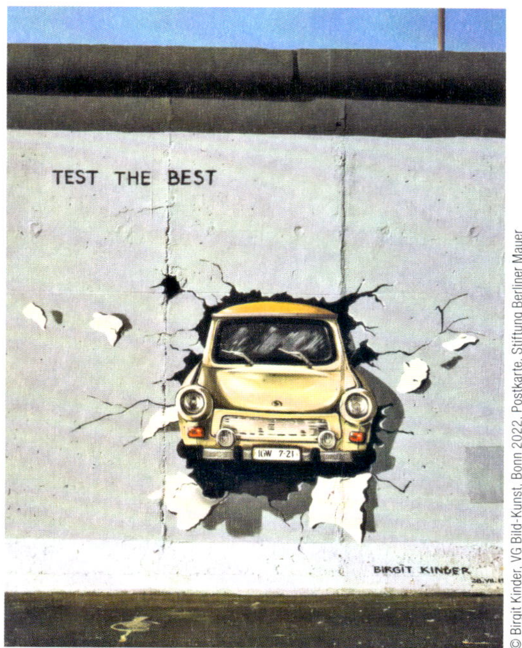

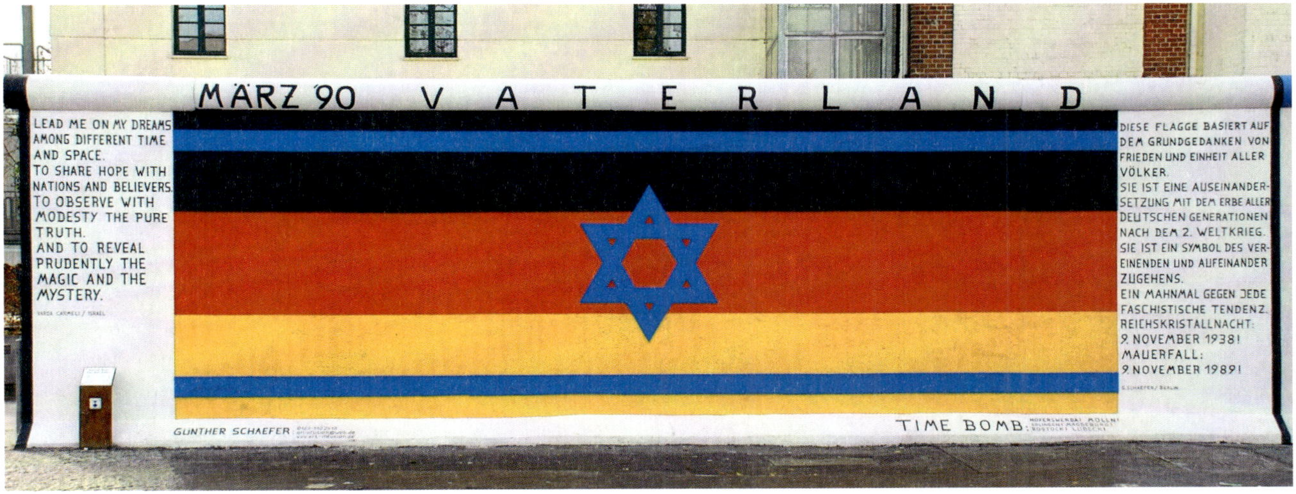

Günther Schaefer, Stiftung Berliner Mauer, 2009

GÜNTHER SCHAEFER

Vaterland

Günther Schaefer wurde 1954 im fränkischen Ebern geboren. In Frankfurt am Main machte er eine Ausbildung zum Fotografen und Offsetdrucker. Er arbeitete als Werbefotograf in Deutschland und den USA. Seit 1989 lebt Schaefer in Berlin. Als einer der ersten Künstler malte er sein Bild »Vaterland« an die East Side Gallery. Er entwarf das Motiv zum 50. Jahrestag der Reichspogromnacht vom 9. November 1938, verweist an der East Side Gallery aber auch auf den Mauerfall am 9. November 1989. Das Motiv auf der Mauer war ihm wichtig: Einerseits wollte er auf die mehrfache Bedeutung dieses Tages hinweisen, andererseits auch darauf, dass die DDR den Staat Israel nie anerkannt hatte. Der Schriftzug »Time Bomb« entstand später und erinnert an die Opfer rassistischer Übergriffe im vereinigten Deutschland.

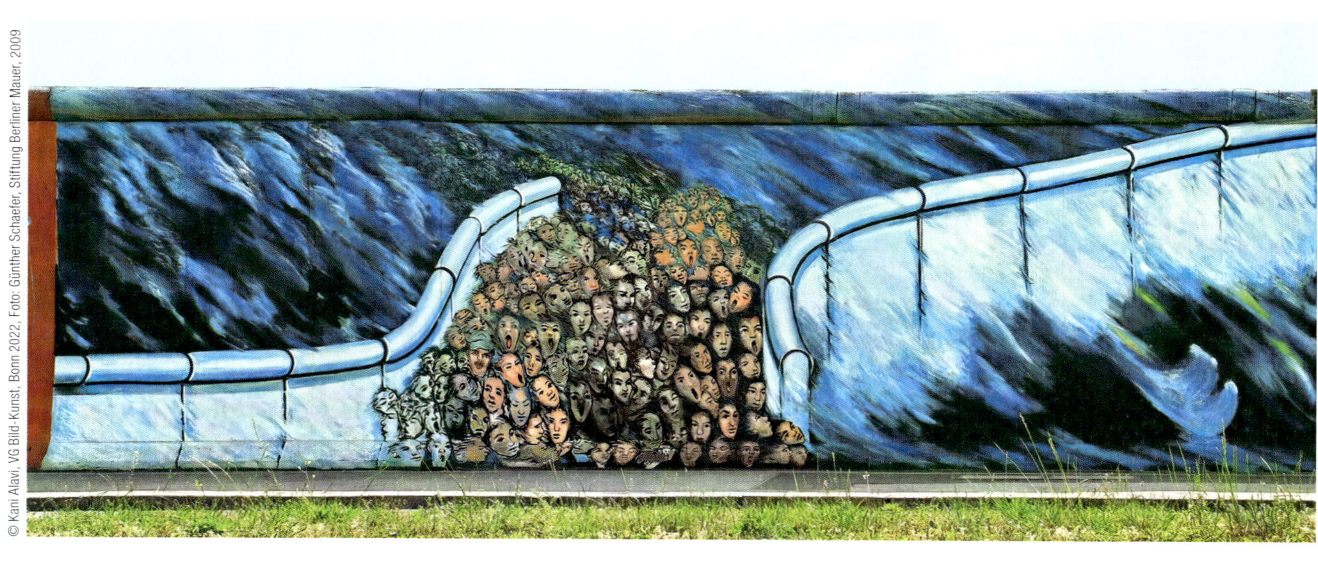

© Kani Alavi, VG Bild-Kunst, Bonn 2022, Foto: Günther Schaefer, Stiftung Berliner Mauer, 2009

KANI ALAVI

Es geschah im November

Kani Alavi, 1955 in Lahidjan (Iran) geboren, beteiligte sich 1978/79 während der Iranischen Revolution an politischen und künstlerischen Aktionen gegen den persischen Schah. 1980 zog er nach West-Berlin, wo er Freie Malerei studierte. 1996 war er Mitbegründer der Künstlerinitiative East Side Gallery e.V. und ihr langjähriger Vorsitzender. Durch sein Engagement und die Initiative ist die Galerie bis heute erhalten. Kani Alavis Bild »Es geschah im November« zeigt sorgenvolle Gesichter, wie er sie bei der Maueröffnung 1989 am Grenzübergang Checkpoint Charlie beobachtet hatte.

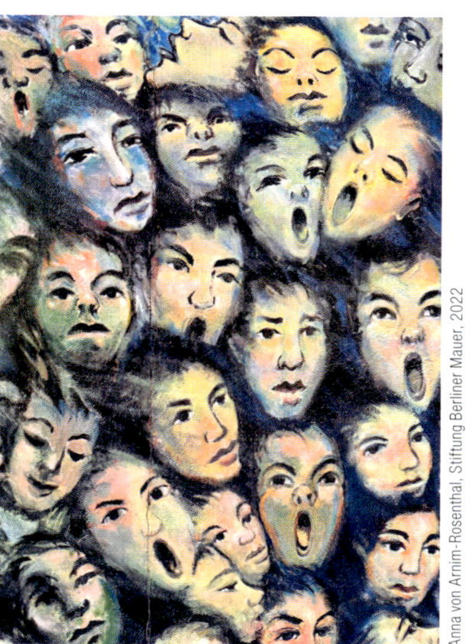

Anna von Arnim-Rosenthal, Stiftung Berliner Mauer, 2022

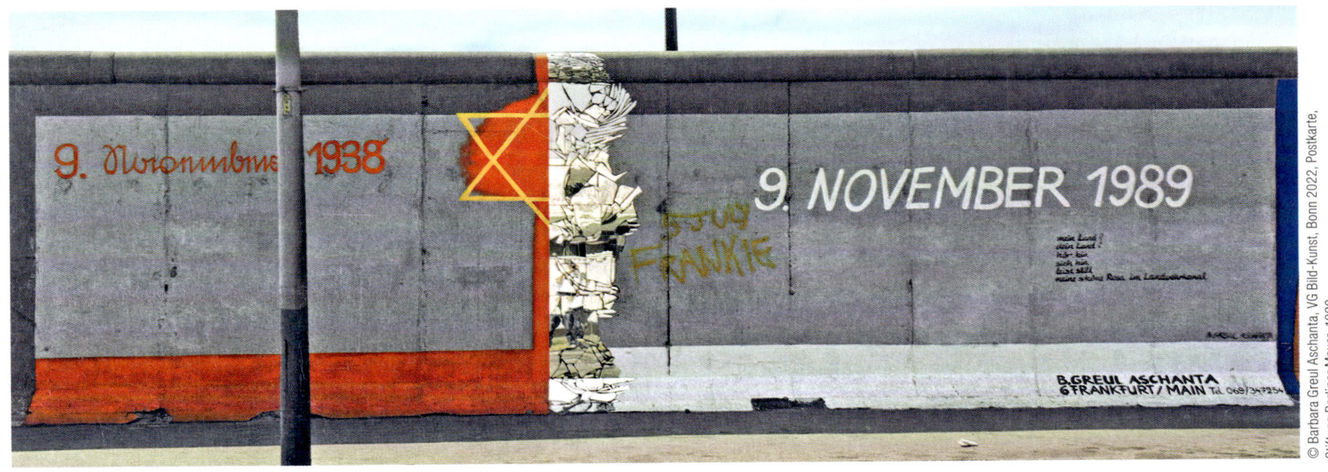

© Barbara Greul Aschanta, VG Bild-Kunst, Bonn 2022, Postkarte, Stiftung Berliner Mauer, 1990

BARBARA GREUL ASCHANTA

Deutschland im November

Barbara Greul Aschanta wurde in Frankfurt am Main geboren. Sie studierte Freie Malerei in Düsseldorf und war Meisterschülerin des Malers Karl Otto Götz. Ihr Bild »Deutschland im November« nahm Bezug auf den 9. November als Datum der Reichspogromnacht 1938 und des Mauerfalls 1989. Das Spiegelrelief sollte die Illusion eines Mauerdurchbruchs hervorrufen und gleichzeitig an das Judenpogrom erinnern. Das Bild ist seit der Sanierung 2009 nicht mehr vorhanden. Barbara Greul Aschanta verweigerte die Wiederherstellung ihres Werkes und kritisiert den musealen Charakter der East Side Gallery.

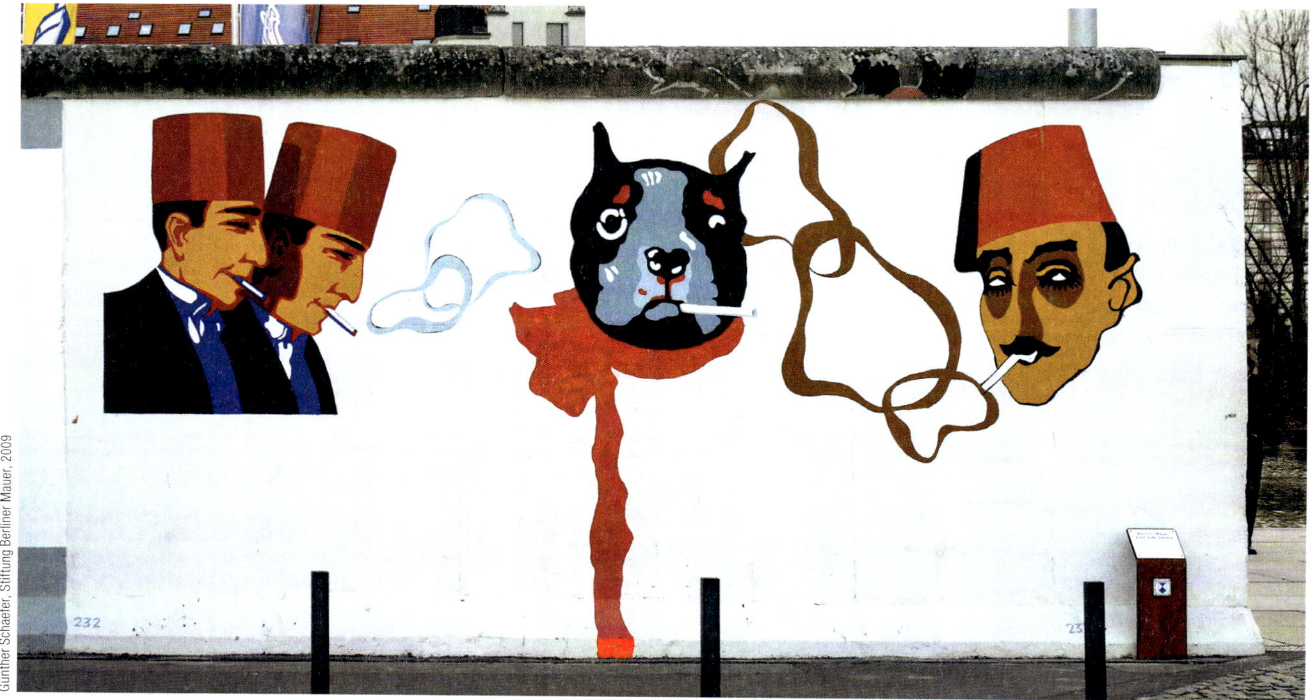

Günther Schaefer, Stiftung Berliner Mauer, 2009

LUTZ POTTIEN

Pottiens persönliches Eigentum

Lutz Pottien wurde 1964 in Ost-Berlin geboren. Um dem Wehrdienst in der DDR zu entgehen, schloss er eine Scheinehe und konnte so im Sommer 1989 nach West-Berlin ausreisen. Sein Bild malte er spontan auf die Mauer. Das Auswahlprozedere für die East Side Gallery empfand er als Bevormundung. Deswegen okkupierte er ein Stück bereits grundierte Mauer, auf das er sein Bild malte. Lutz Pottien wollte bewusst ein unpolitisches Bild schaffen, weil ihn die »Kunst mit Haltung« an der East Side Gallery an die DDR-Propaganda erinnerte. Er wählte Motive, die ihm gefielen. Die Köpfe der Raucher und der Bulldogge sind stereotype orientalisierende Motive aus der Zigarettenwerbung der 1920er Jahre. Der Architekt lebt heute in Berlin.

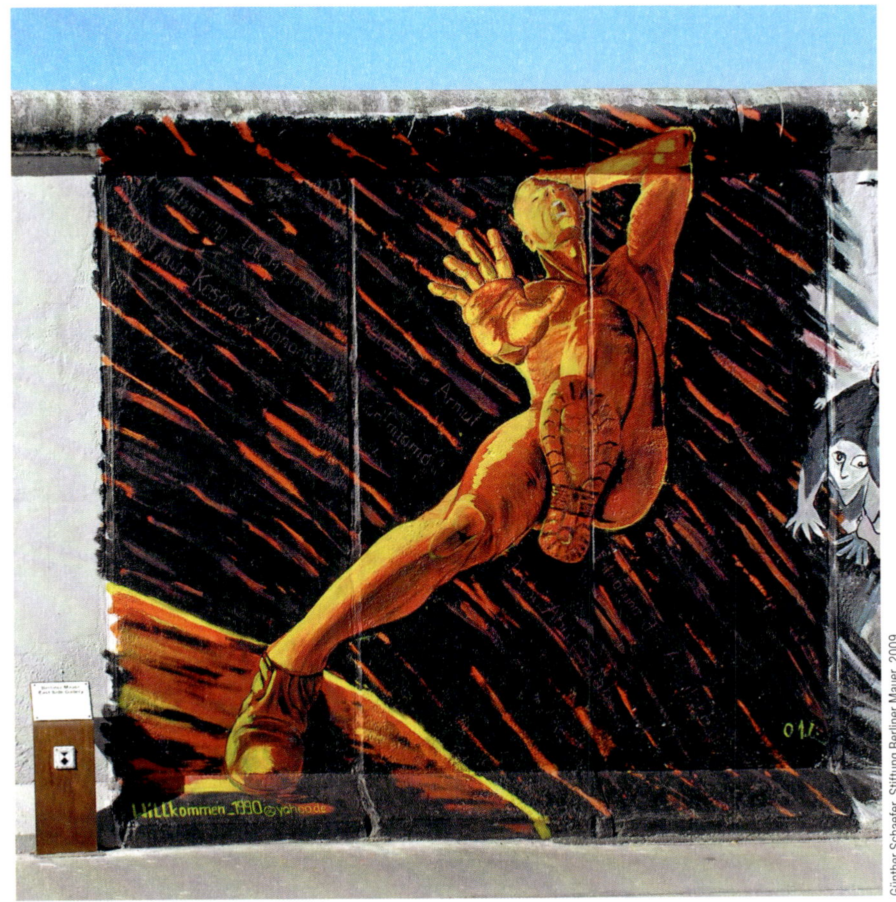

Günther Schaefer, Stiftung Berliner Mauer, 2009

OLIVER MELINE

Willkommen

Oliver Meline wurde 1964 in Ost-Berlin geboren. Mit seinem Bild »Willkommen« wollte der Künstler sein Entsetzen über die Menschen aus der DDR ausdrücken, die seinem Eindruck nach freiwillig ihre neu gewonnene Selbstbestimmung zugunsten einer raschen Vereinigung aufgaben. Er fürchtete eine Zeit der Enteignungen und der Arbeitslosigkeit. Den vermuteten Zerfall des Bildes kalkulierte er mit ein: Es zerfalle in einer Zeit, in der die Erwartungen an die Vereinigung bereits durch die Realität überholt sein würden.

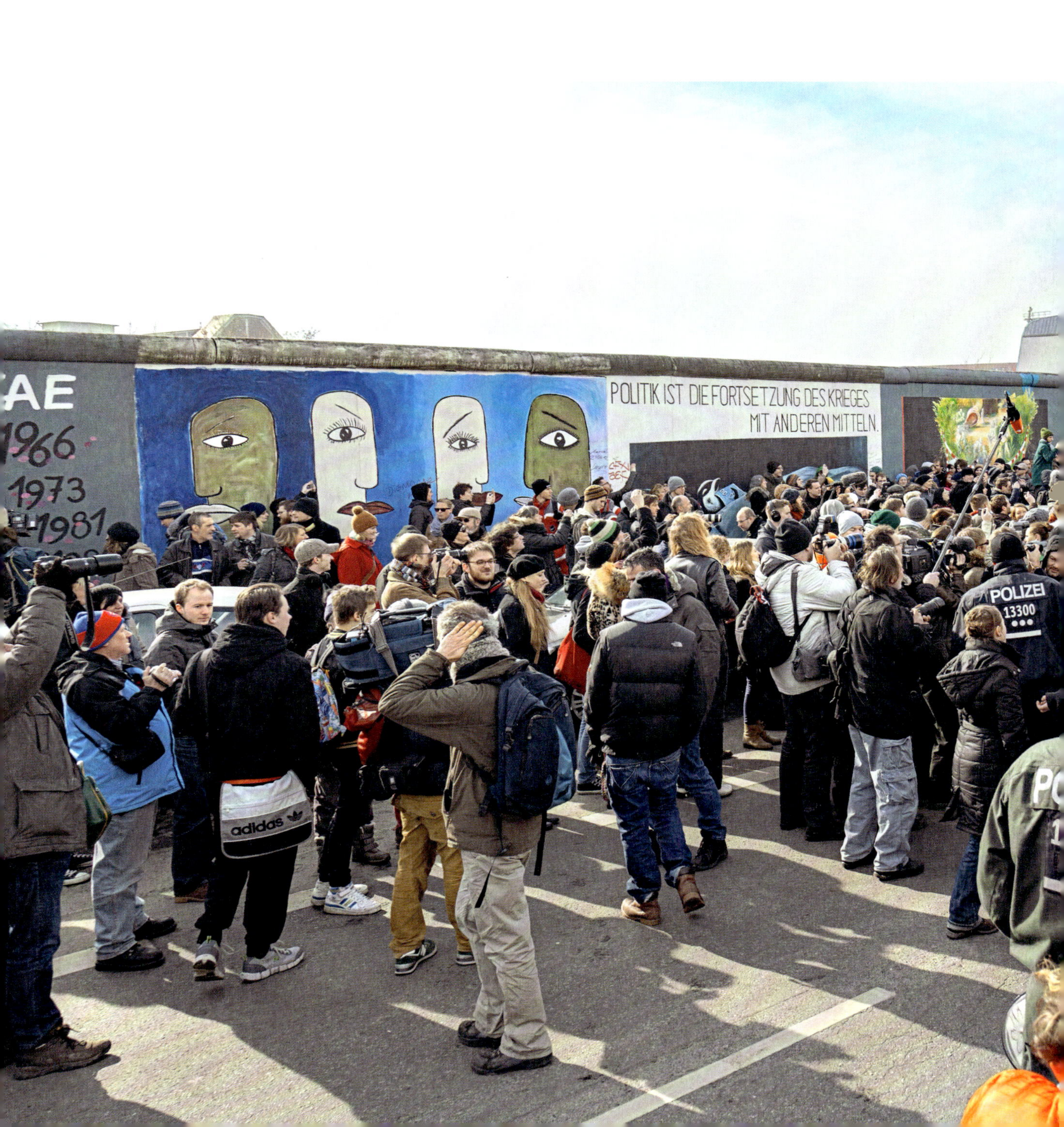
AE
1966
1973
1981
POLITIK IST DIE FORTSETZUNG DES KRIEGES
MIT ANDEREN MITTELN.
POLIZEI
13300
adidas

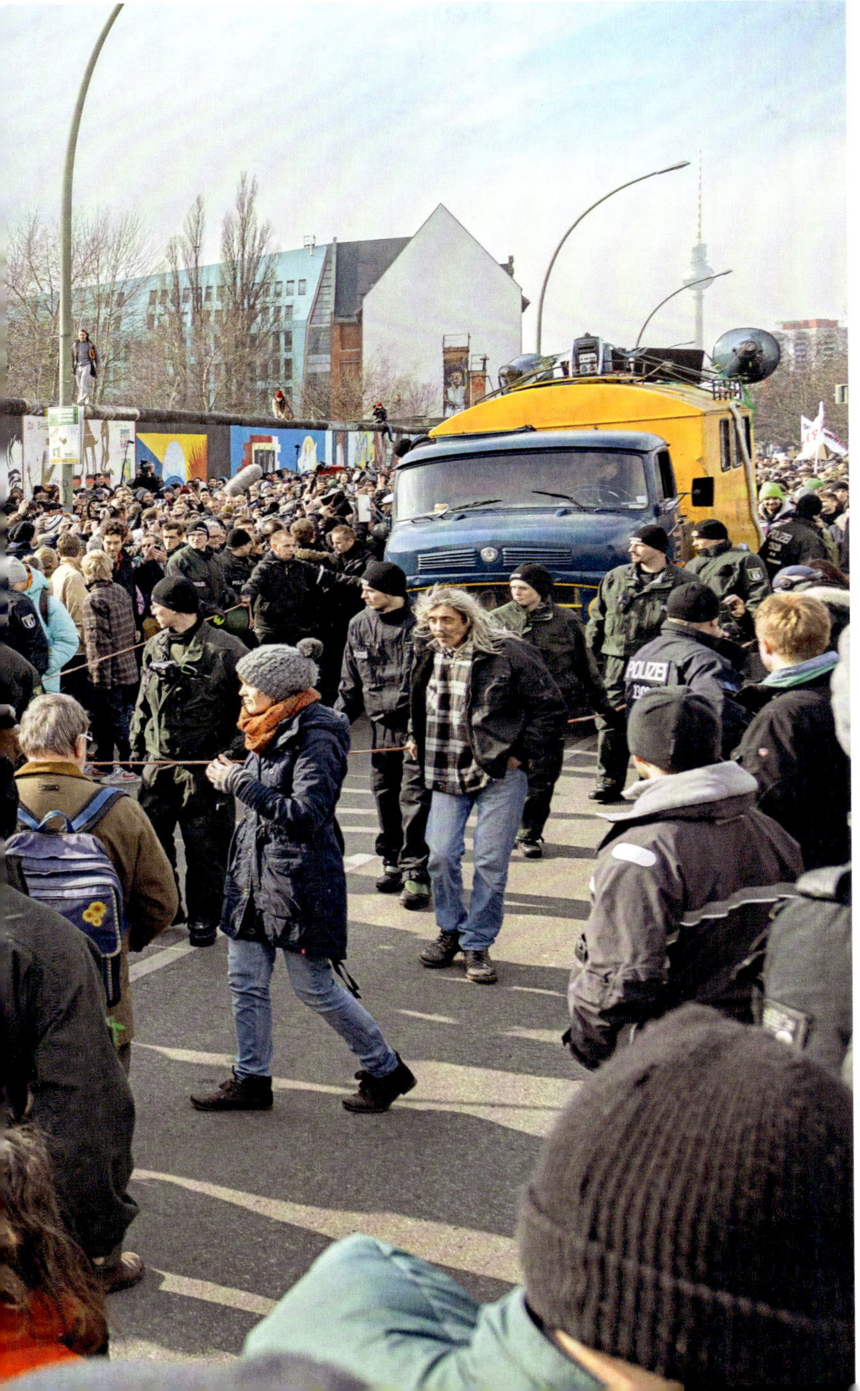

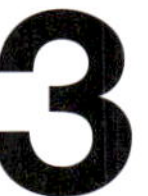

3 Streit um das Denkmal in der wachsenden Metropole

Clubs und Bars als Nachbarn der East Side Gallery

Das Bild, das die East Side Gallery heute bietet, erzählt Stadtgeschichte. Es ist die Geschichte des Wandels Berlins von der geteilten Stadt in eine Metropole – mit den Verdrängungsprozessen und Gentrifizierungsfolgen, wie sie viele Städte weltweit kennen. Es ist auch die Geschichte einer Stadt, die sich in einem widersprüchlichen und zögerlichen Selbstfindungsprozess ihrer eigenen Vergangenheit besinnt.

Die Ost-Berliner Mühlenstraße und das die East Side Gallery umgebende Areal waren in den 1990er und 2000er Jahren vielen ein Freiraum. Die Menschen in der Wagenburg waren die Ersten, die den ehemaligen Grenzstreifen einnahmen. Sie wurden 1996 verdrängt, als die Investoren Grundstücke kauften. Solange nicht gebaut wurde, besetzten Kreative, Kunstschaffende und Kulturunternehmerinnen und -unternehmer mit Strandbars, Events und Musikclubs die freien Flächen und leeren Hallen. In den 2000ern konnten die Berlinerinnen und Berliner hier tagsüber von den Clubs Oststrand oder Strandgut aus auf die Spree blicken. Nachts zogen sie hierher zum Tanzen in die angesagtesten Clubs. Dort, wo heute die Mercedes-Benz-Arena steht, öffnete zu Silvester 1998 einer der legendärsten Technoclubs seine Türen: Das Ostgut spielte den Sound, der für viele junge Menschen nach dem Mauerfall Ausdruck ihres Lebensgefühls war. Unweit des Ostgut waren auch der legendäre Ost-Berliner LGBTI-Club Die Busche und das Non-Tox angesiedelt. In das leerstehende Gaswerk gegenüber dem Ostbahnhof zog der Technoclub Deli. Seit 1998 spielte nur einen Steinwurf entfernt im Maria am Ostbahnhof die Musik. Dort befindet sich heute das YAAM, das nach seiner Eröffnung 1994 mehrmals umziehen musste. Die Mietverträge endeten immer dann, wenn es für die Hallen und Flächen Verkaufsabsichten des Bezirks oder des Senats gab. Heute gibt es nur noch das YAAM, die anderen Clubs mussten endgültig weichen. Das Ostgut macht seit 2004 als Berghain andernorts weiter und ist heute einer der berühmtesten Clubs Europas. An der Mühlenstraße ist aus dieser Zeit nichts erhalten geblieben. Die Freiräume der 1990er und 2000er Jahre: Sie sind bebaut.

Strandgefühl am Oststrand 2007 – im Hintergrund ist die Rückseite der East Side Gallery zu sehen

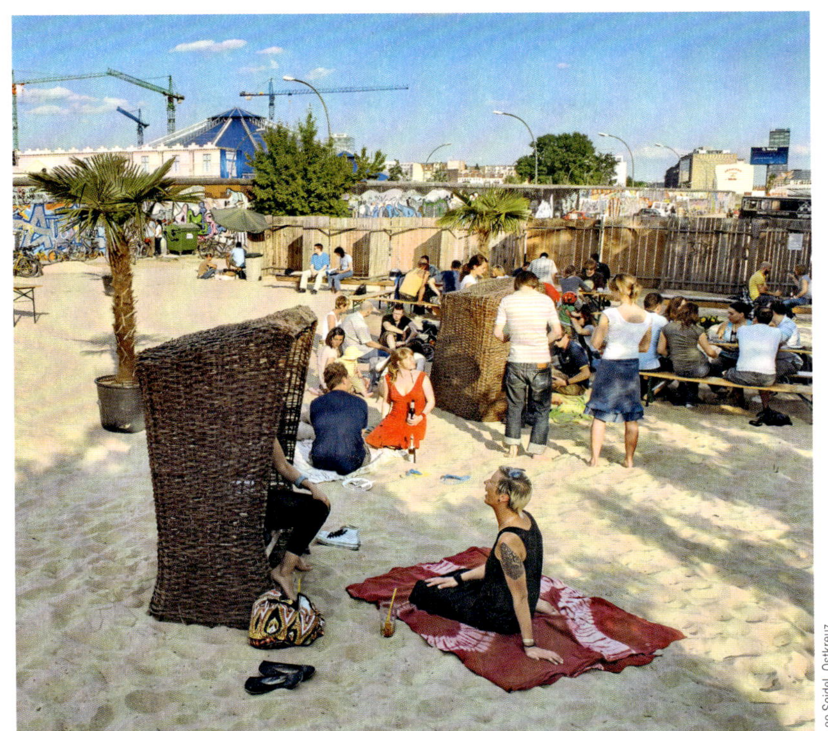

Leo Seidel, Ostkreuz

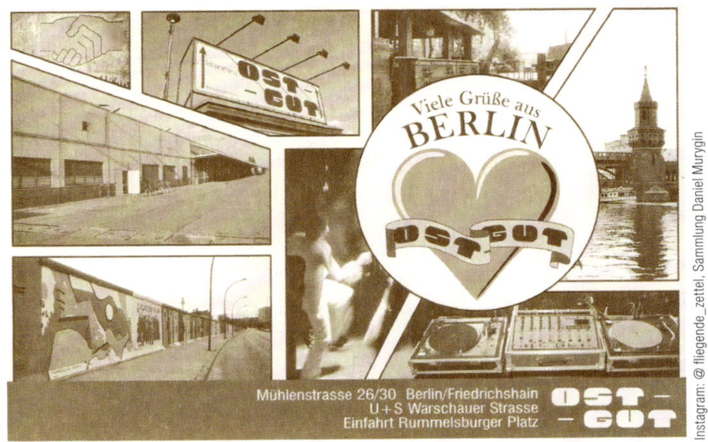

Flyer des Clubs Ostgut, vor 2001

Instagram: @ fliegende_zettel, Sammlung Daniel Murygin

Erzwungene Kompromisse im Denkmalschutz

Die East Side Gallery selbst überlebte die Zeit der Strandbars und Clubs weitgehend unbeschadet, die danach kommenden Großbauten jedoch stellten das Denkmal infrage. Die Pläne für die Bebauung des Brachlandes gehen zurück in das Jahr 1992. Das Areal zwischen heutigem Ostbahnhof und der Warschauer Straße ging dann während der Berliner Bankenkrise 2001 an einen Großinvestor, der von Amerika aus Potenzial für eine seiner Sportarenen sah: mitten in der Stadt und mit guter Verkehrsanbindung. Da weitere Interessenten ausblieben, verkaufte das Land Berlin an die Anschutz Entertainment Group und nahm zunächst wenig Einfluss auf die Entwicklung. Jahrelang prägte die mächtige Arena auf der sonst brachliegenden Fläche das Bild an der Mühlenstraße. Heute ist sie zwischen den Bauten, die in den folgenden Jahren dazukamen, kaum noch zu entdecken.

Was bedeutete diese Entwicklung für das Denkmal? Die East Side Gallery blieb, bekam aber Lücken. Der Investor Anschutz forderte für die Eventarena einen eigenen Bootsanlegesteg. Dafür wurde das Bild »Masken« von Wjatscheslaw Schljachow 2006 aus der East Side Gallery herausgeschnitten und in der Nähe im ehemaligen Grenzstreifen aufgestellt. Während dies weitgehend ohne öffentlichen Protest geschah, riefen spätere Baumaßnahmen massiven Widerstand hervor. Investor Maik Uwe Hinkel begann 2013 mit dem Bau des 14-geschossigen Wohnhochhauses Living Levels im einstigen Grenzstreifen zwischen Spree und East Side Gallery. Das Bild »Himlen over Berlin« von Karina Bjerregaard und Lotte Haubart, den einzigen dänischen Künstlerinnen der East Side Gallery, wurde für eine neue Zufahrt entnommen und in die Nähe versetzt. Auch »Zeichen in der Reihe« von Mirta Domacinovic musste weichen. Das Bild stand da, wo die Berliner Investmentgesellschaft Trockland ab 2017 das neungeschossige Wohn- und Geschäftshaus Pier 61/64 realisierte.

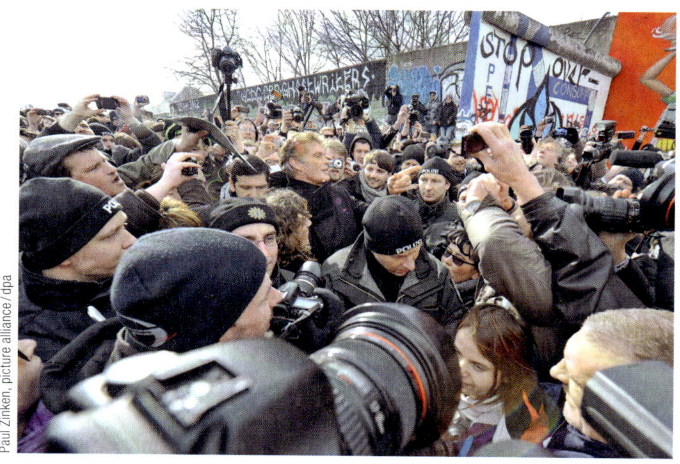

Paul Zinken, picture alliance/dpa

Demo mit David Hasselhoff gegen die Versetzung von Mauersegmenten, 2013

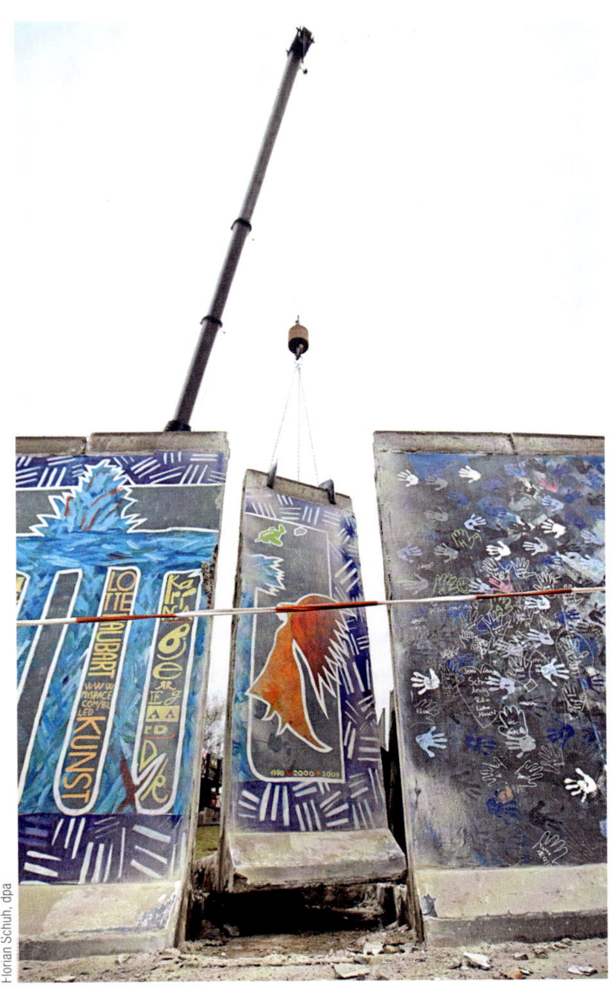

Florian Schuh, dpa

Für die Zufahrt zu einem Wohnhochhaus wird »Himlen over Berlin« in den Park versetzt, 2013

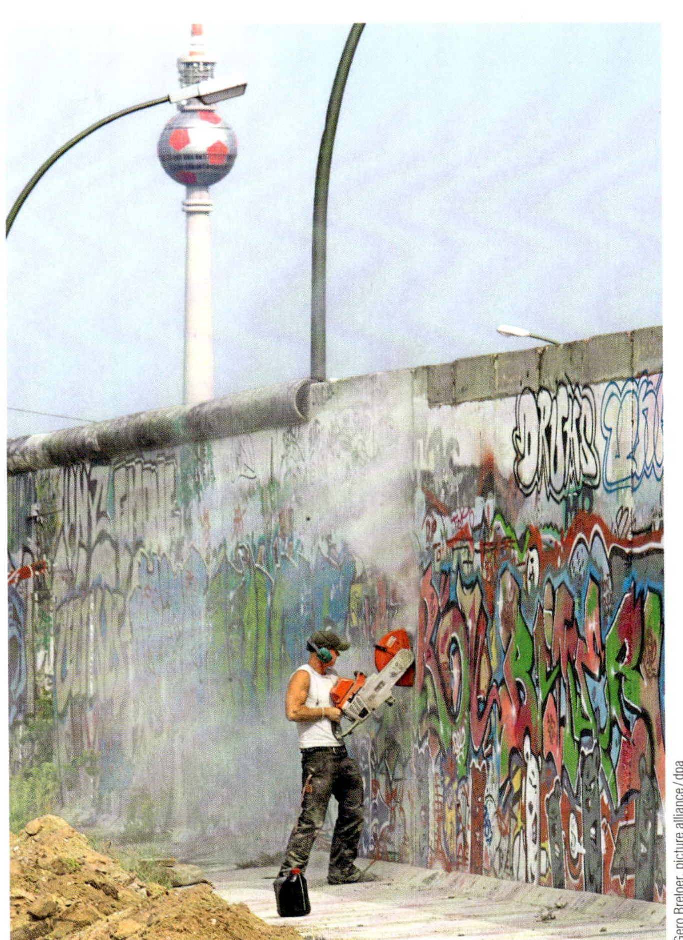

Gero Breloer, picture alliance/dpa

Das Bild »Masken« wird für die neue Schiffsanlegestelle der Anschutz Entertainment Group versetzt, 2006

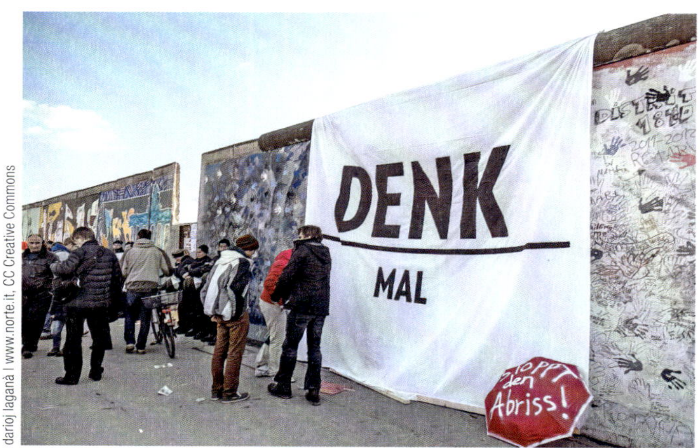

Protest gegen den Teilabriss der East Side Gallery, 2013

Gegen die Entnahme von »Himlen over Berlin« demonstrierten an einem Tag mehr als 6000 Menschen. Unterstützt wurden sie vom amerikanischen Popsänger und Schauspieler David Hasselhoff, der eigens zur Bewahrung der East Side Gallery angereist war. Über 30 000 Unterschriften sammelte das Bündnis »East Side Gallery retten«. Es war Teil der Bürgerinitiative »Mediaspree versenken«, die sich mit Veranstaltungen und Protestaktionen sowie in Verhandlungen mit Senat und Bezirk gegen die Errichtung eines Musik- und Entertainmentquartiers entlang der Spree engagierte. Sie initiierte den Bürgerentscheid »Spreeufer für alle«. Die Botschaft der Menschen war laut und vielstimmig: Die Reste der Berliner Mauer und der freie Raum sollten erhalten bleiben. Dieser Ruf wurde seit Beginn der 2000er Jahre immer stärker und widersprach der bis dahin geltenden Devise, die Relikte der ehemaligen Grenzabriegelung umfänglich und schnell abzubauen. Zehn Jahre später gab es nun einen weitgehenden Konsens darüber, die wenigen verbliebenen Spuren der Vergangenheit Berlins als geteilter Stadt zur Mahnung und Erinnerung zu bewahren. Die East Side Gallery blieb folglich, die Bebauung wollte der Senat jedoch trotzdem nicht verhindern.

Aber auch wenn es nicht so aussieht: Selbst die errichtete Bebauung, wie sie heute zu sehen ist, war ein Kompromiss. Dass nur noch zwei, wenn auch sehr große Gebäude errichtet wurden, ist dem öffentlichen Druck und dem Bezirksamt Friedrichshain-Kreuzberg zu verdanken. Es widmete Bauland in Grünfläche um, sodass der Raum hinter der East Side Gallery in einen gestalteten Park umgewandelt wurde, finanziert von Anschutz als Ausgleichsmaßnahme für den Bau der Arena. So blieben große Teile des einstigen Grenzstreifens für die öffentliche Nutzung erhalten und der Uferweg von der Oberbaumbrücke bis zur Schillingbrücke für alle zugänglich. Ausgehend von den Protesten 2013 entschied der Berliner Senat, die East Side Gallery langfristig zu erhalten und nach der 2022 fertiggestellten Bebauung keine weitere Zerstörung des Denkmals zuzulassen. Ein wichtiger Schritt war die Übertragung des Denkmals an die Stiftung Berliner Mauer 2018.

Kontrovers diskutiert: Wem gehört die Stadt?

In dem drei Jahrzehnte währenden Prozess von der Entstehung der East Side Gallery und der ersten Besetzung des Brachlandes bis zu ihrem Erhalt und der umliegenden Bebauung gestalteten viele unterschiedliche Menschen diesen Ort: die Menschen in den Wagenburgen, das Partyvolk in den Clubs, die Stylewriting- und Graffitiszene, Künstlerinnen und Künstler, Land, Bezirk, Denkmalpflege und Stadtentwicklung, internationale Touristinnen und Touristen, Berlinerinnen und Berliner, Investorinnen und Investoren. Sie eint, dass sie den Ort zu dem gemacht haben, was er heute ist. In die Open-Air-Ausstellung haben sie ihre Erlebnisse und Meinungen zum Umgang mit der East Side Gallery eingebracht – und damit die Kontroversität ihrer Positionen.

Auffällig mehrheitlich kritisieren sie die Hinwendung zum unbegrenzt erscheinenden Kapitalismus nach 1989 – die Umgebung der East Side Gallery zeigt für Berlinerinnen und Berliner exemplarisch eine Stadtentwicklung, die sich am Kapital und nicht an den Bedürfnissen der Bürgerinnen und Bürger orientiert. Bezahlbarer Wohnraum für alle und Platz für die Kreativwirtschaft kommen ihnen zu kurz. Kaum jemand empfindet die Mühlenstraße heute als ästhetisch gelungen. Viele Künstlerinnen und Künstler hätten es vorgezogen, dass nicht direkt an der East Side Gallery gebaut worden wäre. Einige sehen dadurch die Wirkung ihrer Kunstwerke beeinträchtigt, die Galerie sei heute nicht mehr als ein »Vorgartenzaun« für teure Hotels und schicke Büros. Manche sind aber auch der Meinung, die Galerie könne abgerissen werden, da sie, musealisiert wie sie ist, nicht mehr lebendig sei. Anderen ist genau diese Musealisierung ein Zeichen der Wertschätzung der Kunst. Sie verbinden damit die Hoffnung, dass ihre Kunst die Zeit überdauern wird. Für die Investorinnen und Investoren sind die Baugenehmigungen ein Zeugnis der Zeit, als Berlin auf wirtschaftlichen Aufschwung angewiesen war und dazu bereit, seine Vergangenheit auszublenden.

Letztlich ist es der Kontrast zwischen dem Unterhaltungs- und Büroviertel auf der einen Seite der Straße und der East Side Gallery auf der anderen, der die Identität der Galerie schärft: als Zeitzeugnis des Umbruchs 1989/90 und als kreativ-künstlerischer sowie alternativer Raum, von dem sich – trotz allem – etwas erhalten hat.

Unsichtbare Geschichte

Hinter der Geschichte der East Side Gallery verbergen sich weitere Zeitschichten. Sie sind mit der Mühlenstraße verbunden, die vor 1961 eine von vielen Straßen ihrer Art in Berlin war. Nach dem Zweiten Weltkrieg waren viele Gebäude erhalten geblieben. Aber durch den vollständigen Abriss der Bebauung entlang der Spree bis 1977 durch die DDR-Grenztruppen gibt es von diesem Leben keine sichtbaren Spuren mehr.

Unweit des Stralauer Platzes gab es bis 1945 eine Grundschule, die im Kaiserreich sogar mit einem angegliederten Flussschwimmbad ausgestattet war. Hier haben Grundschülerinnen und Grundschüler Ende des 19. Jahrhunderts in der Spree Schwimmen gelernt. Weiter stadtauswärts besaß das Kolpingwerk seit 1928 ein Haus, in dem ledige Gesellen wohnten. In anderen Häusern an der Spree fanden sich Produktionsstätten, Gewerberäume und Lagerplätze. Das Gebiet zwischen heutigem Ostbahnhof und Osthafen war für viele Menschen Zuhause oder Arbeitsort.

Seit Mitte des 19. Jahrhunderts bis zu ihrem Umzug in der Zwischenkriegszeit stand in der Mühlenstraße eine Gummiwarenfabrik. Gummi war ein Werkstoff, der im 19. Jahrhundert die Industrialisierung Deutschlands vorantrieb. Seine Produktion war jedoch eng verknüpft mit der kolonialen Ausbeutung von Menschen auf anderen Kontinenten – in Afrika und Südamerika. Dort mussten Männer, Frauen und auch Kinder unter menschenunwürdigen Umständen die für die Gummiproduktion notwendigen Rohstoffe Kautschuk und Guttapercha sammeln. Seit dem Abriss des Firmengebäudes erinnert nichts mehr an dieses Kapitel kolonialer Ausbeutung.

Jüdische Berlinerinnen und Berliner lebten und arbeiteten in der Mühlenstraße oder betrieben eine Firma. Nach 1933 vernichteten zunächst rassistische und antisemitische Gesetze ihre wirtschaftliche Existenz, dann wurden sie vertrieben und alle ermordet, die nicht fliehen konnten. Einer von ihnen war Siegfried Abramowsky, Besitzer einer Knopffabrik. Er wurde 1942 ins Ghetto Theresienstadt deportiert und dort durch Hunger und Krankheit umgebracht. Während der nationalsozialistischen Herrschaft setzte man in den Betrieben zur Zwangsarbeit genötigte Menschen ein.

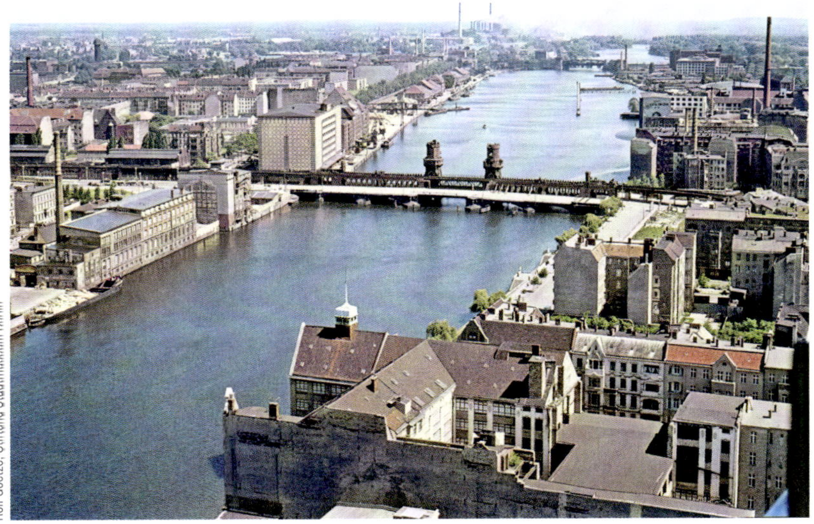

Rolf Goetze, Stiftung Stadtmuseum Berlin

Auf dem Foto von 1962 ist die Bebauung auf beiden Seiten der Spree noch zu sehen

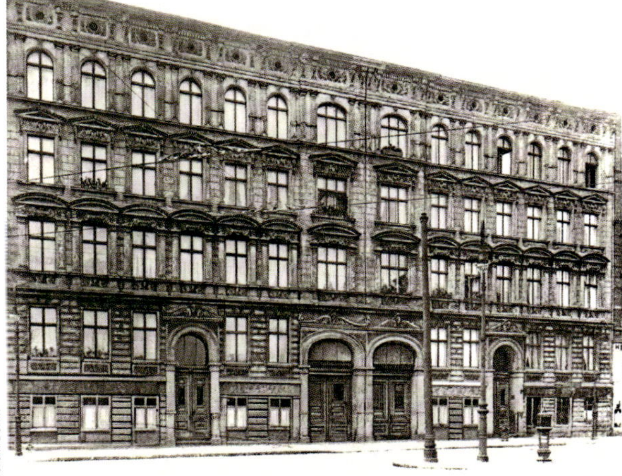

Kolpingverein Berlin

So sah die Mühlenstraße einmal aus: das Eduard-Müller-Haus zwischen 1928 und 1945. Das kriegsbeschädigte Haus wurde nach 1945 abgerissen

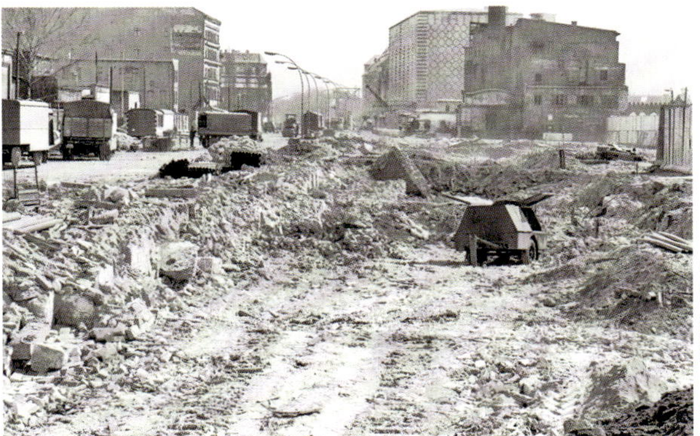

akg-images / ddrbildarchiv.de

1977 wird die Mühlenstraße zur sechsspurigen Protokollstrecke ausgebaut

Rückblick der Protagonisten: Denkmalschutz vs. Stadtentwicklung?

Die Luxus-Wohnhochhäuser, Hotels, die Büros und das Entertainmentquartier an der East Side Gallery sind umstritten. Dabei bezieht sich die Kritik nicht allein auf das Versetzen von Mauerteilen aus der Galerie und insofern auf den Umgang mit den historischen Spuren in der Stadt zugunsten des Verkaufs der lukrativen Flächen. Wie an anderen Orten steht die Frage im Zentrum, wie viel öffentlichen Raum Berlin sich leistet. Besonders umkämpft war deswegen der öffentliche Zugang zur Spree. Die Vertreterinnen und Vertreter der Stadtentwicklung und des Denkmalschutzes hatten nach dem Mauerfall die Frage auszuhandeln, wohin sich Berlin nach 28-jähriger Teilung entwickeln sollte, und mussten sich dabei entscheiden, welchen Stellenwert sie der Erinnerung an die Vergangenheit beimessen wollten.

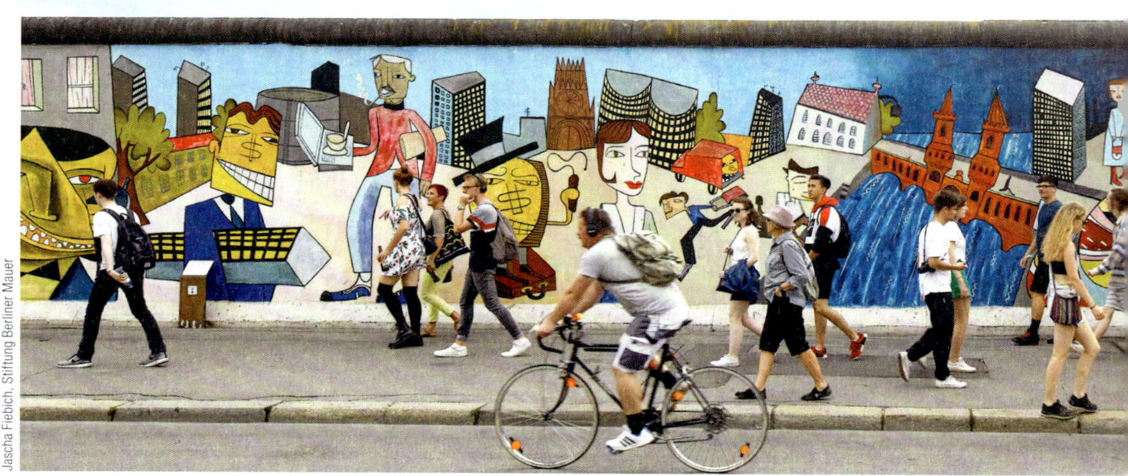

Jascha Fiebich, Stiftung Berliner Mauer

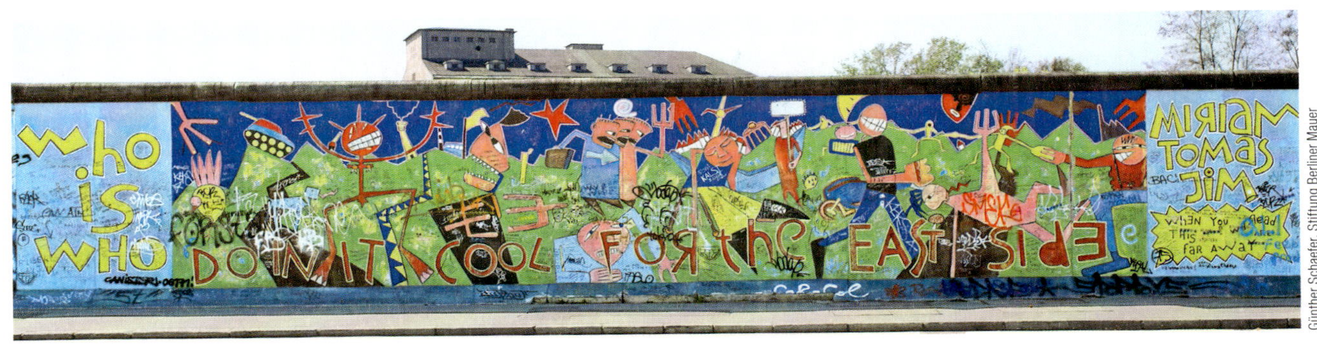

Günther Schaefer, Stiftung Berliner Mauer

JIM AVIGNON

Doin It Cool For The East Side

Jim Avignons Bild ist das einzige an der East Side Gallery, das das Aussehen des umliegenden Areals kommentiert. Es zeigt ein ironisches Stadtpanorama von Berlin: Digitale Boheme und Investoren prägen Friedrichshain am Tag, nachts besucht die Weltkugel die Clubs im Kiez. 2013 malte Jim Avignon das Stadtpanorama als neue Version seines Bildes von 1990, das Ereignisse aus den ersten Monaten des Jahres 1990 zeigte. Damals wie heute ist es dem Pop-Art-Künstler wichtig, mit seiner Kunst auf den öffentlichen Raum Bezug zu nehmen. Er malte sein Bild ohne Genehmigung zusammen mit Kunstschülerinnen und -schülern im Rahmen einer gut vorbereiteten und schnellen Aktion.

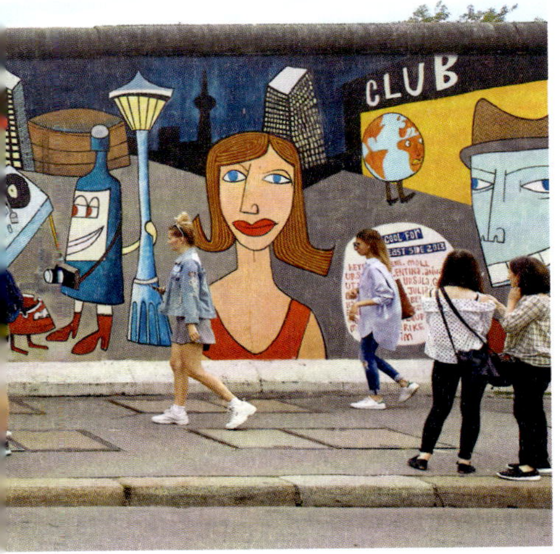

1990 (oben) und 2018 (unten)

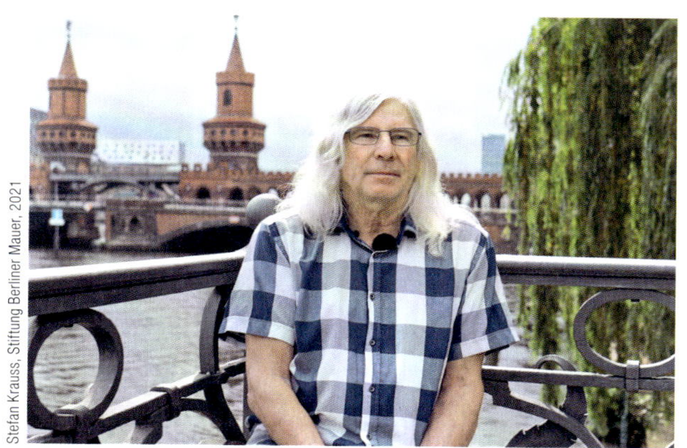

Stefan Krauss, Stiftung Berliner Mauer, 2021

Jürgen Karwelat

Jürgen Karwelat war seiner Zeit voraus. Einen Monat vor dem Mauerfall, im Oktober 1989, startete er als Mitglied der Berliner Geschichtswerkstatt einen Aufruf: die Berliner Mauer, wenn sie einmal fallen würde, als historisches Denkmal zu erhalten. Damals unterstützten zunächst nur wenige dieses Anliegen. Nach dem 9. November 1989 schlossen sich jedoch viele Menschen dieser Meinung an. Es ist auch ihrem zivilgesellschaftlichen Engagement zu verdanken, dass heute Teile der Berliner Mauer noch zu sehen sind.

» Diese Mauer muss stehen bleiben, falls sie mal fällt, weil sie wirklich das Denkmal einer verfehlten Politik ist.

Interview, 2021

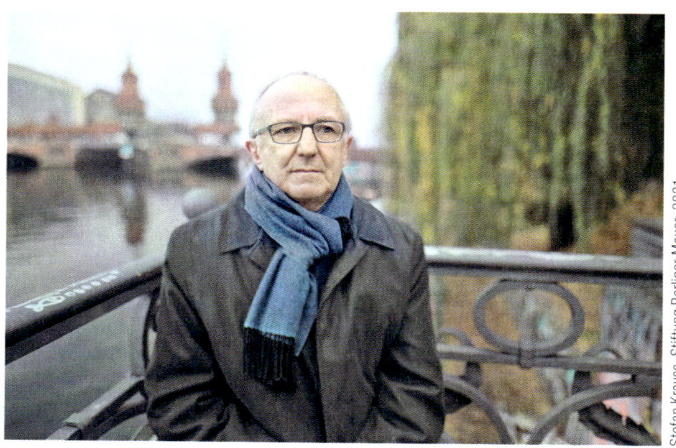

Stefan Krauss, Stiftung Berliner Mauer, 2021

Manfred Kühne

Manfred Kühne war bis 2008 Leiter der Obersten Denkmalschutzbehörde in der Senatsverwaltung für Stadtentwicklung in Berlin. Er erinnert sich, dass die Pläne zur Bebauung des Spreeufers in eine Zeit fielen, in der sich der Denkmalschutz beim Mauererhalt zurücknehmen sollte. Den Verkauf der umliegenden Flächen zum Bau eines Entertainmentquartiers bewertet er als Verzweiflungstat eines bankrotten Berlins. Manfred Kühne leitet heute die Abteilung Städtebau in der Senatsverwaltung für Stadtentwicklung.

» Es galt als nicht vermittelbar, dass sich über große Abschnitte diese Mauer, die ein Sinnbild des Schreckens und für sehr viele Menschen des Leids war (…), erhalten würde.

Interview, 2021

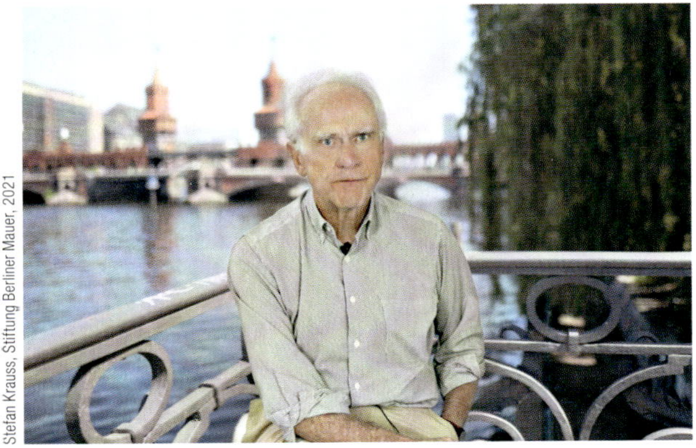

Stefan Krauss, Stiftung Berliner Mauer, 2021

Die East Side Gallery war historisch ein Element – und ist es bis zum heutigen Tage –, das diesem Ort seine Besonderheit gibt, seine besondere Interessantheit.

Interview, 2021

Volker Hassemer

Volker Hassemer war seit 1981 Senator für Stadtentwicklung und Umweltschutz in West-Berlin und ab 1990 im vereinten Berlin. Er setzte sich für eine gemeinsame städtische Entwicklungspolitik ein. In seiner Zeit als Senator wurden die Bauprojekte am Spreeufer geplant und die Eintragung der Galerie als Denkmal realisiert. Es war für ihn kein Widerspruch, die Galerie zu erhalten und gleichzeitig die Bauprojekte auf den umliegenden Flächen zuzulassen. Wichtig war Volker Hassemer, dass alle Akteure bei Entscheidungsfindungen miteinander ins Gespräch kamen. Bis Ende 2021 war er Vorstandsvorsitzender der von ihm gegründeten Stiftung Zukunft Berlin.

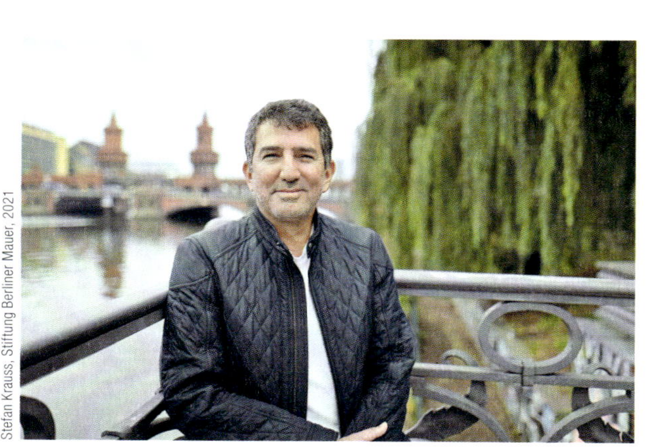

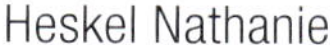

Stefan Krauss, Stiftung Berliner Mauer, 2021

Heskel Nathaniel

Heskel Nathaniel gründete 2010 die Trockland Management GmbH, deren CEO er ist. Trockland verantwortet zahlreiche Berliner Bauprojekte, unter anderem das Wohn-, Hotel- und Geschäftshaus Pier 61/64 an der East Side Gallery. Für Nathaniel ist der umstrittene Bau im früheren Grenzstreifen Zeuge seiner Zeit – der Bebauungsplan geht auf 1992 zurück, als sich viele wünschten, dass die Mauer aus dem Stadtbild verschwindet.
Er sieht die unterschiedlichen Meinungen zu einem so emotionalen Standort als Teil der dynamischen Entwicklung Berlins. Die Stadt wächst von einem Kapitel ins nächste. Was jedoch in einer demokratischen Stadtentwicklung Bestand haben muss, ist Integrität, damit Freiheit, Ehrlichkeit und Einheit gewahrt werden.

Die Stadt gehört niemandem.
Wir sind alle Verwalter.

Interview, 2021

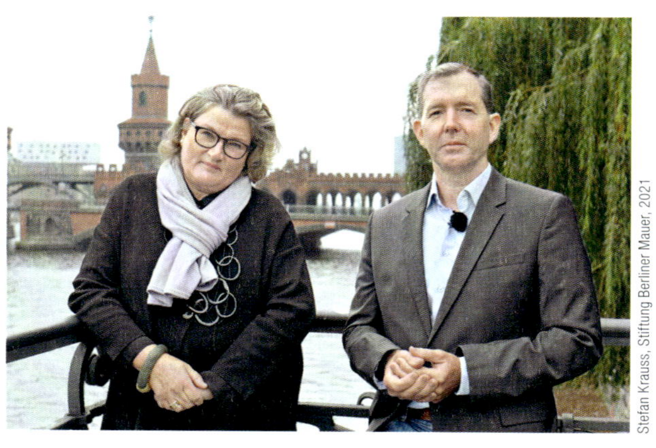

Stefan Krauss, Stiftung Berliner Mauer, 2021

Heike Püschel und Moritz Hillebrandt

Heike Püschel und Moritz Hillebrandt arbeiten für die Anschutz Entertainment Group Development GmbH (AEG). Die amerikanische Unternehmensgruppe kaufte 2001 das Areal zwischen Mühlenstraße und Bahnlinie. Im Zentrum baute sie eine große Veranstaltungshalle mit 16 000 Plätzen, die heutige Mercedes-Benz-Arena. Schon damals arbeitete der West-Berliner Moritz Hillebrandt für die AEG. Der Leiter des Bereichs Unternehmenskommunikation erinnert sich, wie eine Brache belebt werden und die Arena als »Katalysator« für die Stadtentwicklung dienen sollte. Heike Püschel kam aus Münster nach Berlin und ist verantwortlich für den Mercedes-Platz. Ihr ist es wichtig, die Nachbarschaft einzubeziehen, auch wenn sie sich sicher ist: Ein Kiez kann nur aus sich heraus entstehen.

Es hat keiner an Berlin geglaubt,
außer einem amerikanischen Konzern.

Interview Moritz Hillebrandt, 2021

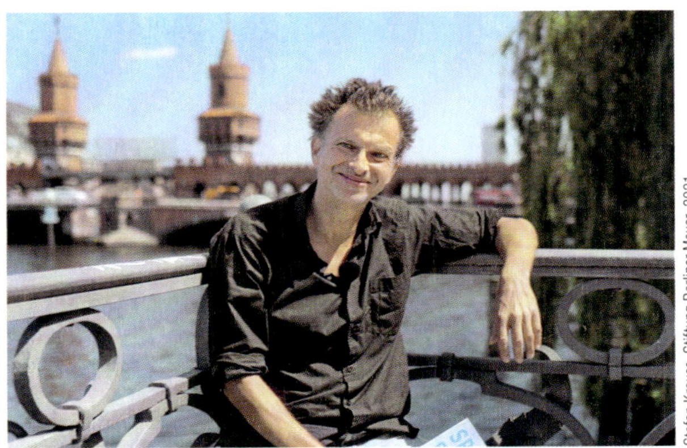
Stefan Krauss, Stiftung Berliner Mauer, 2021

Carsten Joost

Der Architekt Carsten Joost beeinflusst mit Alternativplanungen die städtebauliche Entwicklung Berlins. Freiräume und der Zugang zur Spree tragen für Joost wesentlich zur Lebensqualität in der Stadt bei. Er war Mitinitiator und langjähriger Sprecher der Bürgerinitiative »Mediaspree versenken«. 2008 führte er die Initiative erfolgreich in das bezirkliche Bürgerbegehren »Spreeufer für alle«. Mehr als 30 000 Menschen aus Berlin stimmten für einen freien Uferbereich und gegen eine Bebauung mit Hochhäusern. Die Initiative konnte die Bauprojekte nicht verhindern, hat aber unter anderem einen öffentlich zugänglichen Uferweg erkämpft.

Viele haben das genossen, die Leerstellen und die Authentizität der Lost Places, und sich gewünscht, dass solche Freiräume irgendwie erhalten bleiben.

Interview, 2021

Ein Denkmal mit Lücken

Der längste erhaltene Abschnitt der Berliner Mauer weist Lücken auf. Die seit Anfang der 1990er Jahre geplanten Bauprojekte im früheren Grenzstreifen und auf dem umliegenden Areal sollten nach dem Willen des Berliner Senats realisiert werden. Um Zufahrten zur neuen Bebauung zu ermöglichen, genehmigte der Denkmalschutz die Entnahme von Mauerbildern und deren Wiederaufstellung an der nächstmöglichen Stelle. So stehen vier Kunstwerke der East Side Gallery nicht mehr an ihrem ursprünglichen Ort.

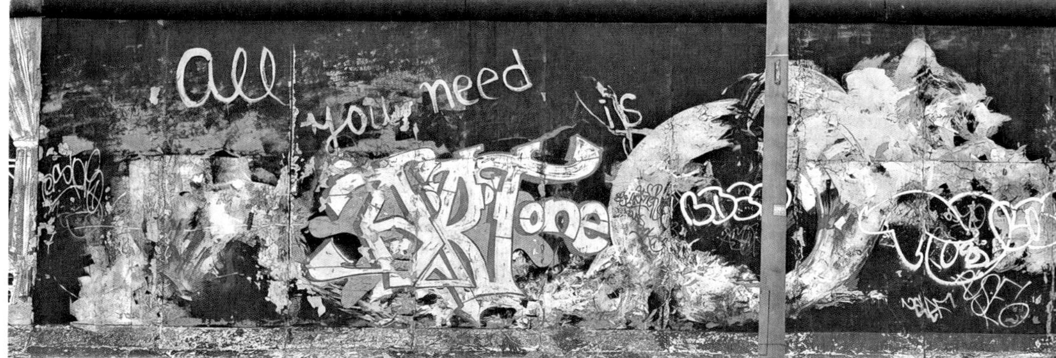

Kikue Miyatake, »Paradise out of the Darkness« im Zustand von 1997 (unten) und 2009 (oben)

KIKUE MIYATAKE

Paradise out of the Darkness

Kikue Miyatake schuf als einzige an der East Side Gallery beteiligte Japanerin das abstrakte Bild »Paradise out of the Darkness«. Ein blauer Ring symbolisiert die gemeinsame Kraft der beiden deutschen Staaten, Farbwolken versinnbildlichen den »Blütenrhythmus der Liebe« – das Bild sollte Farbe und Hoffnung an die damals graue Mühlenstraße bringen. Kikue Miyatake wollte damit auch ihre Hoffnung ausdrücken, dass nach dem Ende des Kalten Krieges Frieden und Freiheit herrschen würden. Die Bilder der vielfach ausgezeichneten Künstlerin und Juristin werden weltweit ausgestellt.

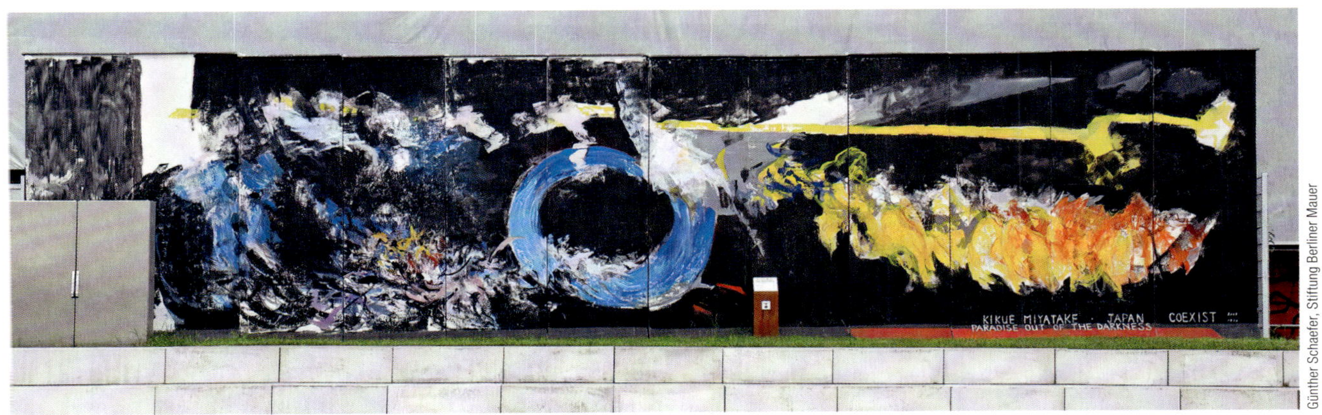

Günther Schaefer, Stiftung Berliner Mauer

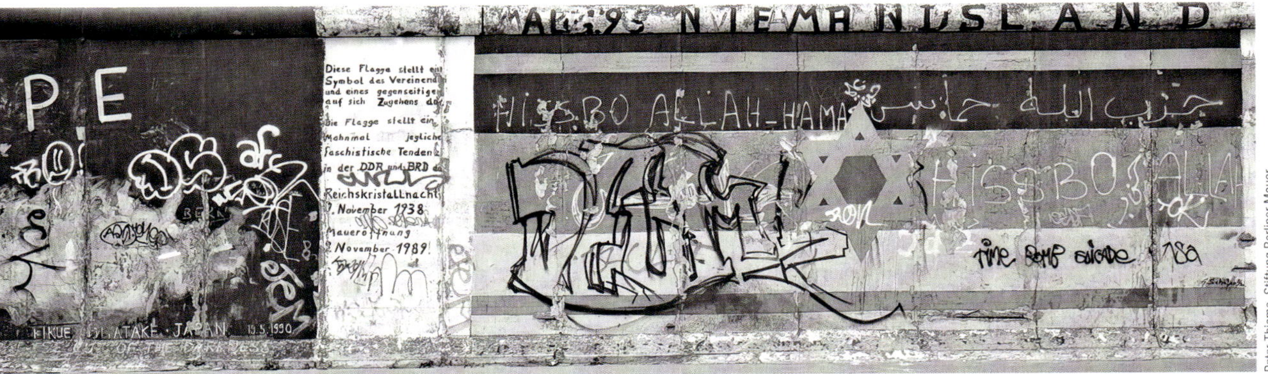

Peter Thieme, Stiftung Berliner Mauer

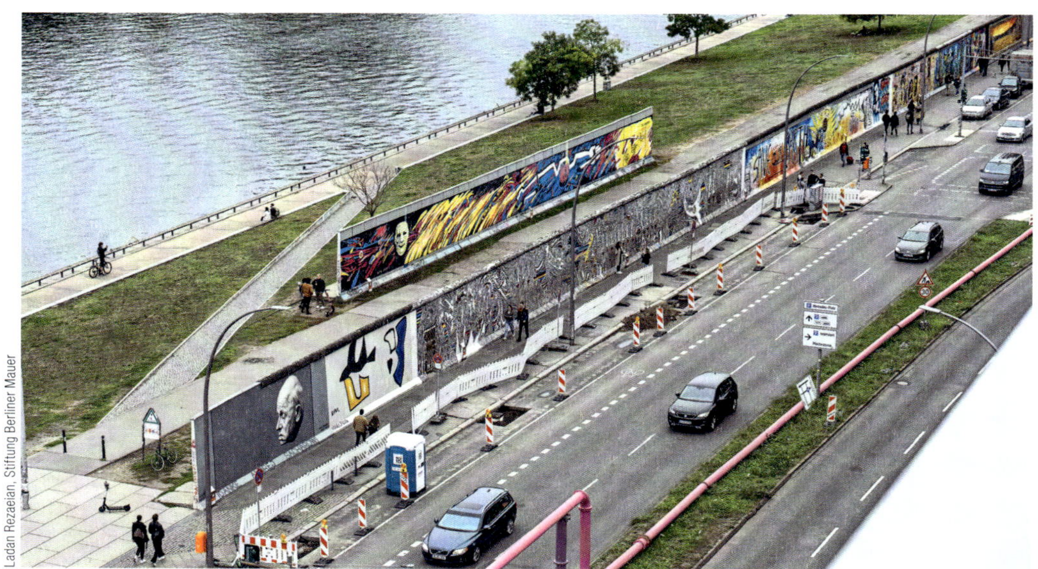

Ladan Rezaeian, Stiftung Berliner Mauer

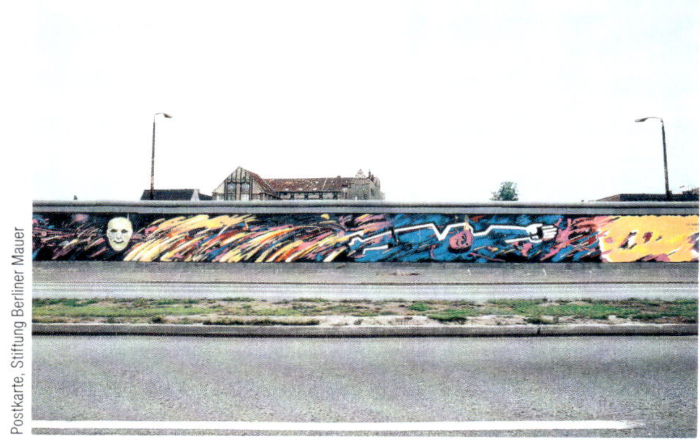

Postkarte, Stiftung Berliner Mauer

2020 (oben) und 1990 (unten)

WJATSCHESLAW SCHLJACHOW (IRKUT SLAWIN)

Die Masken

Das Bild »Die Masken« zeigt eine bröckelnde Maske und eine kraftvolle Figur. Wjatscheslaw Schljachow (Irkut Slawin) wollte darstellen, dass die deutsche Gesellschaft in der Umbruchsituation ihre Maske abwerfen musste, sich aber gleich eine neue aufzog. Damit habe sich ihr Aussehen verändert, ihr Wesen sei aber gleich geblieben. Der studierte Jurist, Künstler, Politikwissenschaftler und Publizist zog 1983 mit seiner deutschen Familie in die DDR. Wjatscheslaw Schljachow kehrte später nach Russland zurück, er verstarb 2021.

Die Herausnahme von Schljachows Bild war die größte Mauerumsetzungsaktion. Sie verlief dennoch ohne öffentlichen Protest aus der Zivilgesellschaft. Um ihre Bootsanlegestelle errichten zu können, ließ die Anschutz Entertainment Group die 40 Mauerteile 2006 in den Park versetzen.

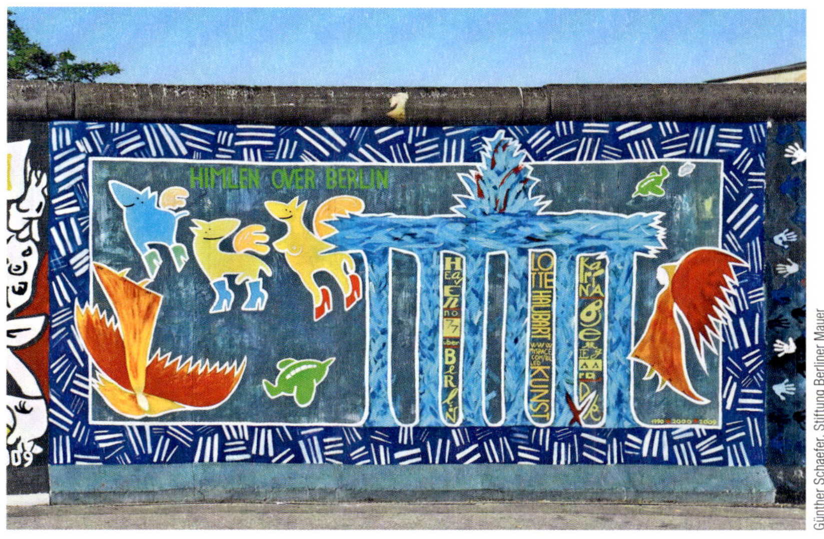

Günther Schaefer, Stiftung Berliner Mauer

2009 (oben) und 1997 (unten)

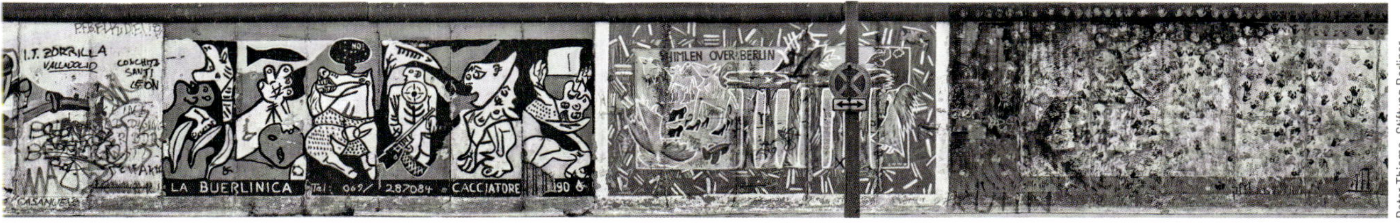

Peter Thieme, Stiftung Berliner Mauer

KARINA BJERREGAARD UND LOTTE HAUBART

Himlen over Berlin

Das Bild von Karina Bjerregaard und Lotte Haubart steht für die Freude über die Maueröffnung. Es ist inspiriert von Wim Wenders' Film »Himmel über Berlin« und Liedern der Sängerin Nina Hagen. Die Künstlerinnen entdeckten den Aufruf zur Beteiligung an der Galerie in einer dänischen Zeitung und reisten zwei Tage später nach Berlin.

Das Kunstwerk wurde für eine Zufahrt zum Wohnhochhaus Living Levels versetzt. Gegen die Entnahme gab es im Jahr 2013 laute Proteste, Demonstrationen und Bürgerinitiativen. Sie verhinderten, dass weitere Mauerteile entnommen wurden, und führten schließlich dazu, dass keine weiteren Bauvorhaben an der East Side Gallery genehmigt wurden.

Karina Bjerregaard war traurig darüber, dass ihr gemeinsam mit Lotte Haubart geschaffenes Kunstwerk nicht mehr Teil des Gesamtkunstwerks East Side Gallery ist. Sie kritisierte, dass es am abseitigen Standort oft beschmiert wurde. Auch heute noch empfindet Bjerregaard Übermalungen als respektlos.

MIRTA DOMACINOVIC

Zeichen in der Reihe

Das Bild von Mirta Domacinovic zeigt Symbole für Krieg, Folter, Vergewaltigung und Diktatur. Die Malerin drückte damit ihre Sorgen über den erstarkten Nationalismus in Jugoslawien aus. Sie war 1981 mit ihrer Familie aus Jugoslawien (Kroatien) nach Westdeutschland ausgewandert und studierte Kunst und Malerei.

»Zeichen in der Reihe« war bereits seit Mitte der 1990er Jahre nicht mehr als ein Kunstwerk erhalten. Das erste Mal wurde es im Zusammenhang mit der Räumung der Wagenburg 1996 bewegt. Weitere Segmente ließ die Firma Trockland für einen Zugang zu ihrem Hotel- und Wohnkomplex Pier 61/64 in den Park versetzen. Seit 2022 ist das Kunstwerk wieder zusammengefügt. Fragt man Mirta Domacinovic heute, so freut sie sich über die Lebendigkeit und Entwicklung der Gegend um die East Side Gallery, aber die Umsetzung ihres Kunstwerks ärgert sie. Sie hätte sich noch mehr Gleichzeitigkeit von Stadtentwicklung und der Bewahrung der Galerie gewünscht.

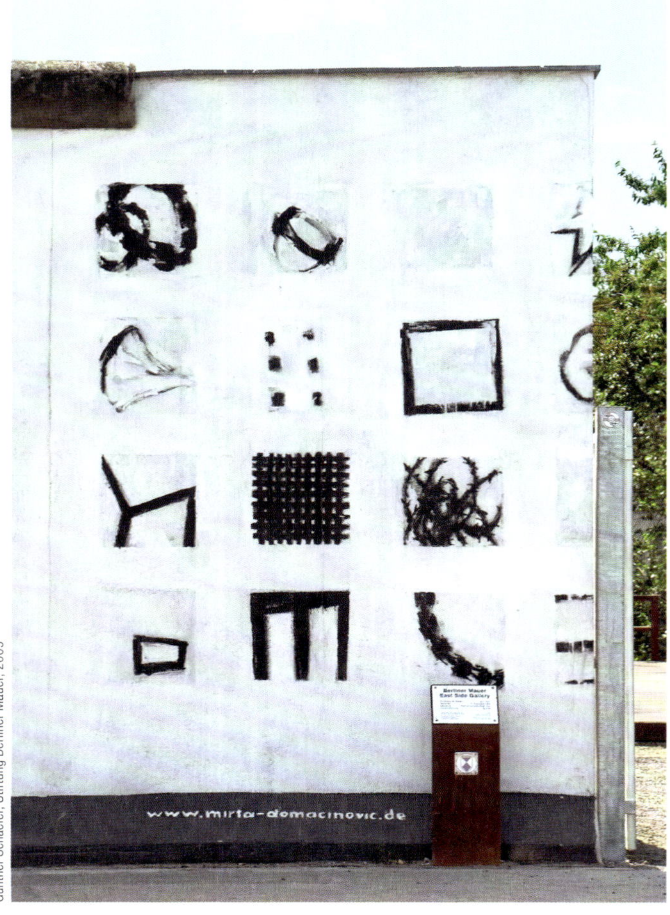

Günther Schaefer, Stiftung Berliner Mauer, 2009

Peter Thieme, Stiftung Berliner Mauer

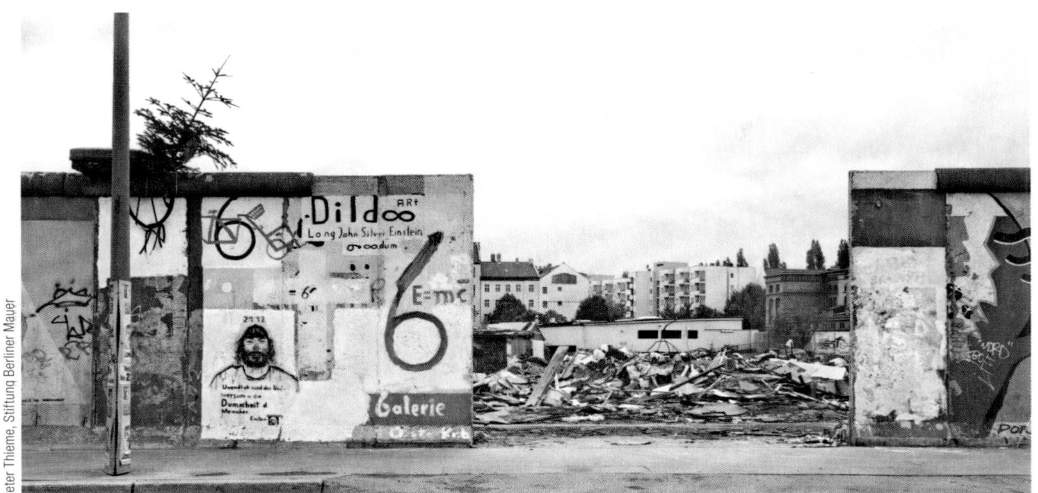

Bereits 1997 werden vermutlich für Baufahrzeuge Teile des Bildes »Zeichen in der Reihe« entnommen und am Stralauer Platz aufgestellt

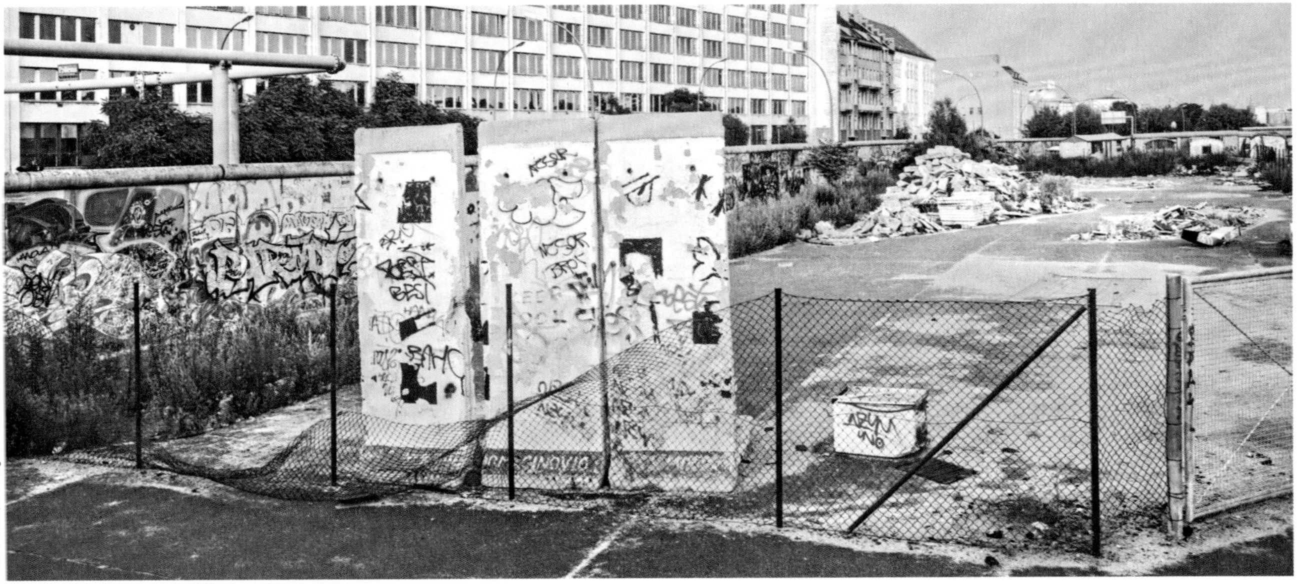

Peter Thieme, Stiftung Berliner Mauer

Mauerbilder mit Kapitalismuskritik

César Olhagaray, Kiddy Citny, Oliver Meline und Peter Russell scheinen mit ihren Kunstwerken die unübersehbare Präsenz großer internationaler Unternehmen auf der anderen Straßenseite zu kommentieren. Dabei entstanden ihre Bilder rund 20 Jahre bevor Investoren hier bauten und Firmen einzogen. Die Künstler kritisierten die Hinwendung zu Kapital und Konsum, die sie schon im Jahr 1990 beobachteten. Ihre Werke waren Warnung und Prognose zugleich. Karsten Wenzel machte in seinem Bild nicht nur die Ignoranz von Machthabern zum Thema, sondern wollte auch auf das unbedarfte Verhalten aller Menschen verweisen.

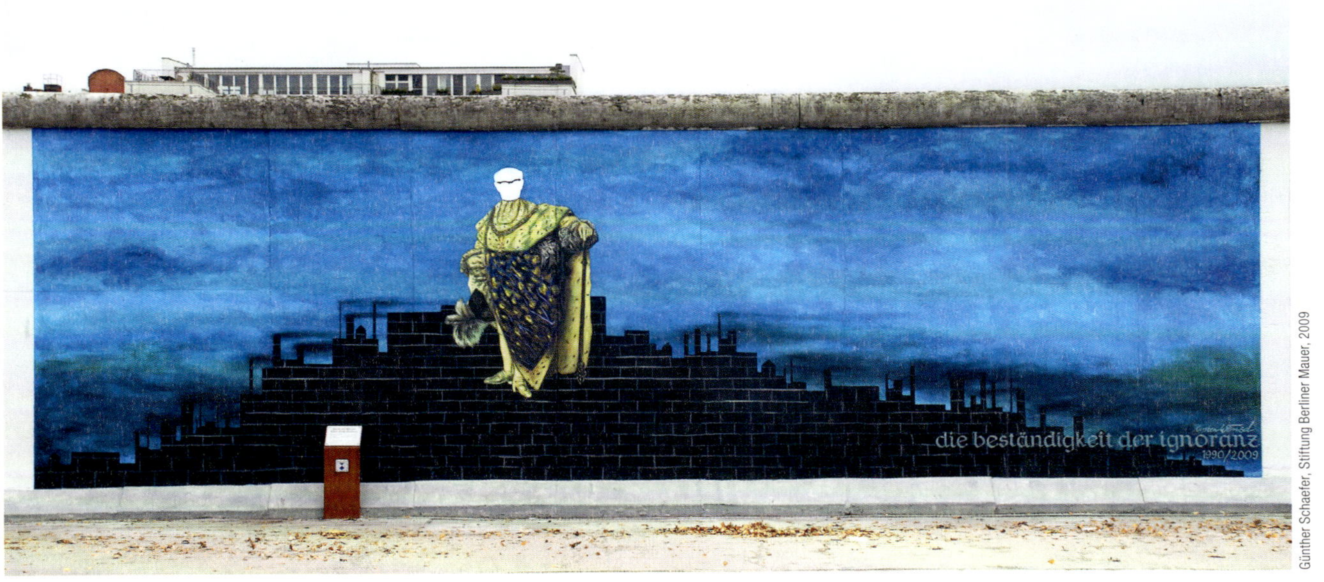

Günther Schaefer, Stiftung Berliner Mauer, 2009

KARSTEN WENZEL

Die Beständigkeit der Ignoranz

Karsten Wenzel, 1965 in Ilmenau (DDR) geboren, ist gelernter Schriftsetzer. 1988 zog er nach Ost-Berlin, wo er als Plakatmaler für Kinos arbeitete. Nach dem Mauerfall studierte er Malerei in Berlin. In seinem Bild »Die Beständigkeit der Ignoranz« ist Erich Honecker in den Krönungsmantel des 1790 während der Französischen Revolution enthaupteten französischen Königs Ludwig XVI. gewandet. Karsten Wenzel kritisiert mit seinem Bild die Ignoranz von Herrschenden, aber auch von uns selbst: »Ich schließe mich da auch nicht aus«, sagt er, »jeder muss mal überlegen: Wie ignorant bin ich eigentlich unterwegs?« Die Teilabrisse an der East Side Gallery empfand Karsten Wenzel als unangemessenen Übergriff auf das weltberühmte Denkmal. Heute hat er sich damit abgefunden. Karsten Wenzel lebt in Berlin und unterrichtet an der Jugendkunstschule Pankow.

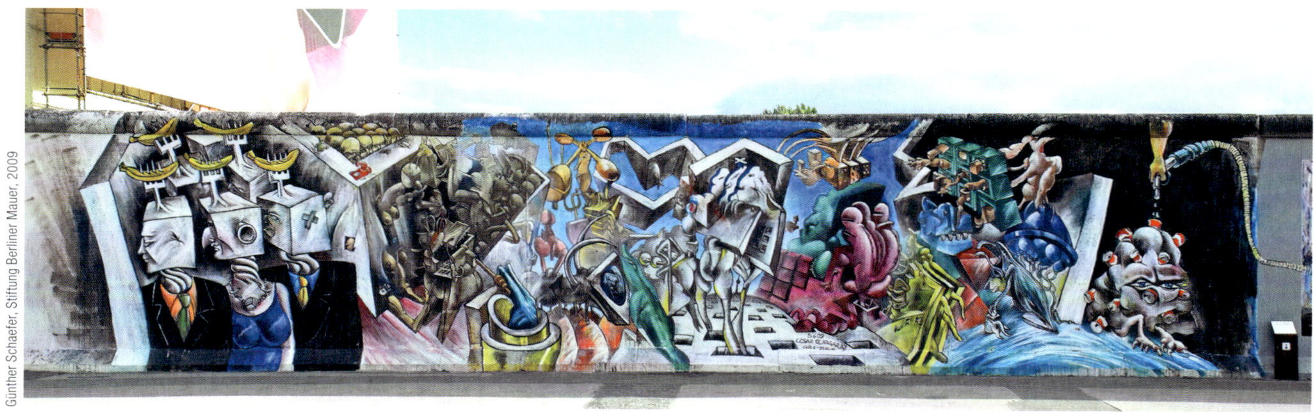

Günther Schaefer, Stiftung Berliner Mauer, 2009

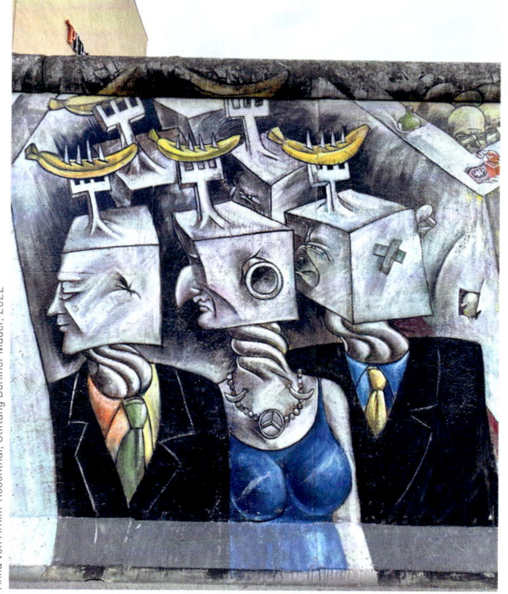

Anna von Arnim-Rosenthal, Stiftung Berliner Mauer, 2022

CÉSAR OLHAGARAY

Uhrmenschen der Computer

Der Chilene César Olhagaray zeigt in seinem Bild monsterartige, konsumorientierte Kreaturen, die sich laut dem Künstler von ihrer Umgebung entfremdet haben. »Ossis« mit Betonköpfen und aufgespießten Bananen verdrehen zwischen zwei Mauern ihre »Wendehälse«. Ein Cola trinkendes Monster am rechten Rand steht für den »Wessi«. Der 22-jährige Kunststudent wurde nach dem Militärputsch in seinem Land 1973 interniert. Ein Jahr später gelangte er über Frankreich in die DDR und studierte in Dresden und Ost-Berlin Kunst.

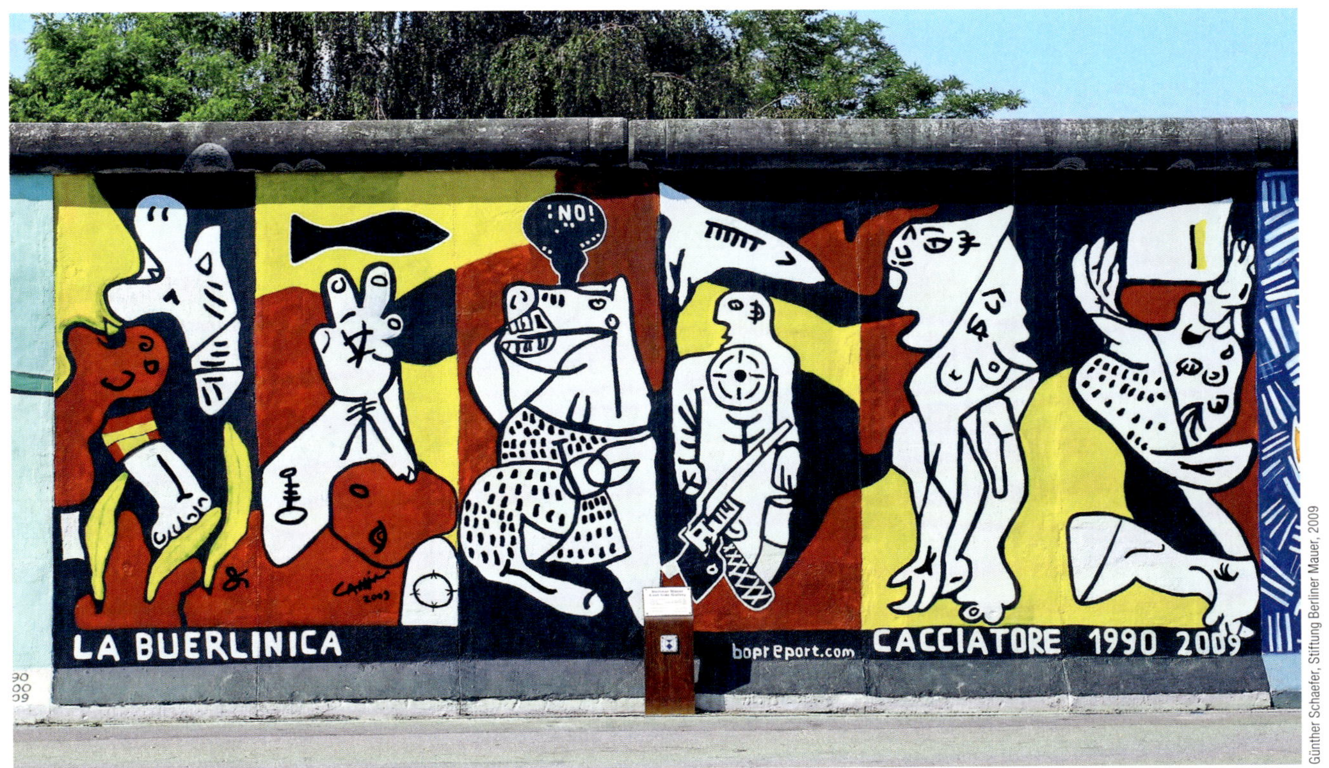

Günther Schaefer, Stiftung Berliner Mauer, 2009

STEPHAN JÄGER (CACCIATORE)

La Buerlinica

Stephan Jäger (Cacciatore) unterteilte sein Bild »La Buerlinica« in sechs Segmente mit eignen Untertiteln, weil er den Abriss der Berliner Mauer erwartete. Das Teilstück »Bananas for all« stellt ein Symbol für den Konsumhunger vieler Menschen aus der DDR nach dem Mauerfall dar. »Arms for nobody« zeigt eine Hand, »Animals have fear« ein angsterfülltes Pferd, »Men die quick« symbolisiert tödliche Gewalt, während »Mutation« und »Hope and death« vieldeutige Mischwesen zeigen. Das Bild des Spaniers erinnert an Picassos Gemälde »Guernica«. Im Gegensatz zu Picassos Kriegsszenario enthält Stephan Jägers Bild auch hoffnungsvolle Elemente.

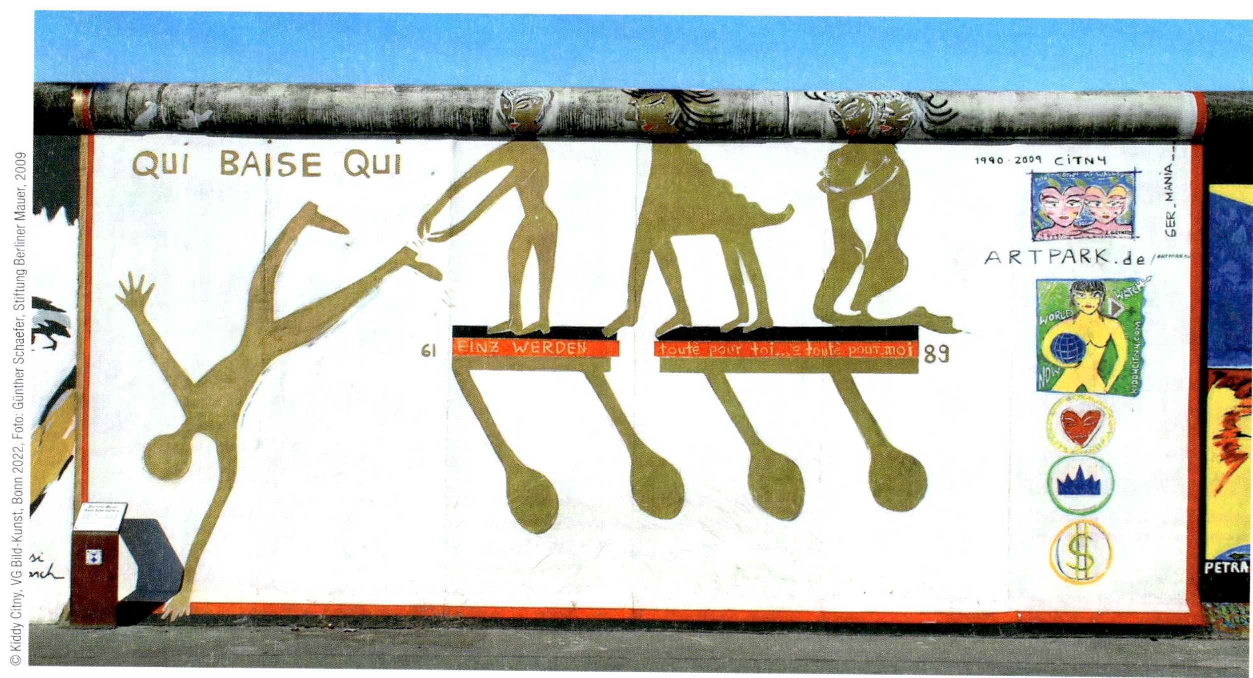

KIDDY CITNY

Qui baise qui

Kiddy Citny malte schon vor dem Mauerfall auf die Westseite der Berliner Mauer in Kreuzberg. Der Künstler und Musiker wollte mit seiner Kunst das Bauwerk ad absurdum führen. Sein Bild an der East Side Gallery sieht ganz anders aus als seine vorherigen: Er drückte damit seine Sorge aus, dass die neu gewonnene Freiheit rasch wieder verloren gehen könnte. Aus seiner Sicht verlief der Vereinigungsprozess zu schnell. Kiddy Citny malt auch heute Botschaften für die Freiheit auf Mauern, zum Beispiel in Hongkong. Die Erfahrung des Mauerfalls begründet für ihn immer noch eine große Hoffnung darauf, dass auch die gegenwärtigen Diktaturen untergehen werden und die »Freiheit siegen wird«.

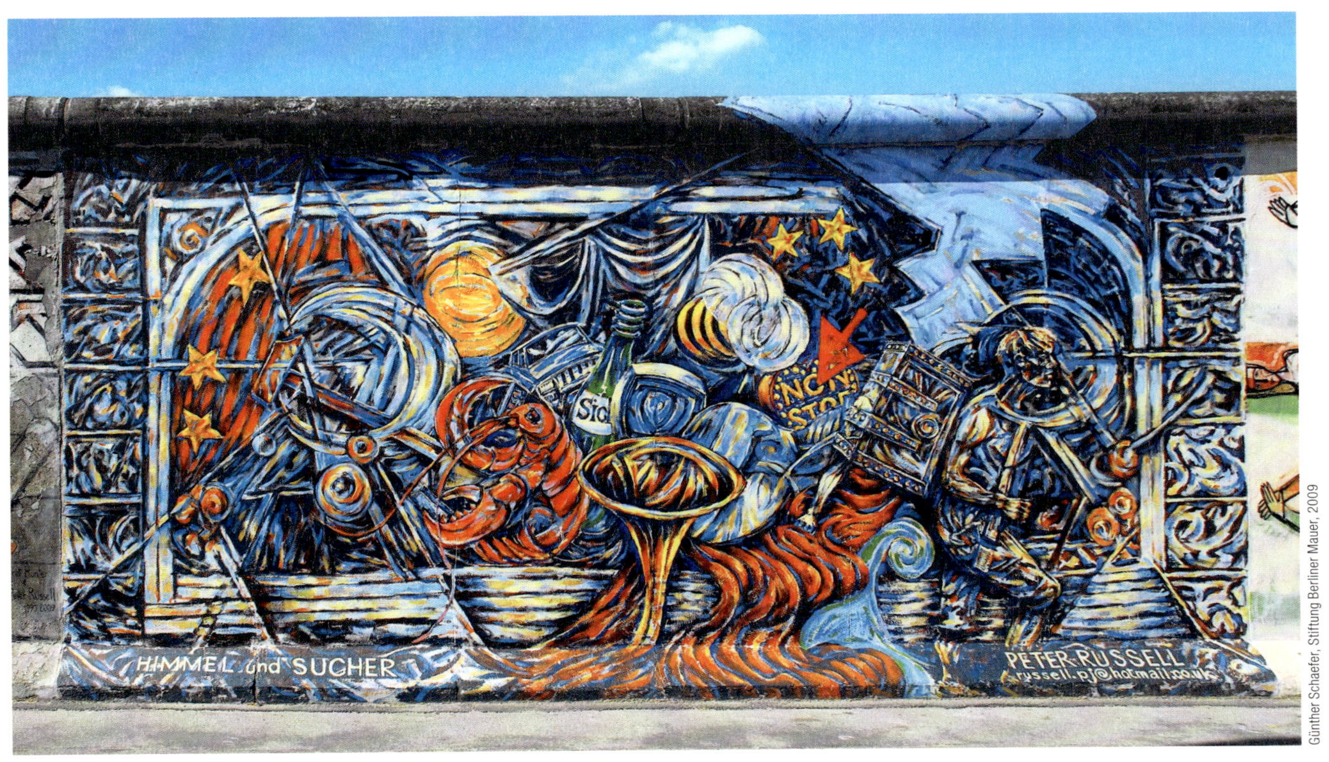

Günther Schaefer, Stiftung Berliner Mauer, 2009

PETER RUSSELL

Himmel und Sucher

Peter Russell wurde 1948 im englischen Portsmouth geboren. Er war 1989 als Gastkünstler in Düsseldorf. Sein Bild »Himmel und Sucher« kommentiert die Scham der Ostdeutschen nach 1989 für ihre Kultur und meint, dass der Westen ihnen einen konsumorientierten Lebensstil aufdrängte. Russells Inspiration war die opulent gefüllte Auslage der KaDeWe-Schaufenster. Hammer und Sichel, festgehalten vom Hummer, ironisieren das kommunistische Symbol. Peter Russell lebt in Schottland.

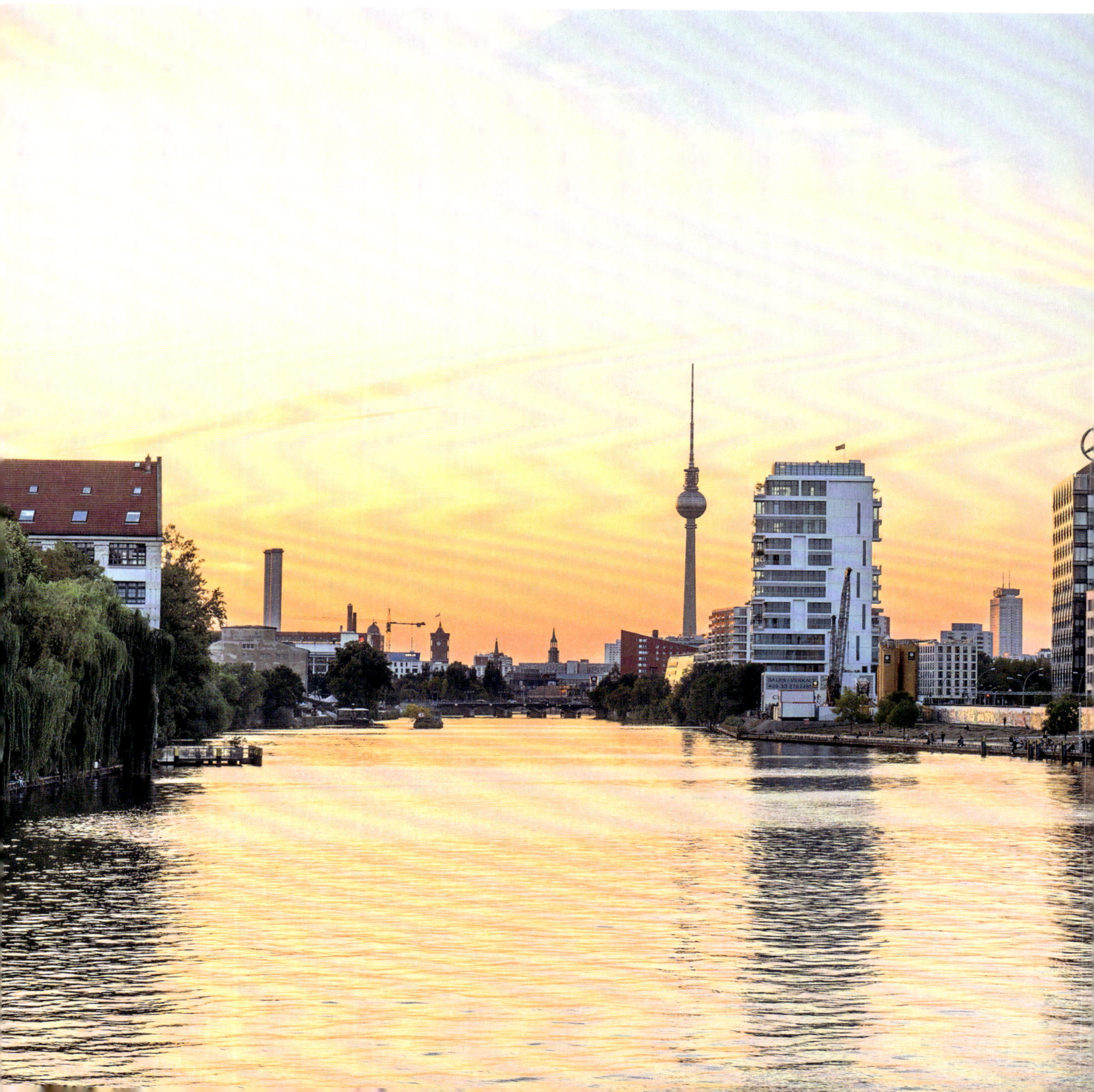

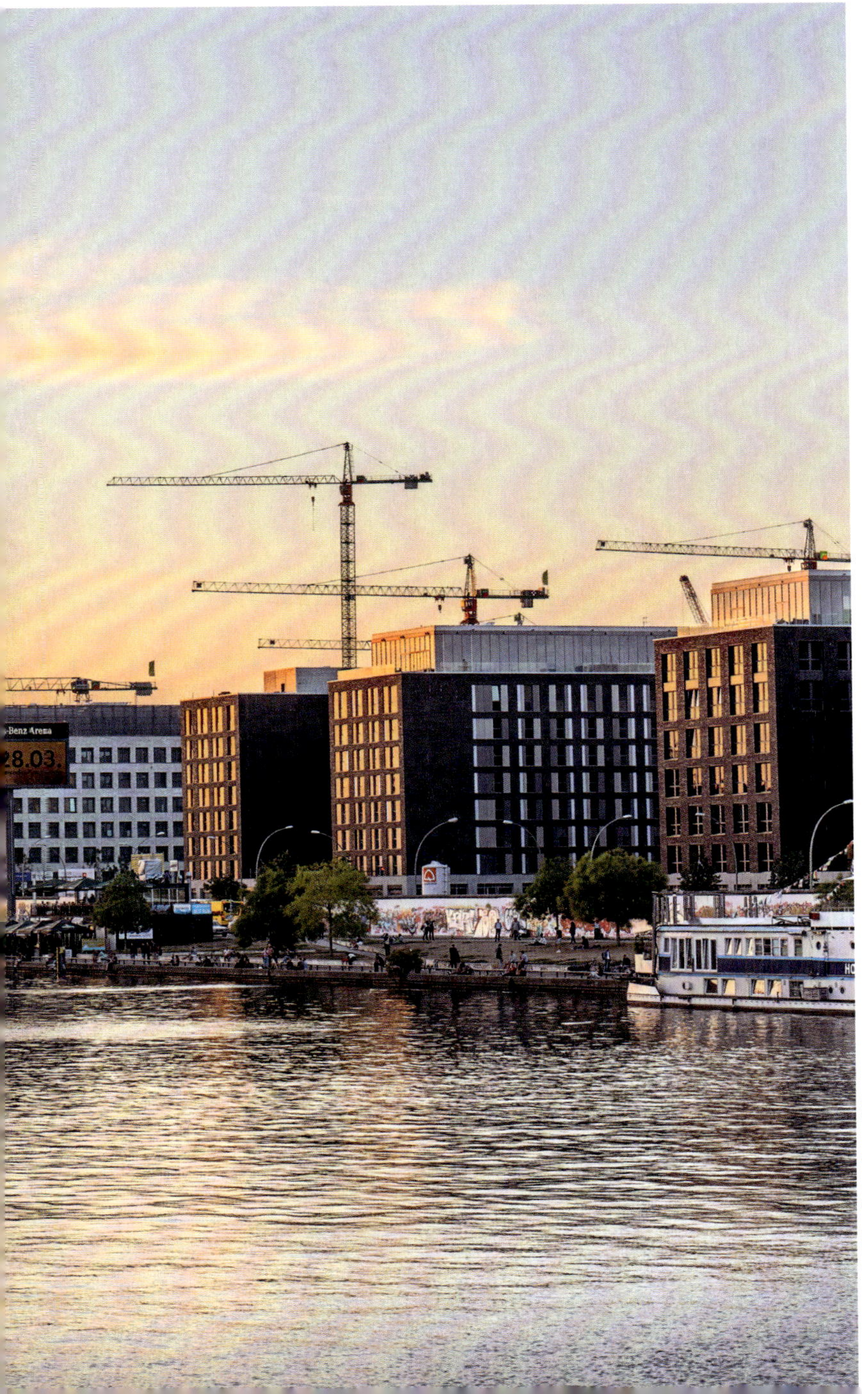

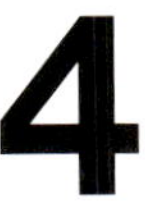

Veränderungen an der Mühlenstraße und Rückblicke auf den Umbruch 1989/90

Peter Adamik, Stiftung Berliner Mauer, 2019

Neue Arbeitswelten und gesellschaftliche Veränderungen

Von den Windmühlen, die im 17. Jahrhundert am Ufer der Spree standen und der Mühlenstraße ihren Namen gaben, findet sich keine Spur mehr. Stattdessen reihen sich internationale Unternehmen entlang des Uferwegs. Waren die Mühlen im 17. Jahrhundert Vorboten der Stadt, die sich langsam Richtung Zollgrenze am Oberbaum ausbreitete, so ist die heutige Bebauung Zeugnis der wachsenden Metropole.

Noch bis ins 19. Jahrhundert hinein blieb die Mühlenstraße ländlich. Große Gärtnereien prägten ihr Bild. Mit dem Bau des Frankfurter Bahnhofs (heute Ostbahnhof) und der zunehmenden Bedeutung der Spree als Handelsroute wurden im Zuge der Industrialisierung Berlins die anliegenden Straßen städtischer. Im Wirtschafts- und Bauboom der Gründerzeit entstanden hier Gewerbe- und Wohnhäuser und damit eine gemischte Bebauung, wie sie heute auf der gegenüberliegenden Kreuzberger Seite noch zu sehen ist. Von diesen ursprünglichen Bauwerken am Friedrichshainer Ufer ist nur der immer wieder veränderte Getreidespeicher der Osthafenmühle erhalten geblieben. Er wurde 1977 nicht zerstört, als alle weiteren Häuser und Industriebauten am Ufer der Mühlenstraße mit dem Grenzausbau abgerissen wurden. Mit dem Abriss verschafften sich die DDR-Grenztruppen, wie sie es nannten, ein freies Sicht- und Schussfeld im Grenzstreifen. Die Osthafenmühle und der Speicher blieben unberührt, weil sie für die Mehlproduktion in der DDR zu wichtig waren.

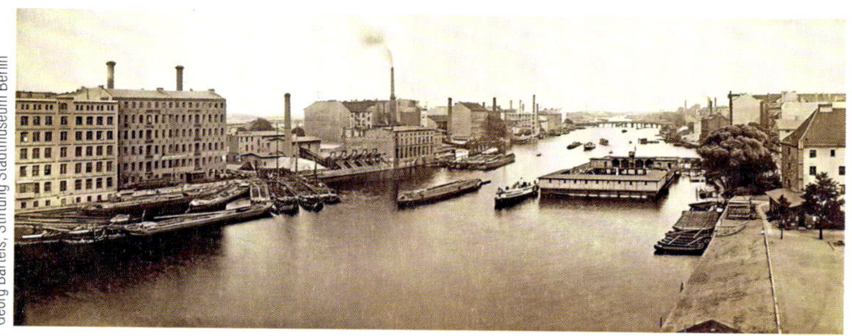
Georg Bartels, Stiftung Stadtmuseum Berlin

1894 ist das Spreeufer der Mühlenstraße dicht bebaut, Gewerbe- und Wohnhäuser wechseln mit Lagerplätzen ab

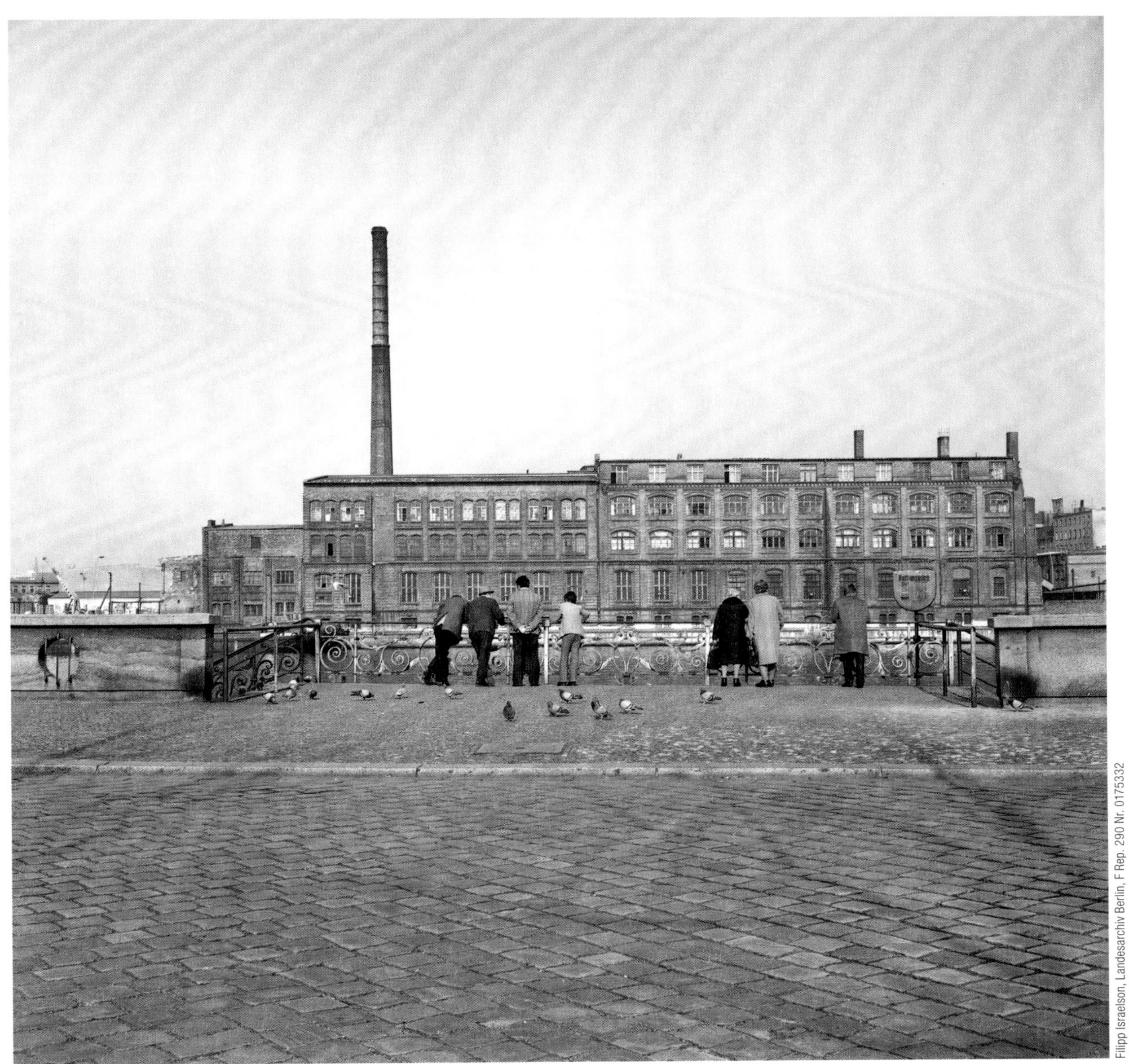

Filipp Israelson, Landesarchiv Berlin, F Rep. 290 Nr. 0175332

Bebauung am Spreeufer vor dem Abriss, 1974

Bis 1995 wurde in der einst größten Mühle der DDR gearbeitet. Die Weizenmühle Karl Salomon und Co. AG hatte sich 1932 umbenannt und konnte unter nationalsozialistischer Herrschaft weiter expandieren. Auch nach der Verstaatlichung 1948 versorgte sie Ost-Berlin und einen großen Teil der DDR mit Mehl, Grieß und Reis. Später beschäftigte der zum Kombinat umgewandelte Betrieb 500 Menschen, davon 150 in der Osthafenmühle. Als die Mauer fiel, brachen der Mühle wie so vielen anderen ostdeutschen Firmen die Abnehmer weg: Hatte sie bisher fast alle Bäckereien Ost-Berlins beliefert, so kauften diese nun das günstigere westdeutsche Mehl. Die Osthafenmühle wurde aus dem Besitz der Treuhandanstalt verkauft, entließ viele Mitarbeitende, modernisierte sich und wurde 1990 eine GmbH. Doch gegen die Konkurrenz aus Westdeutschland hatte sie keine Chance. Auch der Leuchtmittelhersteller Narva schloss wie andere große Firmen in der Nähe der East Side Gallery endgültig seine Tore. Ende der 1970er Jahre arbeiteten in dem markanten und berlinweit höchsten Hochhaus an der Warschauer Brücke noch mehr als 6000 Menschen an der Produktion von Glühlampen. Nach der Auflösung des VEB Narva 1990 wurden einzelne Teile privatisiert.

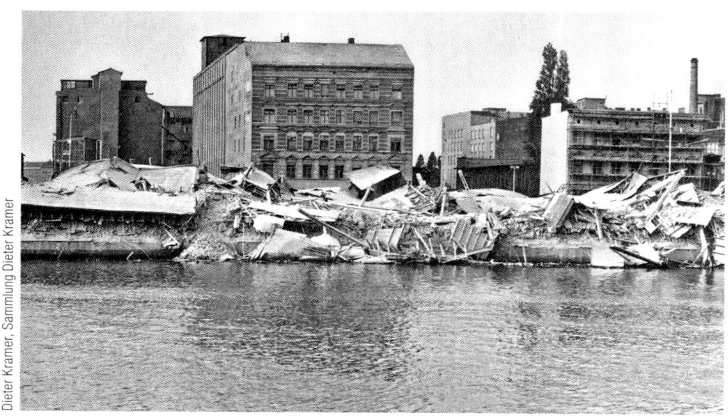

Dieter Kramer, Sammlung Dieter Kramer

1976 werden bis auf den Speicher alle Häuser am Spreeufer abgerissen

Das Ende von Narva und Osthafenmühle steht beispielhaft für den Strukturwandel im Osten Deutschlands. Die Einführung marktwirtschaftlicher Prinzipien und die Währungsunion hatten drastische Auswirkungen auf die Lebensentwürfe der Menschen. Kombinate lösten sich auf, wurden verkleinert oder verkauft; der Osthandel der ostdeutschen Betriebe brach zusammen, denn sie mussten sich unvorbereitet einer zu großen Konkurrenz stellen.

Die Umwandlung der Industrie nach 1990 hinterließ einen Stadtteil, in dem viele Menschen arbeitslos geworden waren. Das Gefühl, nicht mehr gebraucht zu werden, die Abwertung der bisherigen Lebensleistung, der Ausbildung und von allem, was sie in der DDR gelernt hatten – das traf die Menschen nicht nur, weil der Arbeitsplatz verloren ging. Vielmehr traf es ins Herz einer Gesellschaft, die sich noch stärker als die westdeutsche –

Von der Staatssicherheit aufgenommenes Luftbild des Grenzgebiets an der Oberbaumbrücke, zwischen 1977 und 1989

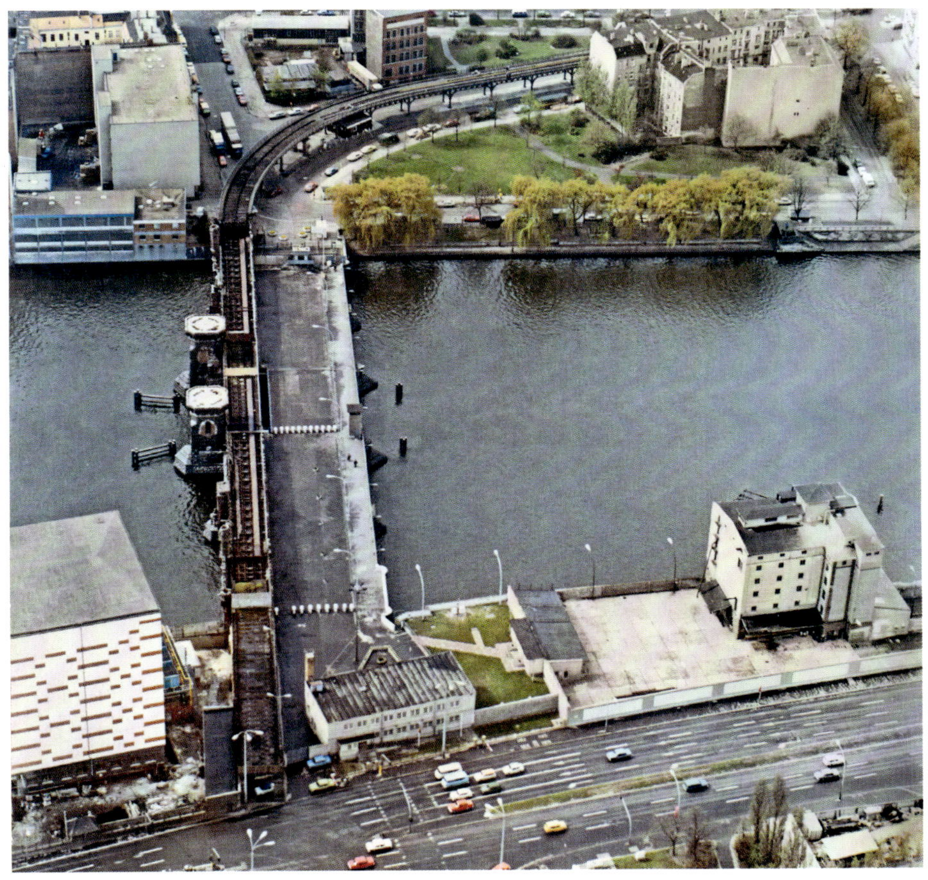

BArch, MfS, HA II, Fo 832, Bild 9

aber ähnlich wie andere Regionen, etwa das Ruhrgebiet – über Arbeit identifiziert hatte. Es traf auch deshalb so tief, weil sich gleichzeitig alles änderte: das Rechtssystem, das Schulsystem, die Einkaufsläden, sogar Sprachregelungen – fast alles war Ende 1990 anders als zu Beginn des Jahres. Das soziale Leben musste neu erlernt werden. In die Freude über die Demokratie und in die Hoffnung auf einen besseren Lebensstandard mischten sich Enttäuschung, Trauer über Verlorenes und, je länger der Umbruch andauerte, auch eine Erschöpfung, denn es war mühsam, mit dem Neuen Schritt zu halten.

Brüche in den Lebensentwürfen und marginalisierte Stimmen

Diese gemischten Gefühle beim Rückblick auf den Umbruch 1989/90 beschrieben Menschen aus dem Bezirk Friedrichshain-Kreuzberg ebenso wie Künstlerinnen und Künstler der East Side Gallery. Ihre Kunstwerke zeugten damals von ihren Gefühlen und bezogen sich auf Geschehenes – in der Open-Air-Ausstellung erzählen sie, wie es für sie weiterging und mit welchem Blick sie heute darauf schauen. Für manche von ihnen öffnete sich zum ersten Mal die Möglichkeit, ungeschönt darüber zu sprechen. Bisher waren ihre Stimmen nicht Teil der Erinnerungskultur und Aufarbeitung der SED-Diktatur gewesen. Standen in den 1990er Jahren die Beschäftigung mit der Staatssicherheit und das Gedenken an die Opfer in der DDR im Vordergrund, waren es in der Zeitzeugenschaft in den 2000er Jahren Erzählungen von politischer Haft, den Erfolgen der Opposition und außergewöhnlichen Fluchtversuchen. Erinnerungen an Leben und Alltag in der Diktatur, an eine glückliche Kindheit und das Zurechtfinden und Arrangieren fanden lange Zeit keinen Platz.

Auch die Erzählungen von Menschen mit nichtdeutscher Herkunft und von jenen, die nicht als deutsch verstanden wurden, blieben lange ausgeblendet. Die Folgen der Wiedervereinigung bedeuteten für sie in vielen Fällen zusätzlich eine neue Erfahrung von Ausgrenzung, Unsicherheit und Gewalt. Im nationalen Taumel, der zunächst vieles, auch die sozialen Verwerfungen überdeckte, gerieten sie ins Visier von Menschen, die ihre Angst und Wut an anderen ausließen oder die aus rassistischer Überzeugung handelten. Diskriminierungen und gewalttätige Übergriffe nahmen zu. Der Friedlichen Revolution folgten Gewalttaten, und der Transformationsprozess hinterließ zahlreiche Wunden. Rassistische Pogrome gab es im Osten etwa in Hoyerswerda und Rostock-Lichtenhagen, aber auch in Mölln und Solingen im Westen des noch jung vereinigten Deutschlands. Dass die Polizei die Ausschreitungen mitunter nicht verhinderte und die Mehrheitsgesellschaft sich nicht vollständig solidarisierte, war eine Erfahrung, die für viele Migrantinnen und Migranten das Zugehörigkeitsgefühl zu Deutschland nachhaltig erschwerte.

Zu den nicht erzählten Erinnerungen gehören die Erlebnisse der ausländischen sogenannten Vertragsarbeiterinnen und -arbeiter, die in der

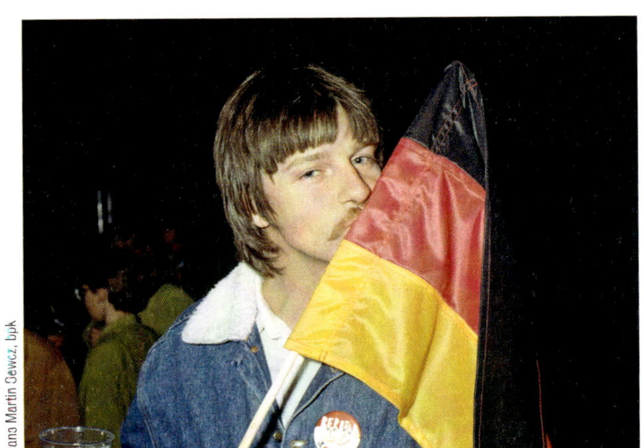

Hans Martin Sewcz, bpk

Bereits Ende 1989 wünscht sich die Mehrheit der Ostdeutschen eine schnelle Vereinigung mit der Bundesrepublik Deutschland

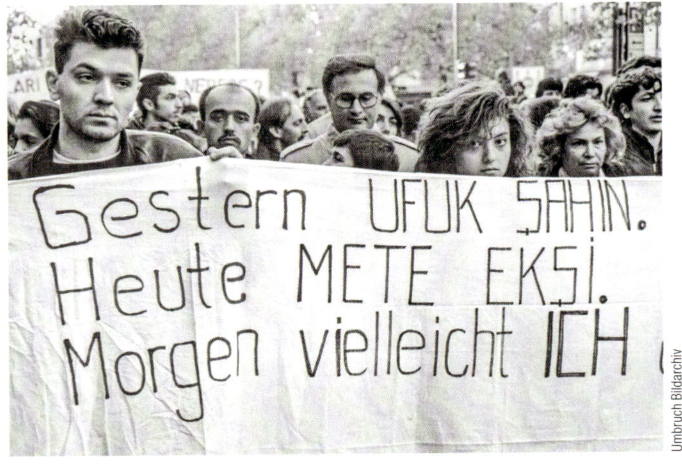

Umbruch Bildarchiv

Demonstration im Oktober 1991: nach der Ermordung des 19-jährigen Mete Ekşi und zur Erinnerung an den 24-jährigen Familienvater Ufuk Şahin, der im Frühjahr 1989 getötet wurde

DDR, im VEB Narva und in anderen Ost-Berliner Betrieben arbeiteten. Sie wurden 1990 als Erste als verzichtbare Arbeitskräfte entlassen. Mit dem Ende der DDR liefen die bilateralen Verträge mit den Herkunftsländern aus, in denen der Arbeitseinsatz geregelt war. Mit dem Arbeitsplatz verloren die vietnamesischen und mosambikanischen Männer und Frauen, die die größten Gruppen bildeten, ihr Aufenthaltsrecht. Sie sollten ausreisen, ein politischer Wille für eine Bleibe- und Lebensperspektive in Deutschland fehlte. Auf dem Arbeitsmarkt wurden sie als Konkurrenten um knappe Ressourcen wahrgenommen. Einige gingen in ihr Herkunftsland zurück, andere entschieden sich, zu bleiben. In der Ausstellung berichten sie, wie es ihnen nur mit viel Kraft und Engagement und trotz aller Hindernisse, die ihnen die deutsche Verwaltung und Gesellschaft in den Weg legten, gelang, eine Existenz aufzubauen.

Der soziale und städtebauliche Wandel der vergangenen 30 Jahre in Berlin war heftig und abrupt, nicht nur in der Mühlenstraße. Die überschaubaren Einheiten und die konkrete Arbeit vor Ort sind häufig abstrakten wirtschaftlichen Zusammenhängen gewichen. Anders als bei der Osthafenmühle wissen viele nicht, womit die Internetfirmen ihr Geld verdienen. Die Unübersichtlichkeit der Gegenwart nährt bei Einzelnen immer wieder die Sehnsucht nach der überschaubaren DDR. Dabei trauern die wenigsten wirklich der SED-Diktatur hinterher, viele erinnern sich nur zu glücklich an das Freiheitsgefühl, das sie 1989/90 erlebten. Aber ebenso nachdrücklich denken sie auch an die Herausforderungen der Umbruchzeit zurück.

An der East Side Gallery werden diese Grautöne der Geschichte sichtbar, bisher vernachlässigte Stimmen kommen zu Wort. Zusammengenommen zeichnen sie ein differenziertes Bild der Erinnerungskultur, an der vielfältige Gruppen teilhaben. Ausgangspunkt dafür sind einerseits das Entstehungsjahr 1990 und die unterschiedlichen und vielfältigen Botschaften der Gemälde. Andererseits steht die East Side Gallery weltweit als Symbol für die Hoffnungen auf eine friedliche und demokratische Zukunft im vereinten Europa. Die Erfahrungen der Zeitzeuginnen und Zeitzeugen mit dem Umbruch und dem Prozess der deutschen Einheit zeigen auf, dass dieser Zukunftsentwurf kein leichtes Spiel ist.

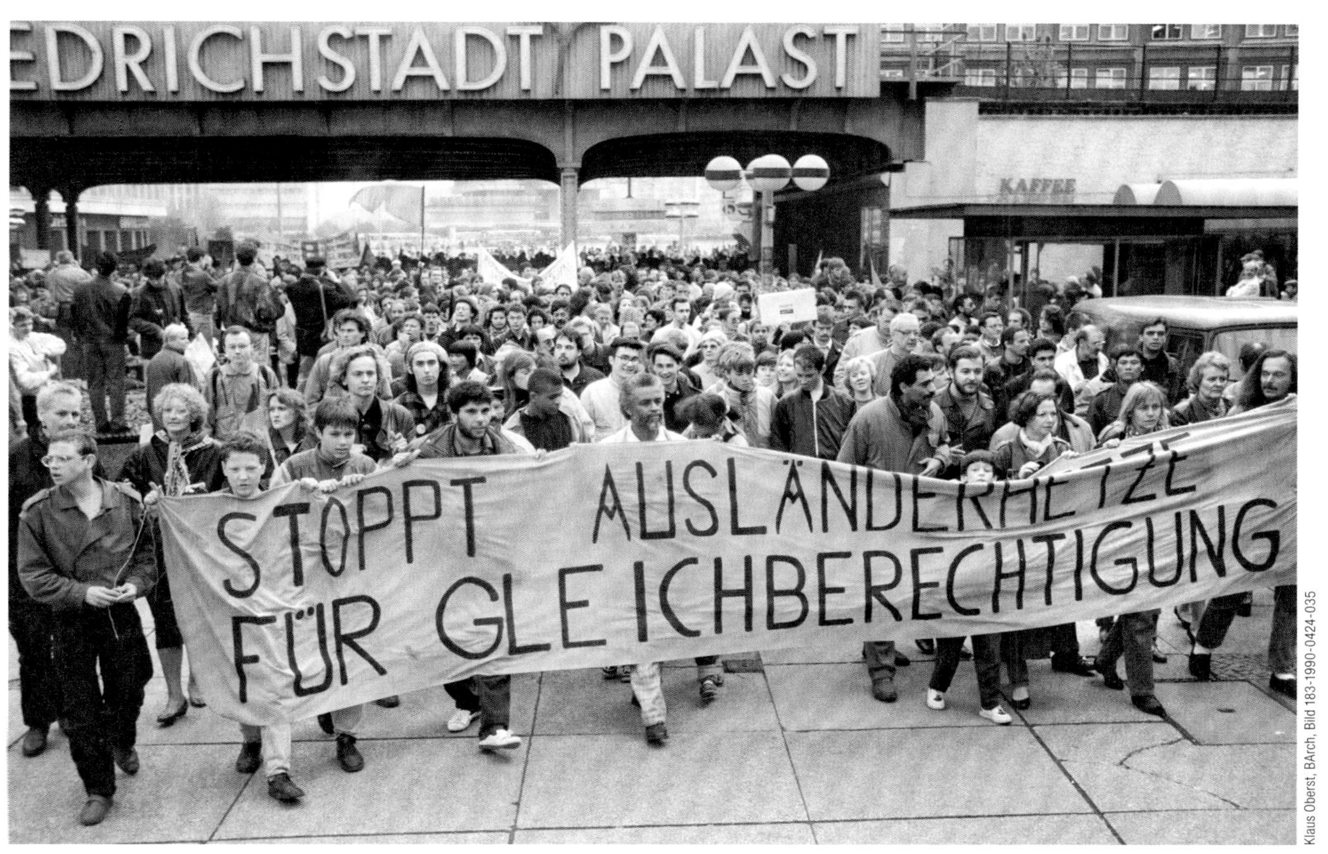

Klaus Oberst, BArch, Bild 183-1990-0424-035

Demonstration in Ost-Berlin, April 1990

Ein Pförtnerhaus in der Berliner Mauer

An der East Side Gallery steht ein unscheinbares, aber einzigartiges Denkmal: ein in die Berliner Mauer eingebautes Pförtnerhäuschen. Es wurde 1977 vom Kombinat Getreidewirtschaft gebaut und war Teil des DDR-Grenzregimes.

Zum Kombinat Getreidewirtschaft gehörte die Osthafenmühle, eine der größten Mühlen der DDR. Die Mühlengebäude befanden sich nördlich der Mühlenstraße, direkt an der Spree lag der zum Betrieb gehörende Getreidespeicher. Ein großer Teil des Getreides für die Mühlen wurde über die Spree angeliefert, dann über ein pneumatisches System vom Schiff in den Speicher und von dort unterirdisch zur Mühle gepumpt. Nach dem Mahlvorgang wurde die Spreu in Lastkraftwagen in den Speicher gebracht und mit Lastschiffen abtransportiert.

Seit dem Mauerbau am 13. August 1961 stand der Getreidespeicher mitten im Grenzstreifen. Trotzdem blieb er durch ein Tor für die Arbeiter und Lieferwagen von der Mühlenstraße aus erreichbar. Als Mitte der 1970er Jahre die »Grenzmauer 75« eingesetzt wurde, musste für den Zugang zum Speichergebäude eine andere Lösung gefunden werden. Der 3,60 Meter hohe Mauertyp löste die vorherigen Zäune, Tore und Absperrungen ab.

Links: Zeichnung der pneumatischen Entlade- und Beladeanlage für die Weizenmühle Karl Salomon, 1916

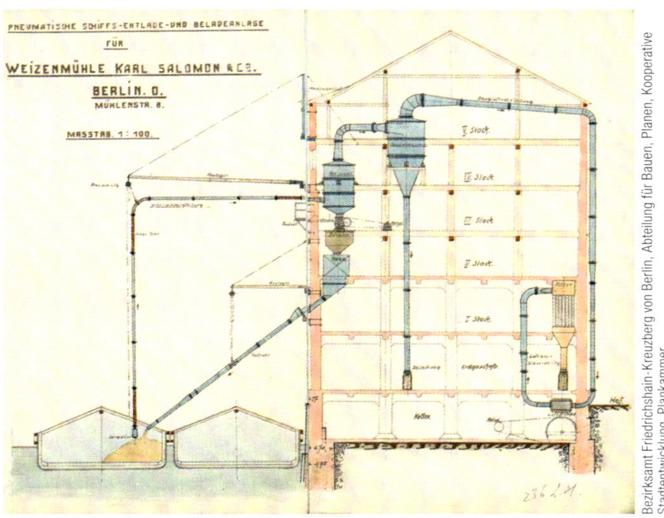

Bezirksamt Friedrichshain-Kreuzberg von Berlin, Abteilung für Bauen, Planen, Kooperative Stadtentwicklung, Plankammer

Rechts: Ein mit Getreide beladenes Schiff wird 1957 am Speicher entladen

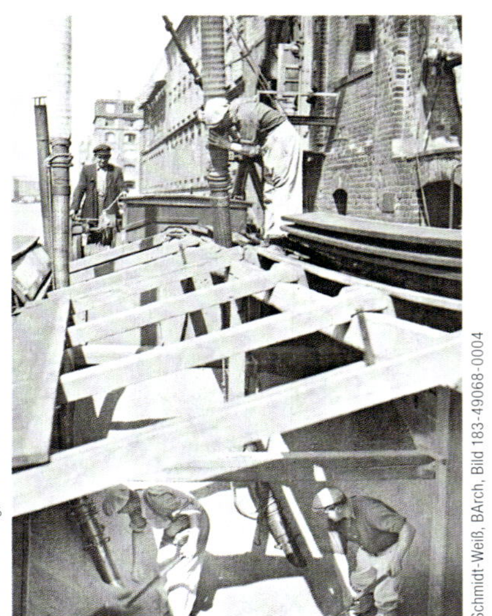

Schmidt-Weiß, BArch, Bild 183-49068-0004

Damit die DDR-Grenztruppen einen freigeräumten Grenzstreifen erhielten, wurden sämtliche Gebäude entlang der Spree in der Mühlenstraße abgerissen. Nur der Speicher blieb stehen, weil seine Bedeutung für die Anlieferung des Getreides zu groß war. Ab diesem Zeitpunkt erfolgten Zugang und Zufahrt zum Speicher sowie der Weg zurück durch die »Grenzmauer 75«, in die ein Metalltor und ein Pförtnerhaus eingebaut waren und so die Kontrolle des Grenzstreifens verstärkten. Den Gang zum Speicher mussten sich die Mitarbeiter von der Kombinatsleitung genehmigen lassen, bevor sie das Pförtnerhaus passierten.

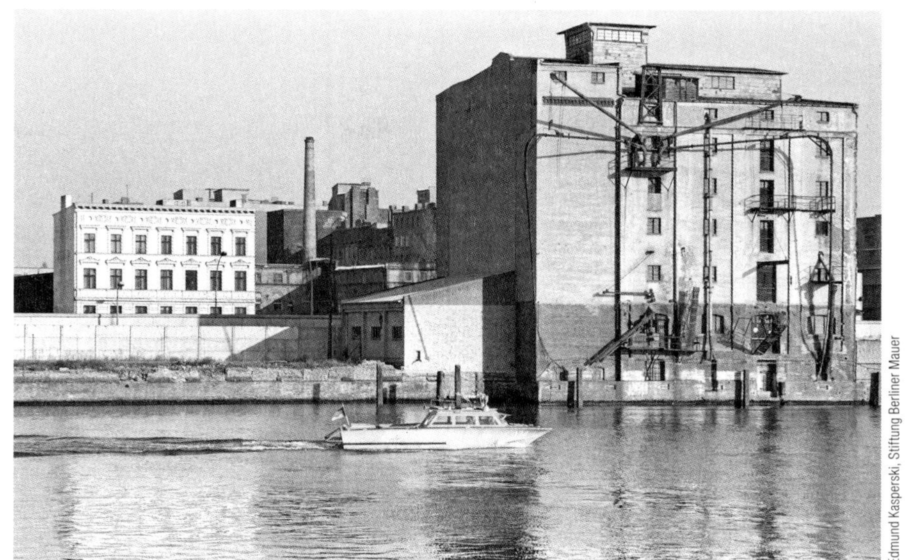

Edmund Kasperski, Stiftung Berliner Mauer

Ein Patrouillenboot der DDR-Grenztruppen im Grenzfluss Spree vor dem Mühlenspeicher, 1980

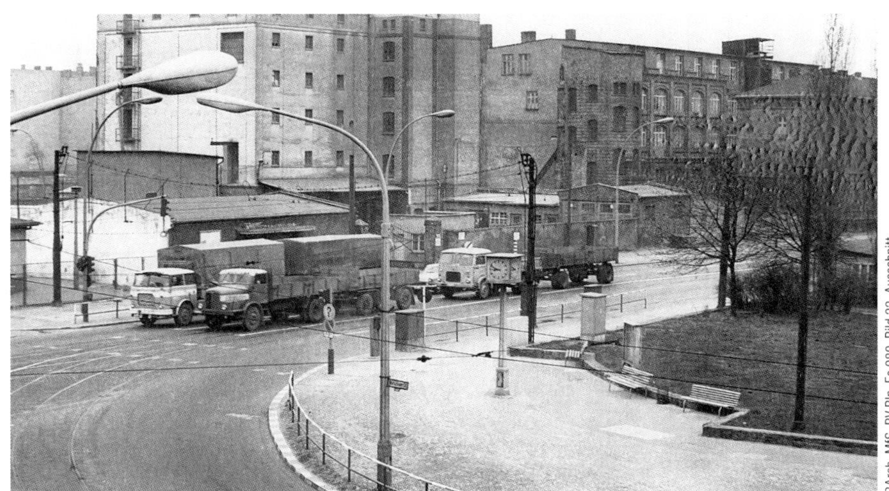

BArch, MfS, BV Bln, Fo 989, Bild 22, Ausschnitt

Der Getreidespeicher im Grenzstreifen, zu sehen ist das ursprüngliche Werkstor, 1972, Foto des Ministeriums für Staatssicherheit

Das Pförtnerhaus diente zusätzlich als Zugang für die DDR-Grenzsoldaten in den Grenzstreifen. Arbeiter und Grenzsoldaten konnten sich jedoch im Grenzstreifen nicht begegnen, sie hatten unterschiedliche Türen und durch einen Zaun getrennte Wege. Ein zweiter Raum im Pförtnerhaus war nur von der Straßenseite aus begehbar, es gab keinen Durchgang zum Grenzstreifen. Er diente als Wachstube für die Volkspolizei. Die Polizisten überwachten das »Vorfeld der Grenze«.

Nach der Grenzöffnung und der Entstehung der East Side Gallery wurde das Pförtnerhaus bereits seit 1990 und bis 2021 als Kiosk für Berlin-Souvenirs betrieben. Einige Spuren verweisen noch auf die ursprüngliche zivile wie militärische Nutzung.

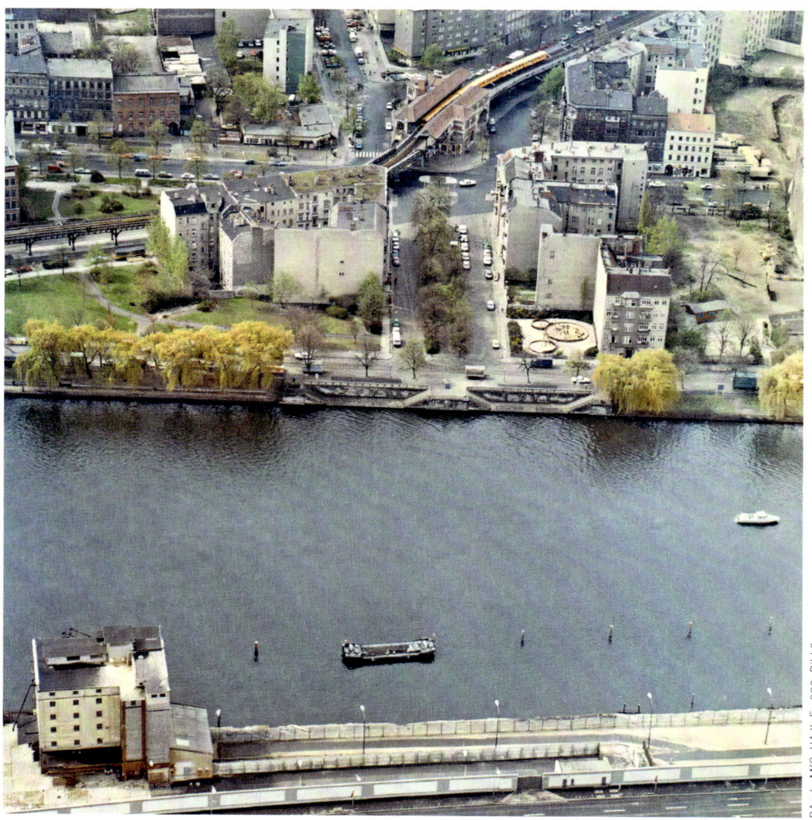

Die Luftaufnahme der Staatssicherheit vom Grenzgebiet am Getreidespeicher zeigt die durch einen Zaun getrennten Wege der Mühlenmitarbeiter und der DDR-Grenzsoldaten, zwischen 1977 und 1989

BArch, MfS, HA II, Fo 832, Bild 8

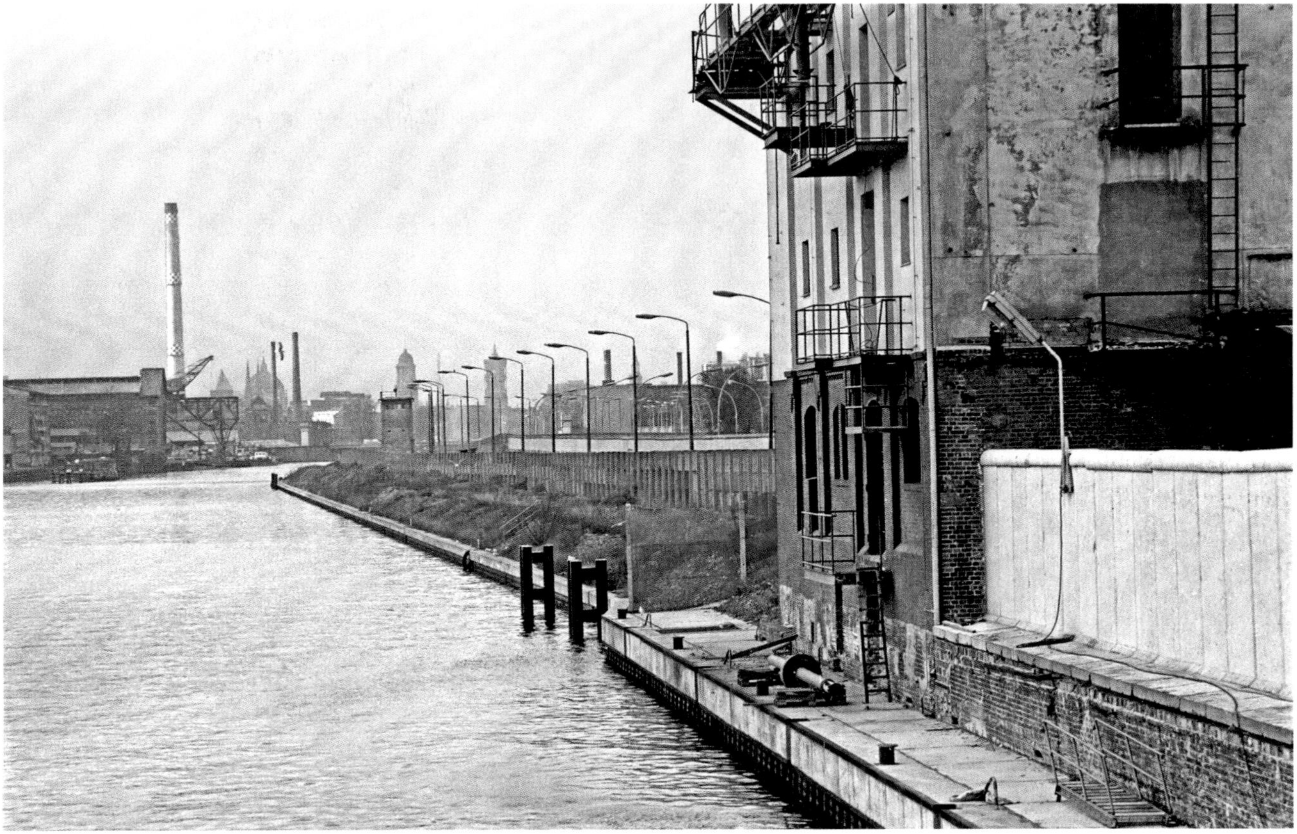

Günther Schaefer, Stiftung Berliner Mauer

Im Frühjahr 1990 sind die Grenzanlagen am Speicher noch gut zu erkennen

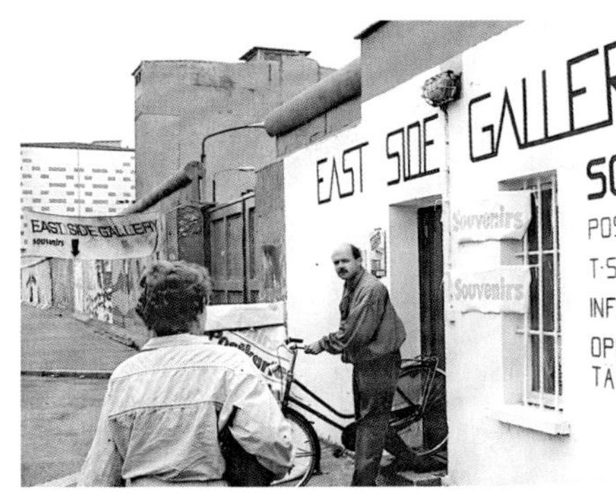

Peer Grimm, BArch, Bild 183-1990-0910-007

Die Werbe- und Veranstaltungsagentur (Wuva) nutzt das Pförtnerhaus als Souvenirladen, September 1990

1989/90: Eine Zeit gemischter Gefühle

Die Künstlerinnen und Künstler blickten 1990 mit Freude und Hoffnung, einige mit Sorge in die Zukunft. Dreißig Jahre später reflektieren sie in der Open-Air-Ausstellung diese Periode, betrachten gemeinsam mit Zeitzeuginnen und Zeitzeugen aus Kreuzberg im früheren West-Berlin und aus Friedrichshain in Ost-Berlin die Zeit nach der Maueröffnung und schildern die Herausforderungen, die ihnen im Prozess der deutschen Einheit begegneten. Ihre Rückblicke sind fast alle von gemischten Gefühlen geprägt – wie die East Side Gallery, die mit ihren Kunstwerken Ängste und Skepsis, aber auch Freude und Hoffnung abbildet.

» **Das war eine Transruption und keine Transformation – es blieb nichts, aber auch wirklich nichts für den ehemaligen DDR-Bürger, an [dem] er sich orientieren, [an das er sich] erinnern konnte, mit Freude erinnern konnte.**

Interview, 2021

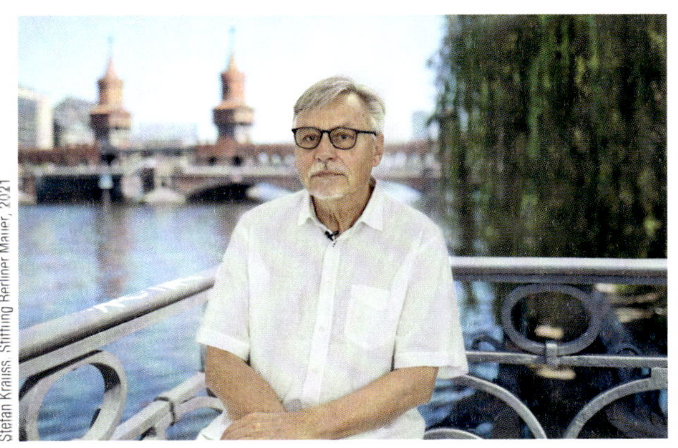
Stefan Krauss, Stiftung Berliner Mauer, 2021

Uwe Nübel

Der promovierte Diplom-Ingenieur Uwe Nübel engagierte sich in der evangelischen Gemeinde und in der Politik in Ost-Berlin. Er trat 1984 in die CDU der DDR ein, wollte dadurch etwas verändern. Im Dezember 1989 leitete er als Vorsitzender den Runden Tisch im Bezirk Friedrichshain. Nach der ersten freien Wahl in der DDR im März 1990 wurde Uwe Nübel Abteilungsleiter im Amt des neuen Ministerpräsidenten Lothar de Maizière. Nach der Wiedervereinigung entließ man ihn, wie viele andere Mitarbeiterinnen und Mitarbeiter des Regierungsapparats der ehemaligen DDR. Bis zu seiner Pensionierung war Uwe Nübel wieder in der kommunalen Wohnungswirtschaft tätig. Seine Erinnerungen an 1990 sind zwiespältig: einerseits die Freude und der Stolz über die Friedliche Revolution in der DDR, andererseits die schmerzliche Erinnerung an die Abwertung der Lebensleistung vieler Ostdeutscher.

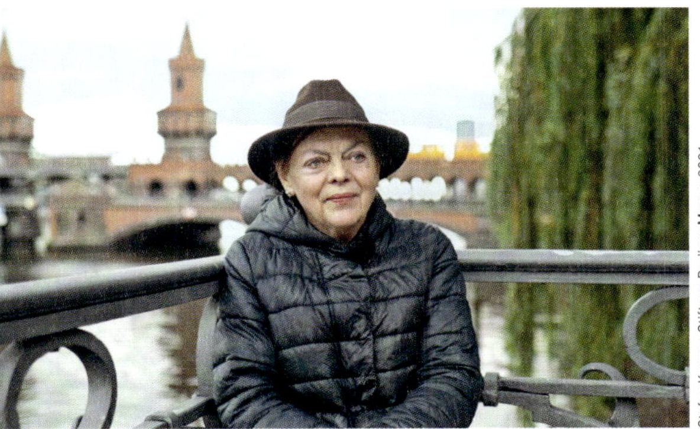
Stefan Krauss, Stiftung Berliner Mauer, 2021

Gudrun Prengel

Für Gudrun Prengel zeigt der Rückblick auf 1990 eine Zeit des Aufbruchs, die durch das Ende der DDR möglich wurde, dann aber im vereinigten Deutschland versandete. Gudrun Prengel hatte in Greifswald Nordistik und Germanistik studiert. Nach ihrem Doppeldiplom arbeitete sie an der Humboldt-Universität zu Berlin und ab 1978 für die Akademie der Wissenschaften der DDR, unter anderem am Institut für Soziologie und Sozialpolitik. Von 1989 bis 1994 war Gudrun Prengel politisch und fachlich in Friedrichshain aktiv und führte Studien zu den Themen Senioren, Armut und Wohnen durch, die wichtige Grundlagen für die Sozialpolitik im Bezirk bildeten. Ab 1994 bis zu ihrer Pensionierung arbeitete sie wieder an der Humboldt-Universität im Fachbereich Stadtsoziologie.

» **Sicherlich habe ich geträumt. Wir haben getanzt am 4. November 1989. Und das war großartig. Und dann habe ich noch fünf Jahre weitergeträumt.**

Interview, 2021

»Es dauerte nicht lang, bis das dann auch ganz offen ausgesprochen wurde, skandiert wurde, den Leuten ins Gesicht gesagt wurde: Jetzt packt eure Sachen, jetzt sind wir hier, wir brauchen keine »Fremdarbeiter« – FREMDARBEITER – und das waren die ersten Sachen, wo ich dachte, irgendwas ist schiefgelaufen in dieser DDR.

Interview, 2021

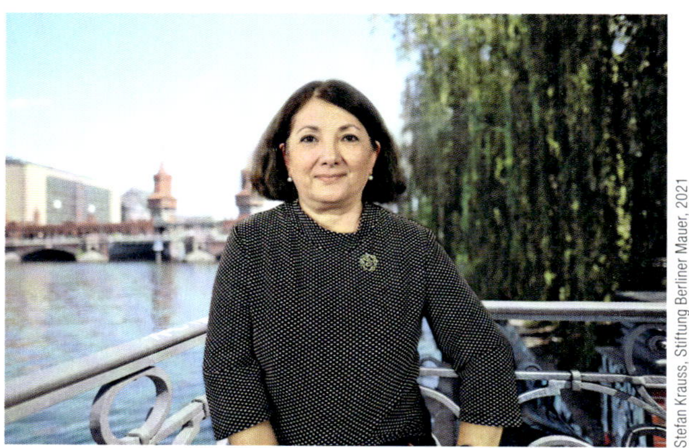

Stefan Krauss, Stiftung Berliner Mauer, 2021

Sanem Kleff

Sanem Kleff wurde in der Türkei geboren. Sie zog als junge Lehrerin nach West-Berlin, wo sie an Kreuzberger Schulen unterrichtete und sich in der Gewerkschaft engagierte. Ihr Ziel war es schon damals, dazu beizutragen, allen Kindern und Jugendlichen einen gleichberechtigten Zugang zu Bildung zu ermöglichen. Den Fall der Mauer und die Vereinigung Berlins erlebte sie in Berlin, wo sie heute noch lebt. Sie erinnert daran, wie stark migrantische Berlinerinnen und Berliner im nationalistischen Duktus der Vereinigung ausgegrenzt wurden und wie gefährlich die rassistische Gewalt in den Jahren nach 1990 wurde. Im Rückblick auf 1990 kritisiert die Lehrerin scharf, wie die deutsche Regierung und große Teile der deutschen Gesellschaft sich während des Einigungsprozesses mit der Hoffnung auf ein reibungsloses Zusammenwachsen belogen hätten. Sanem Kleff leitet seit 2000 das Projekt »Schule ohne Rassismus – Schule mit Courage«, ein Netzwerk von Schulen im Einsatz für die Menschenwürde.

Ibraimo Alberto

Ibraimo Alberto wurde in Mosambik geboren. Nach der Erlangung der Unabhängigkeit des Landes meldete sich der 18-jährige überzeugte Sozialist, um in die DDR zu gehen. Er wollte eigentlich Sport studieren, wurde jedoch als »Vertragsarbeiter« in einem Fleischkombinat eingesetzt. Einen Teil seines Gehaltes behielt die DDR ein, er sollte ihn bei seiner Rückkehr nach Mosambik bekommen. Ibraimo Alberto boxte nach der Arbeit und wurde erfolgreicher Amateurboxer. Als 1990 die mosambikanischen Werktätigen zurück in ihr Land geschickt wurden, blieb Ibraimo Alberto in Deutschland. Er lebte mit seiner Familie im ostdeutschen Schwedt (Oder), absolvierte eine Ausbildung zum Sozialarbeiter und wurde Ausländerbeauftragter. Nach wiederholten heftigen gewalttätigen rassistischen Übergriffen zog er mit seiner Familie nach Karlsruhe. Er lebt heute in Berlin und arbeitet als Sozialarbeiter mit Geflüchteten sowie als Boxtrainer für Jugendliche. Bis heute hat er sein Geld nicht erhalten.

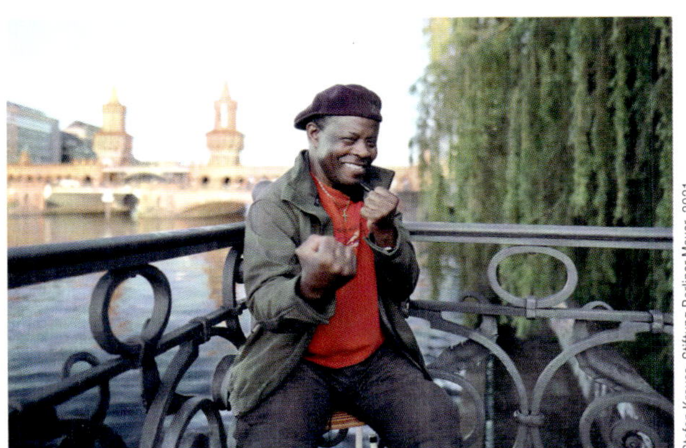

Stefan Krauss, Stiftung Berliner Mauer, 2021

Ich habe auch Angst gehabt wegen meiner Kinder. Ich habe nicht viele, aber ein Kind wurde erst in der Wendezeit geboren, eine Tochter. Aber meine Ex-Frau hat auch ihr Kind mitgebracht. Das Kind war zwar nicht schwarz, sondern weiß. Aber die Menschen haben immer beobachtet: Oh, diese Frau geht mit einem N*.

Interview, 2021

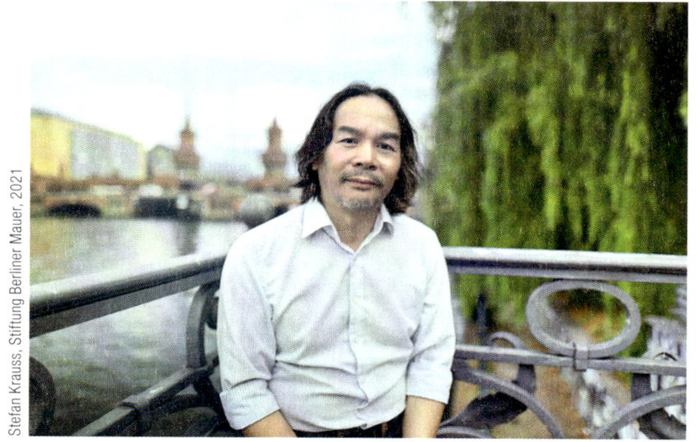

Stefan Krauss, Stiftung Berliner Mauer, 2021

Đào Quang Vinh

Đào Quang Vinh wurde 1969 in Vietnam geboren und ging 1987 mit 18 Jahren als »Vertragsarbeiter« nach Ost-Berlin. Er arbeitete im VEB Fortschritt Herrenbekleidung und besuchte nahe der heutigen East Side Gallery, im Glühlampenwerk VEB Narva, einen Sprachkurs. Nach dem Mauerfall 1989 beschloss er, nicht nach Vietnam zurückzugehen, sondern in Deutschland zu bleiben. Im Rückblick auf die Transformationszeit beschreibt er sein Gefühl, von der Bundesregierung im Stich gelassen worden zu sein. Wie alle »Vertragsarbeiter« musste er lange kämpfen, um eine Bleibe- und Arbeitserlaubnis zu bekommen. Đào Quang Vinh ist heute Standortleiter einer Sprachschule in Berlin.

Wir wurden damals fallen gelassen.

Interview, 2021

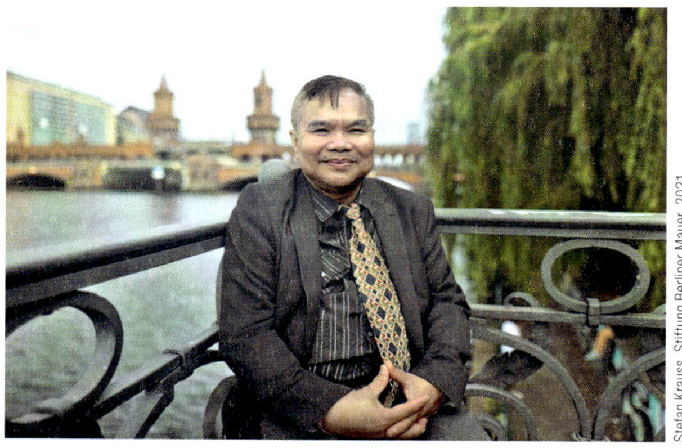

Stefan Krauss, Stiftung Berliner Mauer, 2021

Vũ Ngọc Roãn

Wenn Vũ Ngọc Roãn an die Zeit nach dem Fall der Mauer zurückdenkt, so fallen ihm neben der Freude über die Möglichkeit, den »Westen« kennenzulernen, die bürokratischen Schwierigkeiten ein, die seinem Bleiben in Deutschland in den Weg gelegt wurden. Er erinnert sich auch an die Angst, die er in diesen Tagen hatte, und an Situationen, in denen er von Gewalt bedroht war. Dennoch ist Deutschland für ihn seine zweite Heimat. Vũ Ngọc Roãn kam 1982 als »Vertragsarbeiter« nach Berlin und arbeitete im Glühlampenwerk VEB Narva, nicht weit von der heutigen East Side Gallery. Heute ist er als Unternehmer im Textilhandel und in der Werbebranche tätig.

Wir lieben unsere Heimat Deutschland sehr – für mich meine zweite Heimat.

Interview, 2021

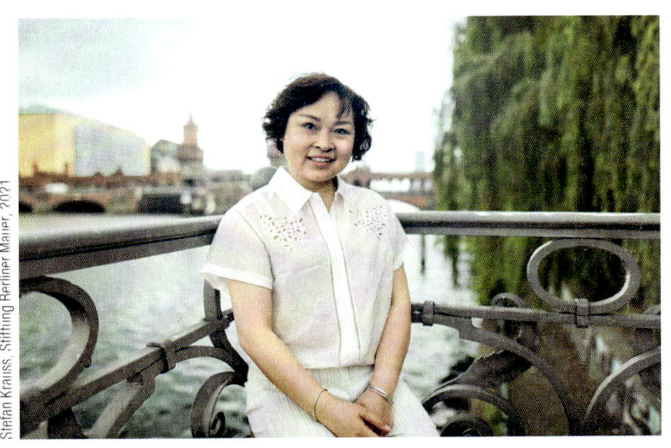
Stefan Krauss, Stiftung Berliner Mauer, 2021

Hiền Phan

Hiền Phan kam 1988 für zwei Jahre als »Vertragsarbeiterin« nach Ost-Berlin. Sie arbeitete im Glühlampenwerk VEB Narva, nicht weit von der heutigen East Side Gallery. Nach dem Ende der DDR wurde sie entlassen. Hiền Phan entschloss sich jedoch, in Deutschland zu bleiben. Weil sie aber nur kurzfristige Aufenthaltsgenehmigungen von einem bis drei Monaten bekam, war es sehr schwierig, Arbeit und Wohnung zu finden. Trotz der Herausforderungen und der harten Arbeit bewertet Hiền Phan die Zeit vor 30 Jahren als positiv, weil sie damals die Grundlage für das Leben mit ihrer Familie in Berlin gelegt hat. Heute betreibt Hiền Phan ein Restaurant.

Für mich persönlich war – also wenn ich nicht von den Herausforderungen dieser Zeit spreche – die Wendezeit insgesamt positiv zu bewerten.

Interview, 2021

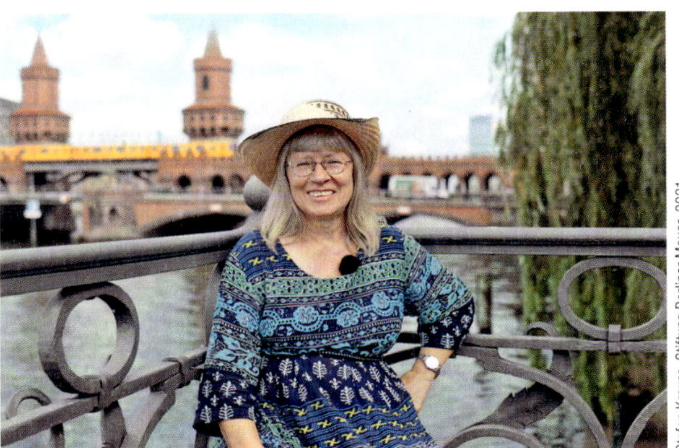
Stefan Krauss, Stiftung Berliner Mauer, 2021

Bernadette Kern

Bernadette Kern lebt seit 1984 mit ihrem Mann in Ost-Berlin. Sie engagierte sich in der katholischen Kirche, unter anderem im Rahmen der Ökumenischen Versammlung. Im Herbst 1989 wurde die Physikerin und Mutter dreier kleiner Kinder Mitglied des Runden Tisches im Bezirk Friedrichshain. Nach der ersten freien Kommunalwahl in Berlin im Mai 1990 war sie Verordnete in der Bezirksverordnetenversammlung Friedrichshain und engagiert sich bis heute vor allem in der Schul- und Umweltpolitik. Ihr Arbeitgeber, ein Krankenhaus in Görlitz, entließ Bernadette Kern im selben Jahr. Dennoch erlebte sie den Umbruch 1990 als Freiheitsgewinn, vor allem von der Angst, in einem rechtlosen Staat zu leben. Nach 1990 war Bernadette Kern in einem EU-Projekt und in der Umweltbildung freiberuflich tätig.

Die Freiheiten, die dann waren, oder auch die Möglichkeiten, das war toll. Wir waren auch überfordert, es war so viel, was sich verändert hat.

Interview, 2021

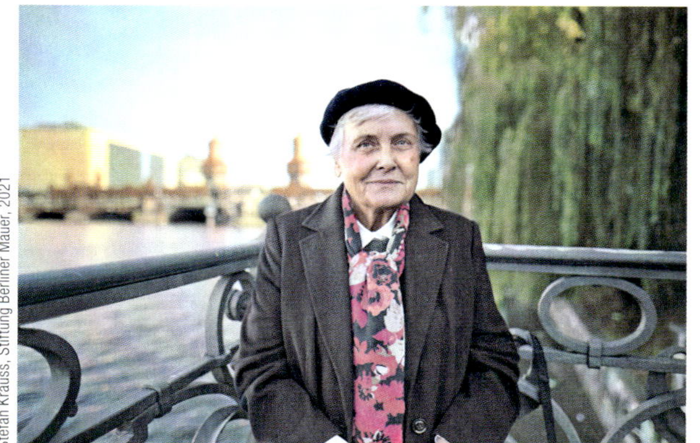
Stefan Krauss, Stiftung Berliner Mauer, 2021

Christine Cyrus

Christine Cyrus erinnert sich an die Freude über das Ende der DDR. Sie habe aber auch früh gewusst, dass die Vorstellung von einer reformierten DDR eine Illusion gewesen sei. Die Vereinigung sei der einzige sinnvolle, aber eben auch sehr steinige Weg gewesen. Die Pfarrfrau und Gemeindediakonin hatte das Gefühl, dass »das Land wie ein Kartenhaus zusammenbricht«, und erlebte, wie Gemeindeglieder ihre Arbeit verloren. Die Kirche kündigte ihr 1992, aber sie fand eine neue Arbeit als Religionslehrerin. Seit 1990 engagierte sie sich auch im Aktionskreis »Kinder von Tschernobyl«, der seit mehr als 30 Jahren Kindern aus der nuklear verseuchten Region einen Erholungsurlaub in Brandenburg ermöglicht.

» **Wir waren wirklich glücklich über den Mauerfall, das bedeutete ja, dass die Familie sich jetzt komplikationslos treffen konnte, dass die Gemeinden sich begegnen konnten. Aber diese Euphorie, die wir bei vielen Leuten festgestellt haben, die war bei uns nicht so groß. Wir wussten einfach, was jetzt kommt, wird nicht einfach.**

Interview, 2021

» **Das ist ein Befreiungserlebnis, nach wie vor. Wir hätten nichts werden können in der DDR. Aus mir wäre wahrscheinlich ein kleiner frustrierter … vielleicht hätte ich noch mal was studiert, aber das wär nicht so das Ding gewesen – ich hätte nicht werden können, was ich geworden bin, meine Kinder nicht, auch meine Verwandten nicht.**

Interview, 2021

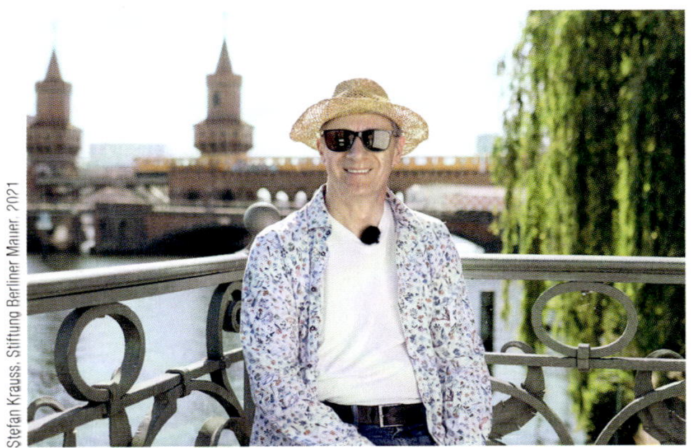
Stefan Krauss, Stiftung Berliner Mauer, 2021

Dirk Moldt

Der in Berlin geborene Dirk Moldt zog als junger Erwachsener nach Friedrichshain. Dort engagierte er sich im Umfeld der Offenen Arbeit und der Kirche von Unten, war Autor und Herausgeber des »mOAning stars«, einer SED-kritischen Samisdat-Publikation. Aus basisdemokratischer Überzeugung und weil er mit seinen Freunden zusammen wohnen wollte, besetzte Moldt 1989 gemeinsam mit anderen ein Haus in Ost-Berlin. Er erinnert sich an die gewalttätigen Übergriffe »rechter Schlägertrupps« auf die besetzten Häuser und an den Mord an seinem Freund Silvio Meier, der 1992 von Neonazis erstochen wurde. Im Rückblick denkt er aber auch an die Möglichkeiten, die sich ihm und anderen nach der Maueröffnung boten. Der gelernte Uhrmacher studierte von 1996 bis 2002 Geschichtswissenschaft, wurde 2007 promoviert und ist heute Sammlungsleiter des Museums Lichtenberg.

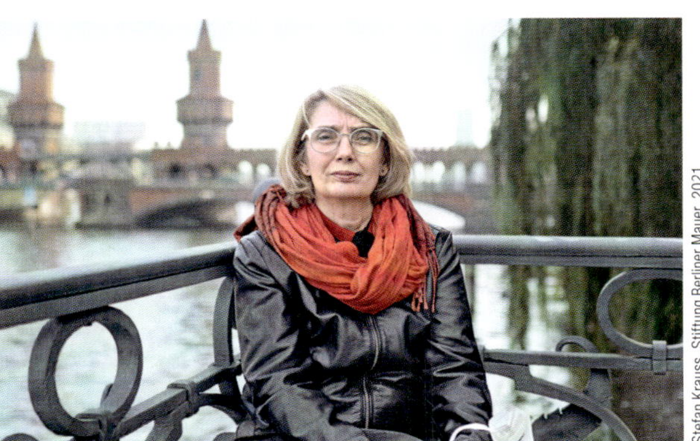
Stefan Krauss, Stiftung Berliner Mauer, 2021

Berrin Alpbek

Berrin Alpbeks Eltern kamen Anfang der 1970er Jahre wegen der Arbeit nach West-Berlin. Die Kinder blieben in der Türkei, um die Schule zu beenden. Ihre Eltern hatten die Sorge, dass sie als Kinder von »Gastarbeitern« in Deutschland kein Abitur machen könnten. 1982 zog Berrin Alpbek zum Studium nach West-Berlin und arbeitete anschließend in einer Bank. Sie begann, sich ehrenamtlich im Türkischen Elternverein und im Türkischen Bund Berlin zu engagieren. Heute leitet sie ein Projekt zur Berufsorientierung für Migrantinnen. Dreißig Jahre nach dem Fall der Mauer erinnert sich Berrin Alpbek an die Freude über die Grenzöffnung, aber auch daran, dass das gesellschaftliche Klima sich veränderte und türkisch-deutsche und ostdeutsche Arbeitnehmerinnen und Arbeitnehmer um Arbeitsplätze konkurrieren mussten.

» **Ich persönlich sehe diese Zeit mit gemischten Gefühlen. Uns war schnell klar, das wird was für die türkische Community heißen, diese Veränderung, aber es bringt auch gesellschaftliche Veränderungen mit sich.**

Interview, 2021

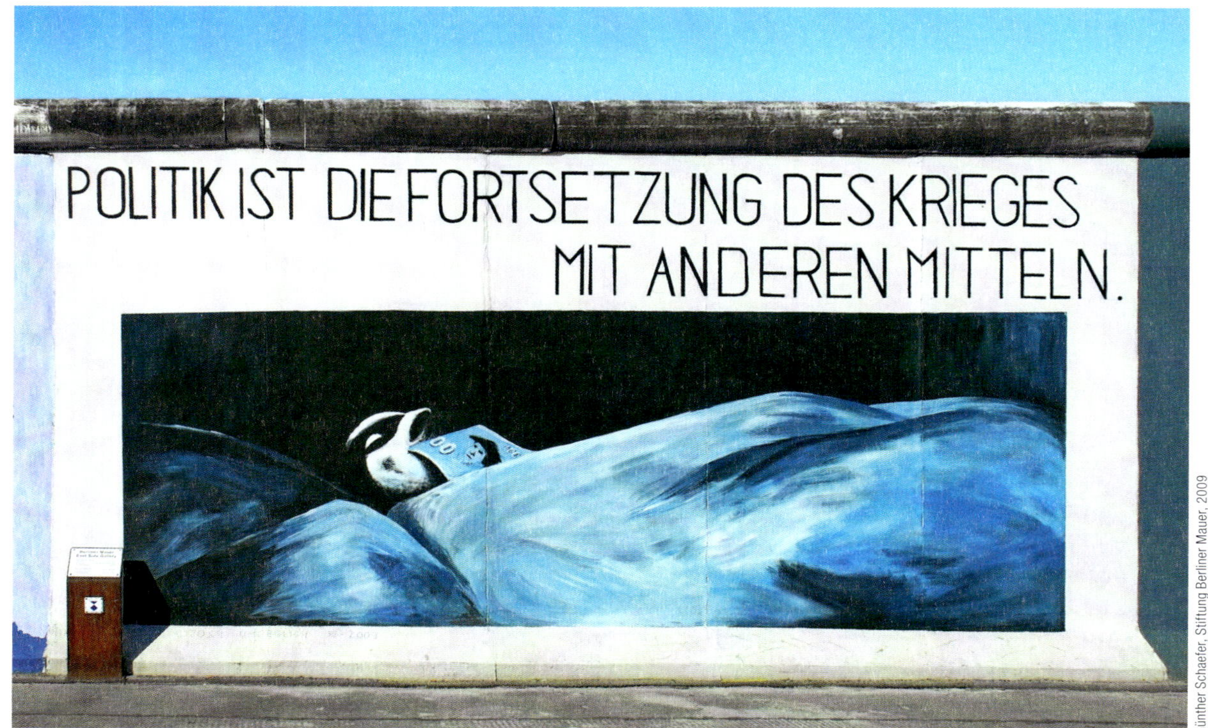

Günther Schaefer, Stiftung Berliner Mauer, 2009

CARSTEN JOST UND ULRIKE STEGLICH

Politik ist die Fortsetzung des Krieges mit anderen Mitteln

Carsten Jost wurde 1965 in Ost-Berlin geboren. Er studierte Theologie in Jena und Ost-Berlin und entdeckte die Fotografie für sich. Das Bild »Politik ist die Fortsetzung des Krieges mit anderen Mitteln« dreht das Zitat des preußischen Generalmajors Carl von Clausewitz um. In ihrem Gemälde lassen Carsten Jost und Ulrike Steglich einem Sterbenden oder Toten einen 100-D-Mark-Schein aus dem Mund hängen. Der Geldschein ist eine kreative Verwendung des Begrüßungsgeldes in Höhe von 100 DM, das bis Ende 1989 alle DDR-Bürgerinnen und -Bürger von der Bundesrepublik erhielten. Carsten Jost freute sich 1989 über die neuen Freiheiten. Dennoch erlebte er die Veränderungen nicht nur als Glücksmoment. Sein Bild zeigt den Preis, der in seiner Interpretation nach dem Systemwechsel von der kommunistischen Ideologie zur Ideologie des Geldes als Maß aller Dinge zu zahlen sein wird.

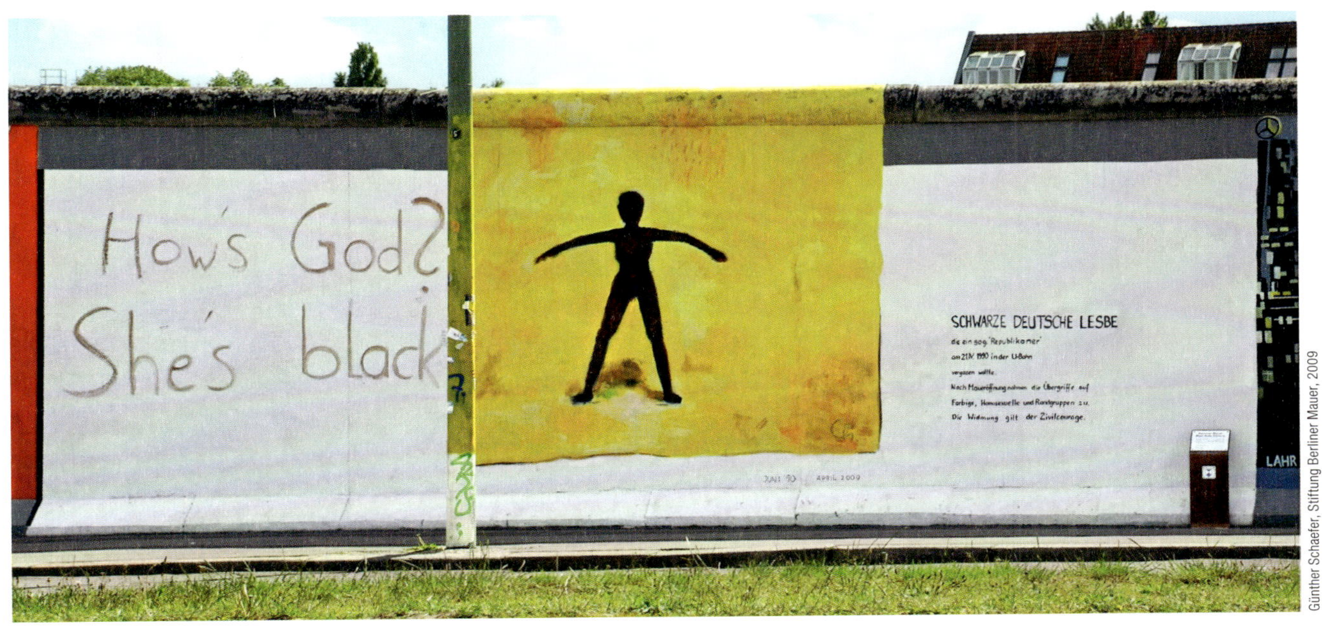

Günther Schaefer, Stiftung Berliner Mauer, 2009

C. F.

How's God? She's black

C. F. wurde 1962 in Frankfurt am Main geboren. Sie studierte Rechtswissenschaft und danach Freie Bildende Kunst. Ihr Bild ist einer Frau gewidmet, die ein Rechtsextremist im April 1990 in der Berliner U-Bahn mit verbaler Gewalt attackiert hatte. Das feministische Bild sollte ein Zeichen setzen gegen die nach 1989 zunehmenden Übergriffe auf Menschen, die nicht als deutsch und heterosexuell wahrgenommen wurden. C. F. leitet heute eine gemeinnützige Kultur- und Bildungseinrichtung.

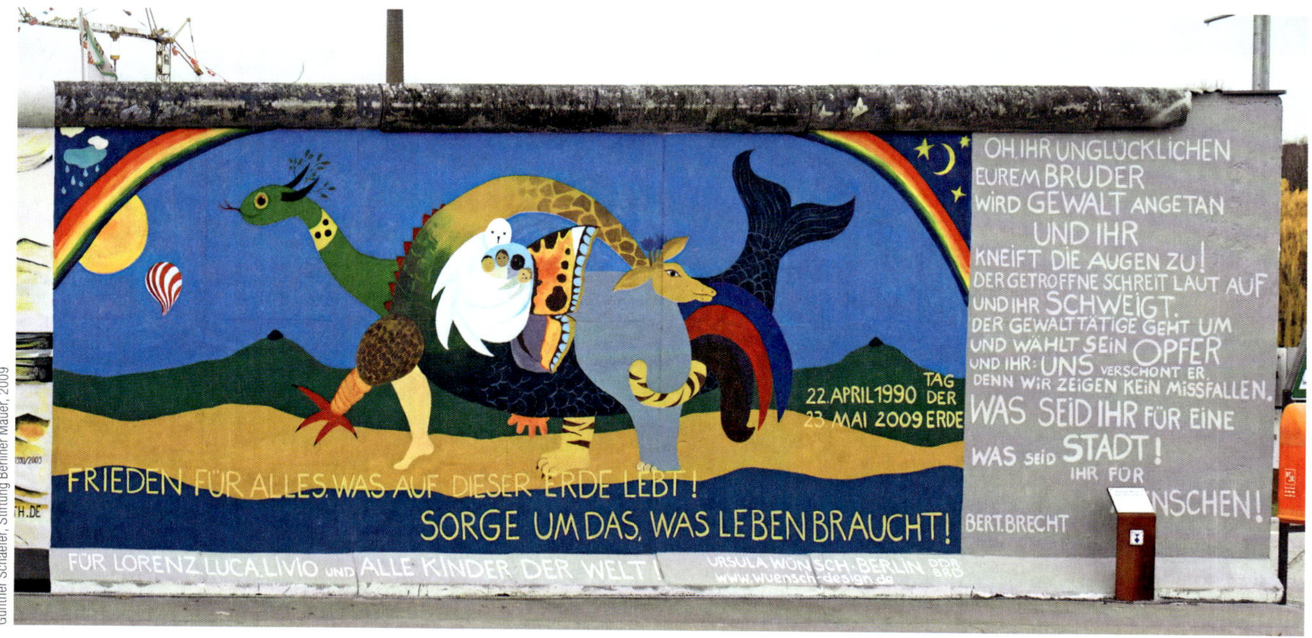

Günther Schaefer, Stiftung Berliner Mauer, 2009

URSULA WÜNSCH

Frieden für Alles

»Als Fremde in einem besetzten Land« – so beschreibt Ursula Wünsch, wie sie sich seit der deutschen Einheit fühlt. 1946 in Raschau im Erzgebirge (DDR) geboren, studierte sie nach dem Abitur mit Berufsausbildung zum Maurer Spielmittelgestaltung in Halle (Saale). Ab 1971 arbeitete sie auch international als Formgestalterin für Spielmittel und Spielobjekte. 1990 ist für sie das Jahr, in dem sie ihre Kundinnen und Kunden, aber vor allem ihre Heimat, die DDR, verlor. Mit ihrem Bild »Frieden für Alles« kritisiert die Künstlerin, dass die Menschheit blind durch die Welt laufe. Das Bild zeigt gleichzeitig den Aufbruch in eine neue Welt, in der alle Kinder ihren Platz haben. Ursula Wünsch lebt in Berlin und arbeitet mit demenzkranken Menschen.

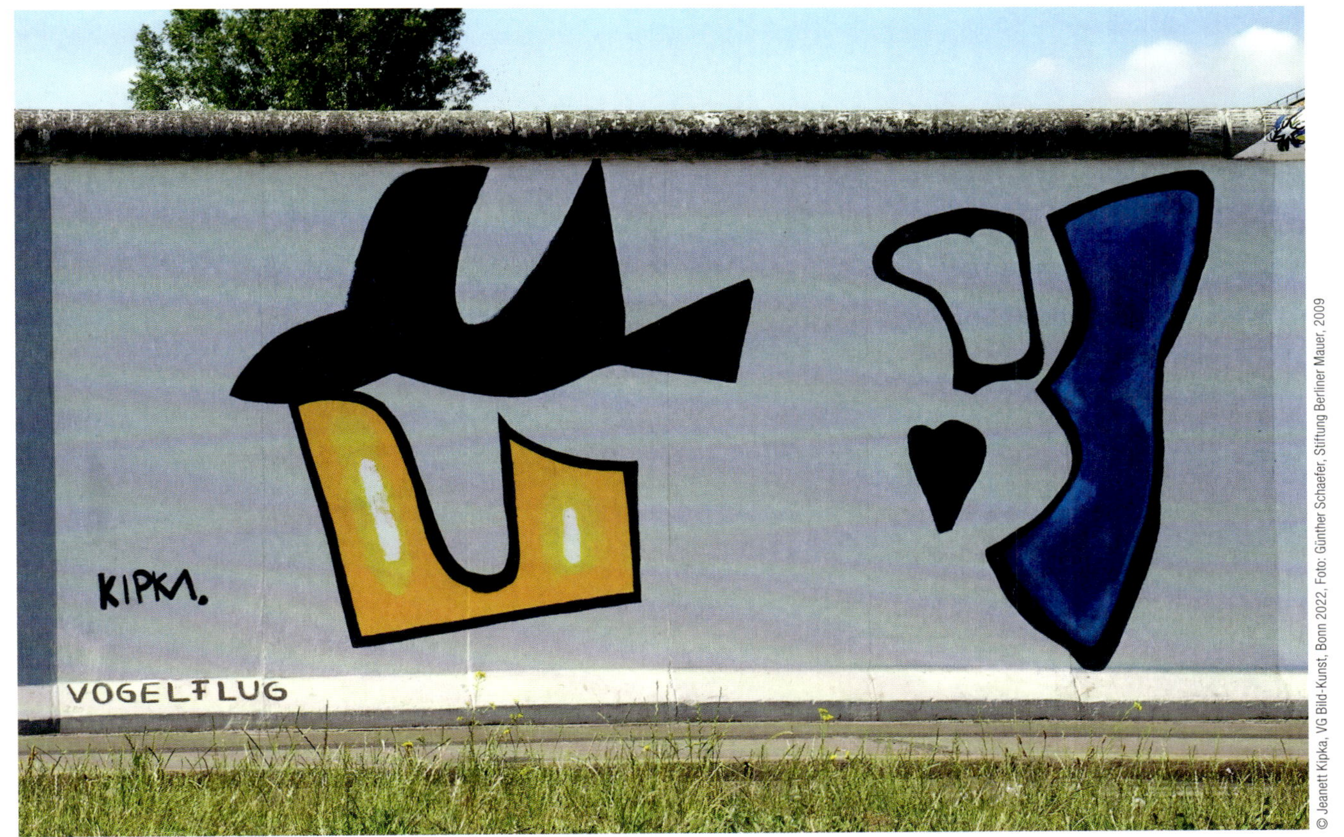

JEANETT KIPKA

Vogelflug

»Ich bin froh, dass ich es überstanden habe, aber nicht nur.« Mit ambivalenten Gefühlen erinnert sich Jeanett Kipka an die Zeit des Umbruchs und die 1990er Jahre. Der drastische Wandel habe ihr gezeigt, dass es im Leben keine Sicherheit gebe. Jeanett Kipka wurde 1958 in Ost-Berlin geboren. Die gelernte Erzieherin bildete sich mithilfe von Zeichenzirkeln zur bildenden Künstlerin aus. 1990 malte sie ihr abstraktes Bild »Vogelflug« an die Berliner Mauer. Die Formen waren ursprünglich Teile eines Ganzen, wandelten sich jedoch und passen daher nicht mehr vollständig zusammen. »Vogelflug« war Jeanett Kipkas erstes großformatiges Bild in der Stadt und der Beginn ihrer Beschäftigung mit öffentlicher Kunst im urbanen Raum. Heute arbeitet sie als Trainerin für Kommunikation und als Erzieherin.

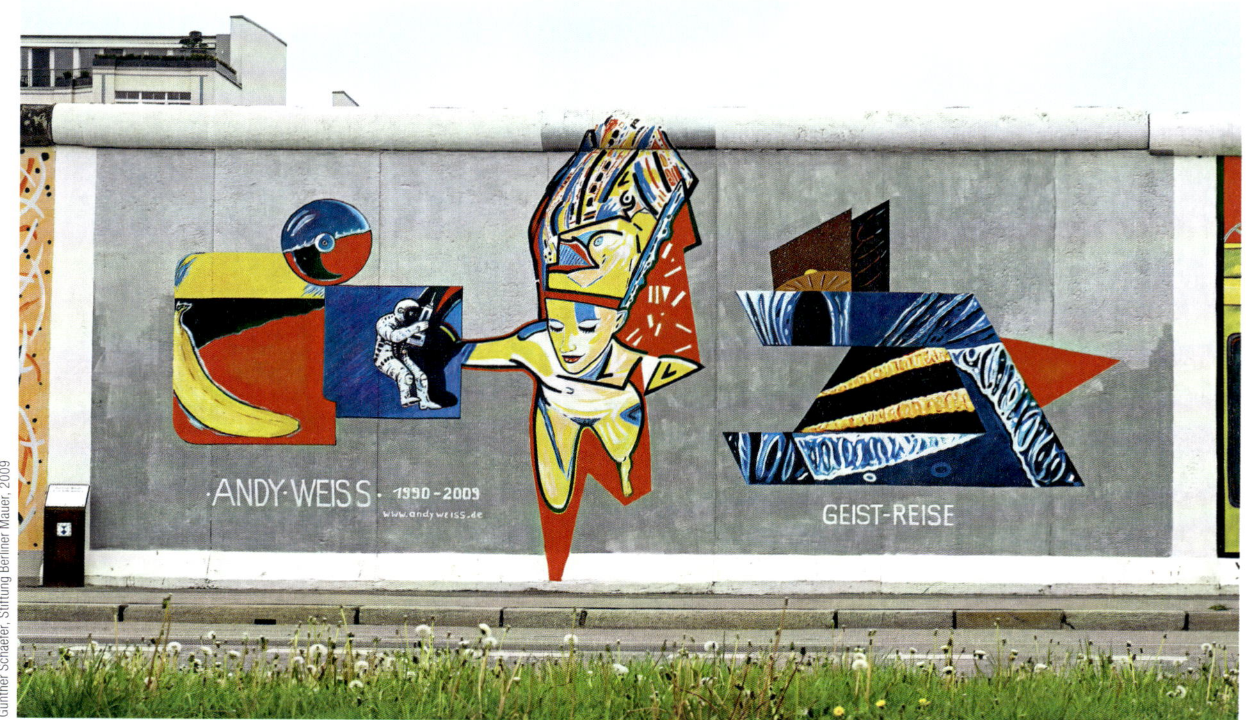

Günther Schaefer, Stiftung Berliner Mauer, 2009

ANDY WEISS

Geist-Reise

Andy Weiss wurde 1958 in Siegen (Nordrhein-Westfalen) geboren. Er studierte Sozialpädagogik und Kunst und zog 1986 nach West-Berlin. Als West-Berliner erlebte er den Mauerfall mit großer Freude. Besonders die Freiheit, ins Berliner Umland fahren zu können, begeistert ihn bis heute. Sein Bild »Geist-Reise« stellt den Zeitgeist von 1990 dar und blickt hoffnungsvoll, aber auch mit Sorge in die ungewisse Zukunft. Es erinnert mit Banane und Astronaut symbolhaft an die DDR, Zellstrukturen und Sonnenuntergang stehen für zukünftige Zeiten. Die »moderne Nofretete« fliegt durch die Zeit und auf den Betrachtenden zu.

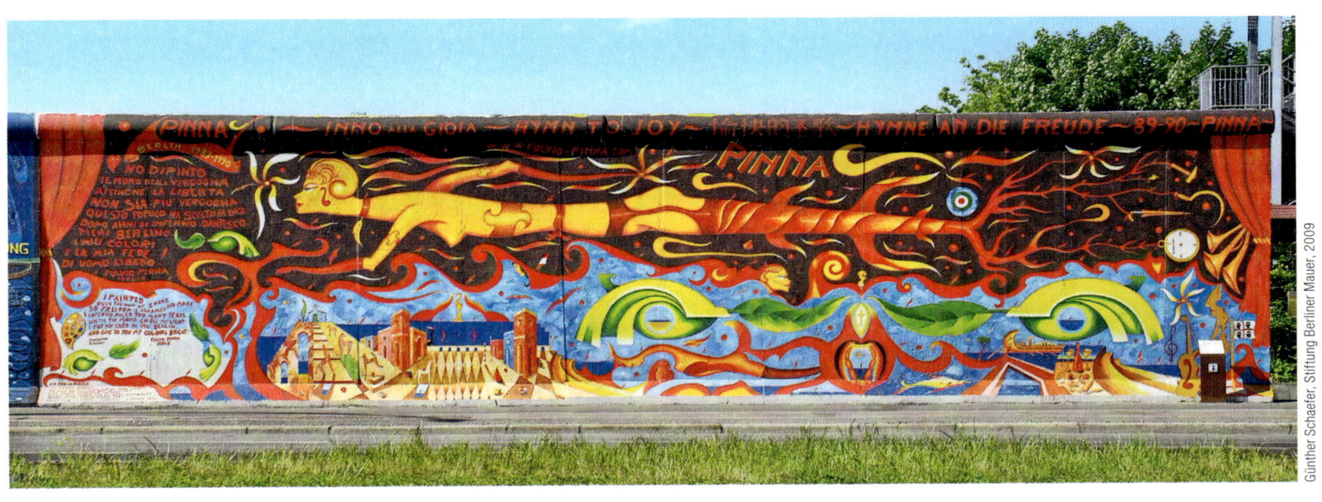

Günther Schaefer, Stiftung Berliner Mauer, 2009

FULVIO PINNA

Hymne an die Freude

Fulvio Pinna wurde 1948 auf Sardinien (Italien) geboren. Seinen Beruf als Lehrer gab er 1975 auf, um als freischaffender Künstler zu arbeiten. 1987 zog er nach West-Berlin und betreibt dort bis heute eine Galerie. Pinnas grundlegendes Thema ist die Freiheit: »Der Mensch ist geboren, um frei zu sein.« Sein Mauerbild »Hymne an die Freude« feiert die Befreiung von der Diktatur. Fulvio Pinna malte es ohne Skizze oder Konzept innerhalb weniger Stunden. Er freut sich, dass ihm immer wieder Menschen schreiben, wie sein Kunstwerk sie berührt.

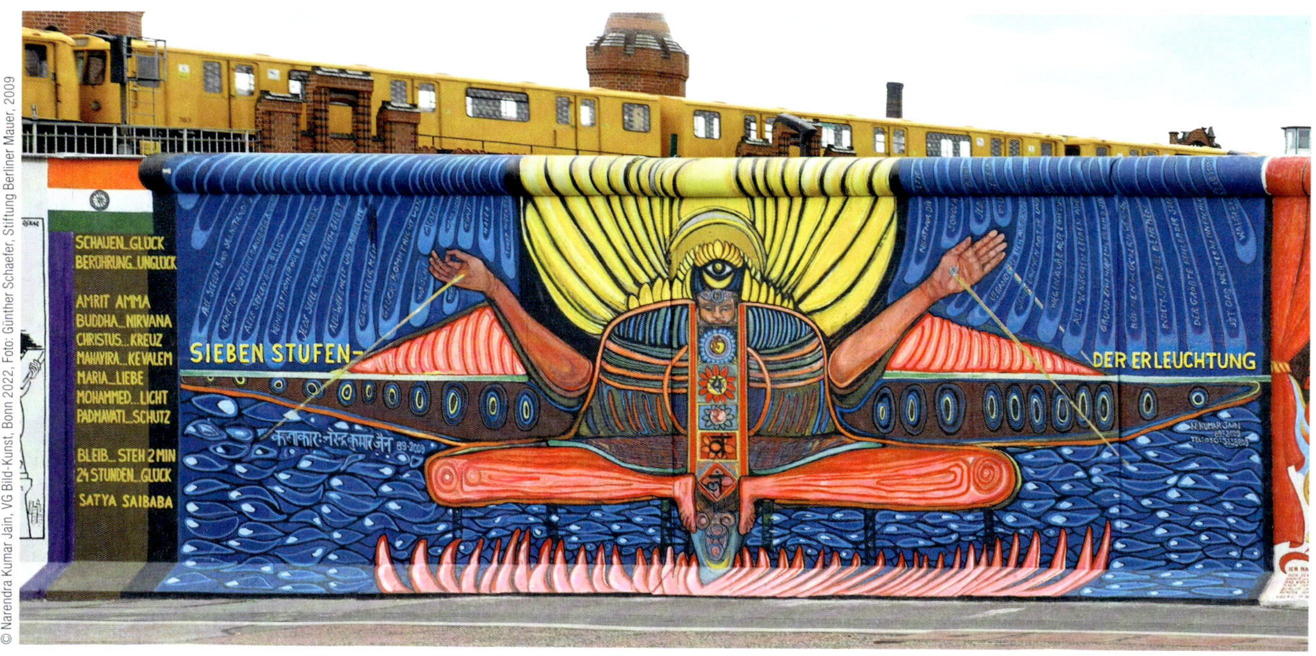

NARENDRA KUMAR JAIN

Die sieben Stufen der Erleuchtung

Narendra Kumar Jain wurde 1937 in Delhi (Indien) geboren und lebt heute in Berlin und Delhi. Von der Universität in Agra kam er 1967 für einen Studienaufenthalt, später für seine Promotion in Kunstgeschichte nach West-Berlin. Yoga ermöglicht es nach hinduistischem Glauben, die »sieben Stufen der Erleuchtung« zu durchschreiten, die ein besseres Sein ohne Leid versprechen. Der Yogi Jain verbindet in seinem gleichnamigen Bild indische Mythologie und Weisheiten mit westlichen Religionen und Philosophie. Kunst bedeutet für ihn, von Herz zu Herz zu kommunizieren – ganz ohne Worte.

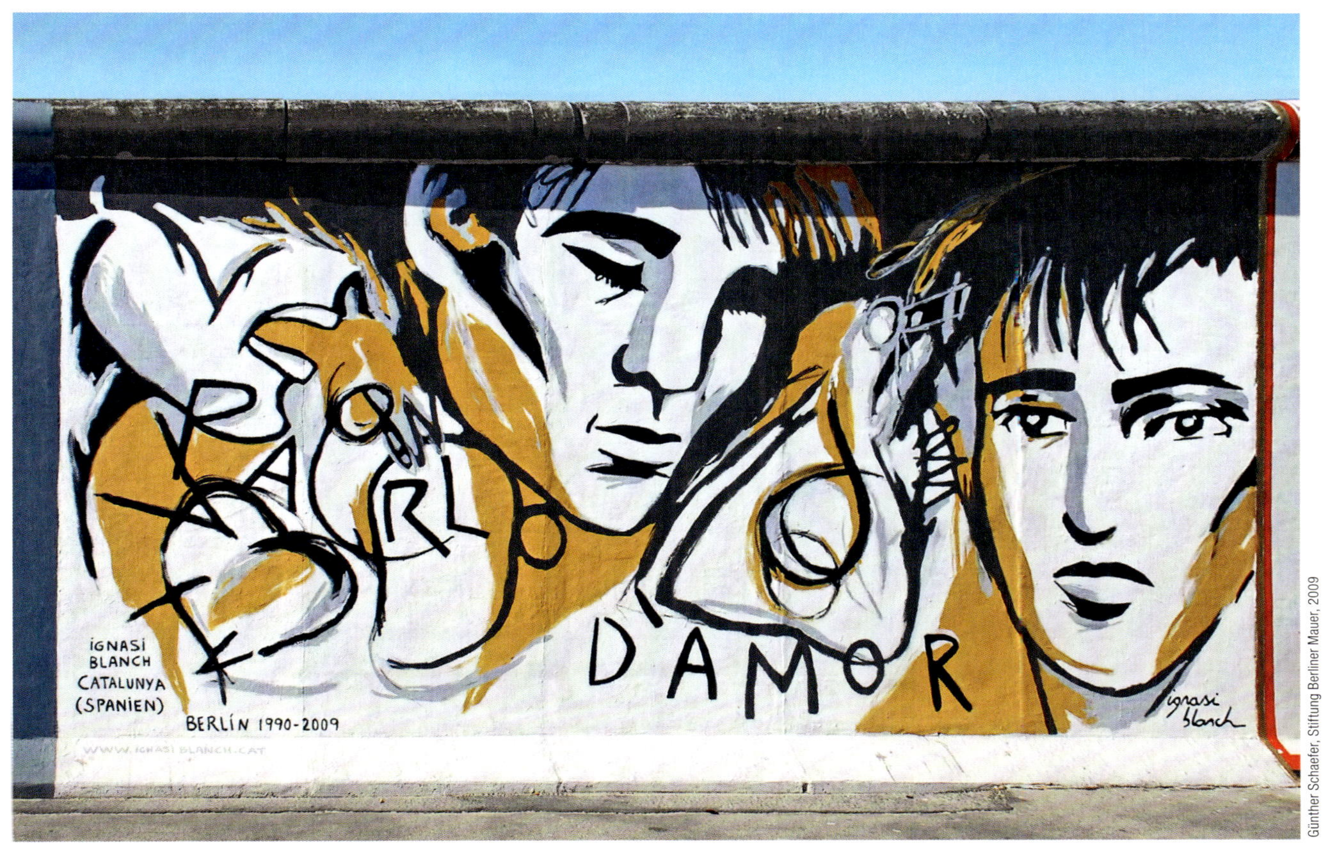

Günther Schaefer, Stiftung Berliner Mauer, 2009

IGNASI BLANCH

Parlo d'amor

Ignasi Blanch Gisbert, geboren 1964 in der katalanischen Stadt Roquetes, ist als einziger Künstler aus Spanien in der Galerie vertreten. Er studierte in Barcelona Kunst und lebte ab 1988 für einige Zeit in West-Berlin. Sein Bild »Parlo d'amor« (Ich rede von der Liebe) ist ein Appell, dass jeder Mensch in der Liebe frei sein soll, überall auf der Welt. Für sein Bild an der East Side Gallery wurde er später in seiner Heimat zum »Katalanen des Jahres« nominiert, wo er heute als Kinderbuchillustrator tätig ist.

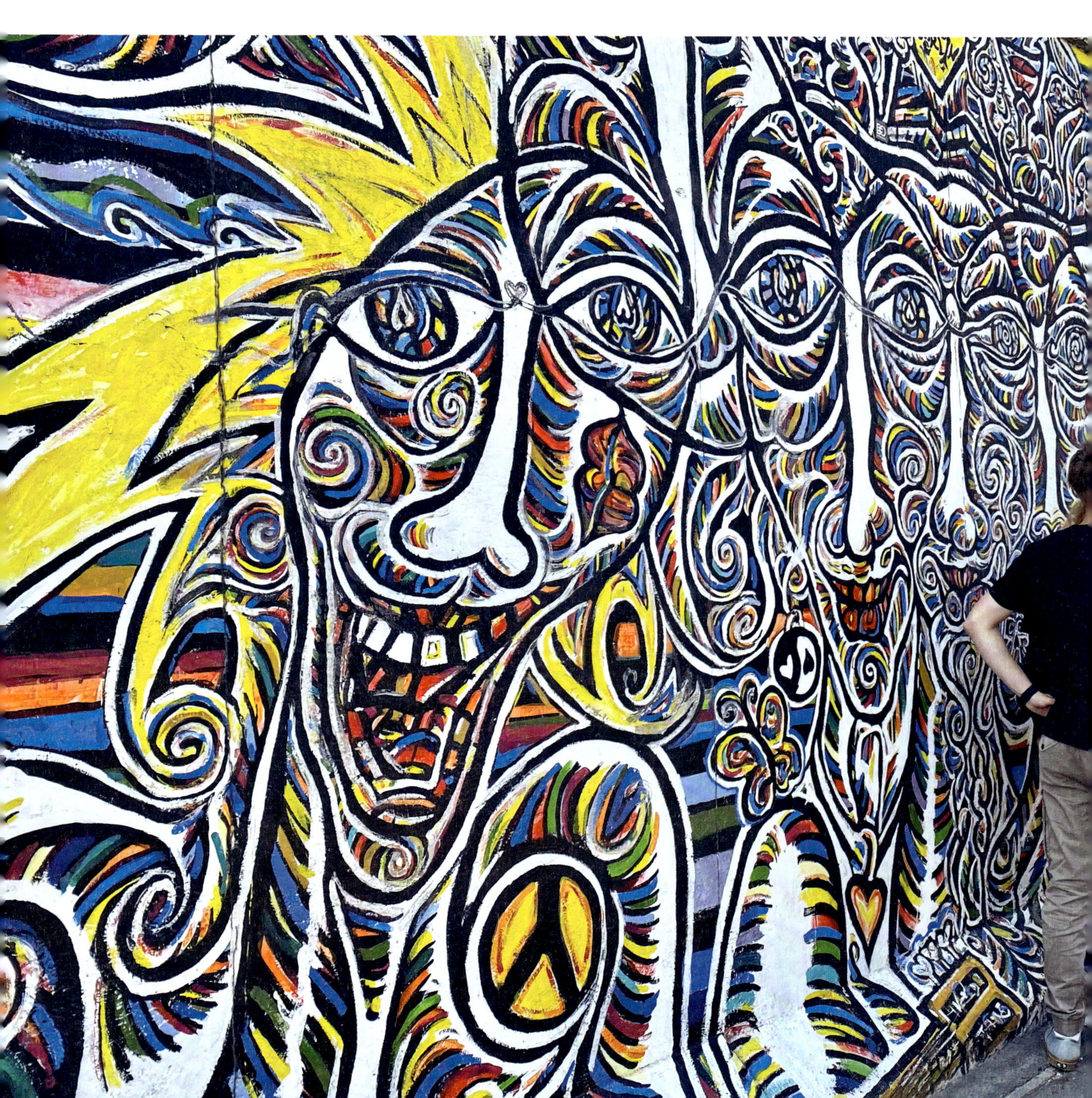

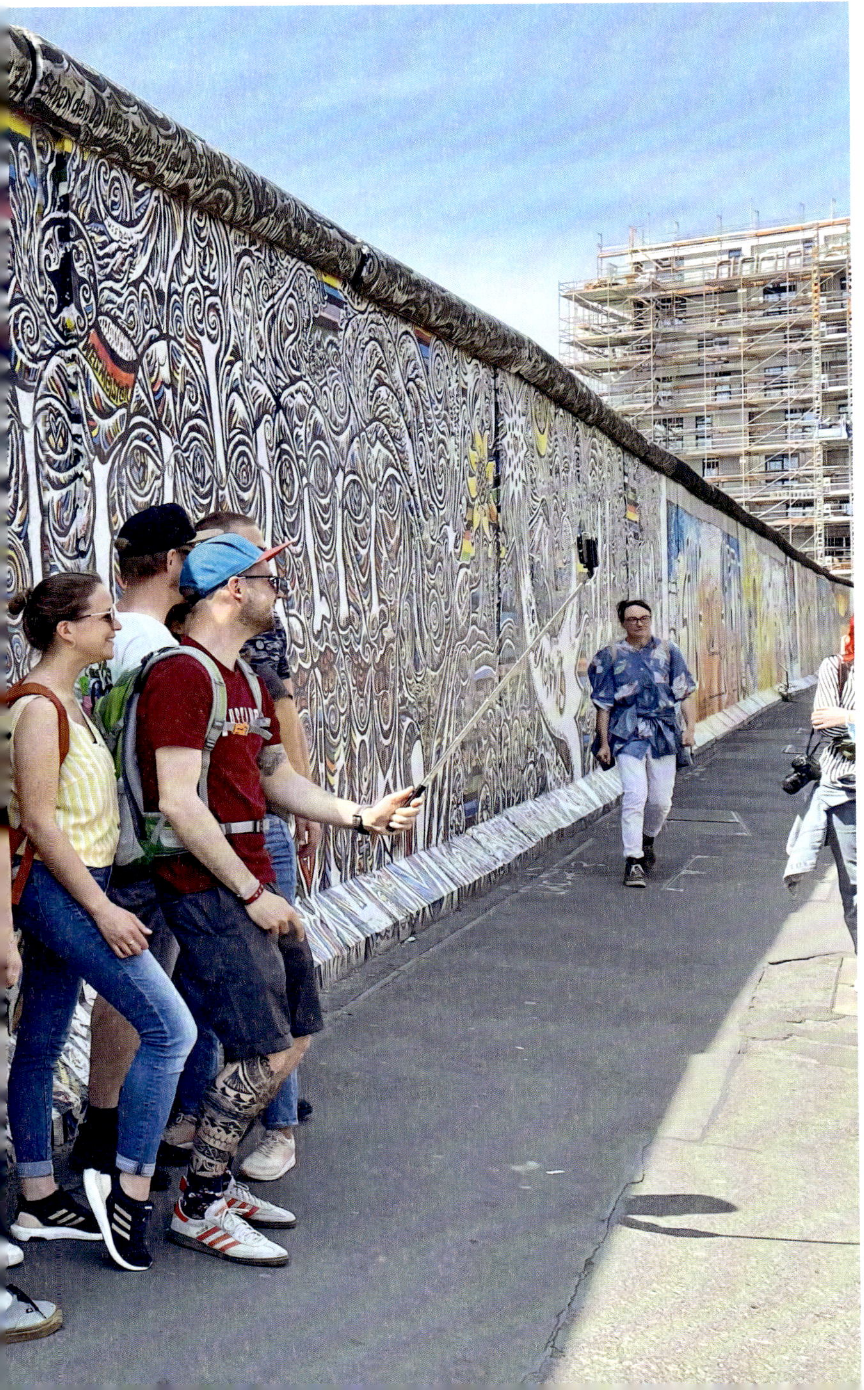

Vom Original zur Kopie: Sanierungen, Debatten, Ausblick

Anna von Arnim-Rosenthal, Stiftung Berliner Mauer, 2022

Umstrittene Sanierung der East Side Gallery

Die East Side Gallery gehört zu den meistbesuchten Sehenswürdigkeiten Berlins. Dass sie heute noch existiert, ist nur dem Einsatz und Engagement vieler Menschen zu verdanken. Fast überall in Berlin baute die DDR die Berliner Mauer im Jahr 1990 ab. Wo sie danach noch stand, diente sie als Steinbruch für Mauersouvenirs und als Leinwand für Kunst. Das hatte auch an der East Side Gallery Folgen: Die Gemälde, die durch Abgase und Witterung bereits nach kurzer Zeit so beschädigt waren, dass sie zu bröckeln begannen, waren nach der Bearbeitung durch Mauerspechte und Übermalung in der zweiten Hälfte der 1990er Jahre kaum noch zu erkennen.

Zunächst setzten sich nur die Künstlerinnen und Künstler für die Galerie ein – nicht alle gemeinsam, aber immer wieder in unterschiedlich zusammengesetzten Gruppen. Eine Gruppe kritisierte die Pläne der Werbe- und Veranstaltungsagentur (Wuva), die bemalten Mauersegmente abzubauen und zu verkaufen. Ab Juni 1991 veranlassten Bezirk und Senat, dass die Mauergalerie unter Denkmalschutz gestellt wurde. Das war bemerkenswert früh angesichts der berlinweiten Stimmung, die Reste der Berliner Mauer aus dem Stadtbild verschwinden zu lassen. Hier sollte sie bewahrt werden, als Zeugnis der Teilung der Stadt, ihrer Überwindung und für die einzigartige künstlerische Aneignung.

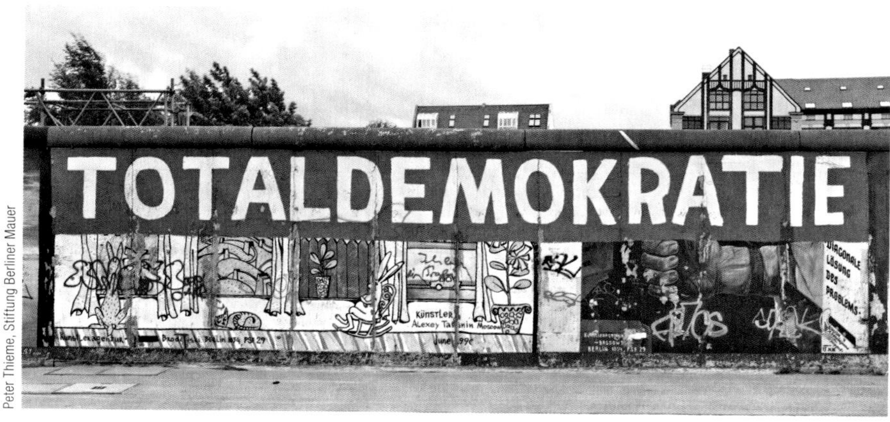

Peter Thieme, Stiftung Berliner Mauer

Verblasste und beschmierte East Side Gallery, 1997

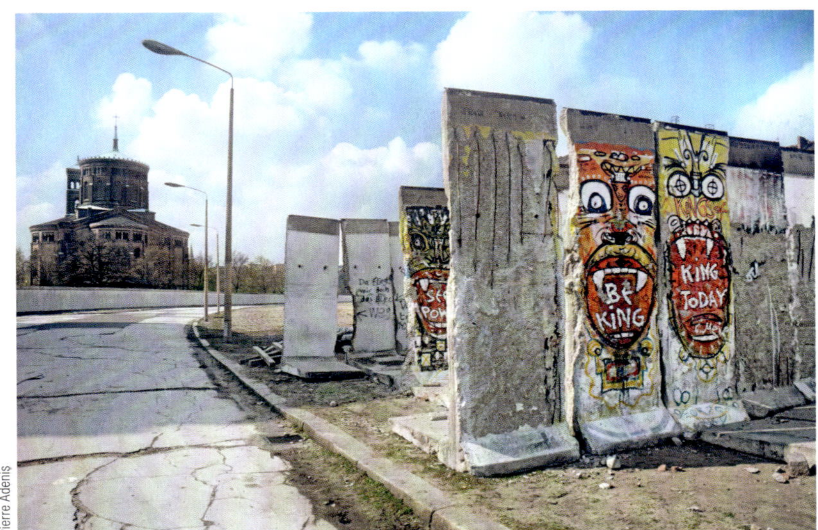

Pierre Adenis

Abbau der bemalten Berliner Mauer in Kreuzberg, 1990

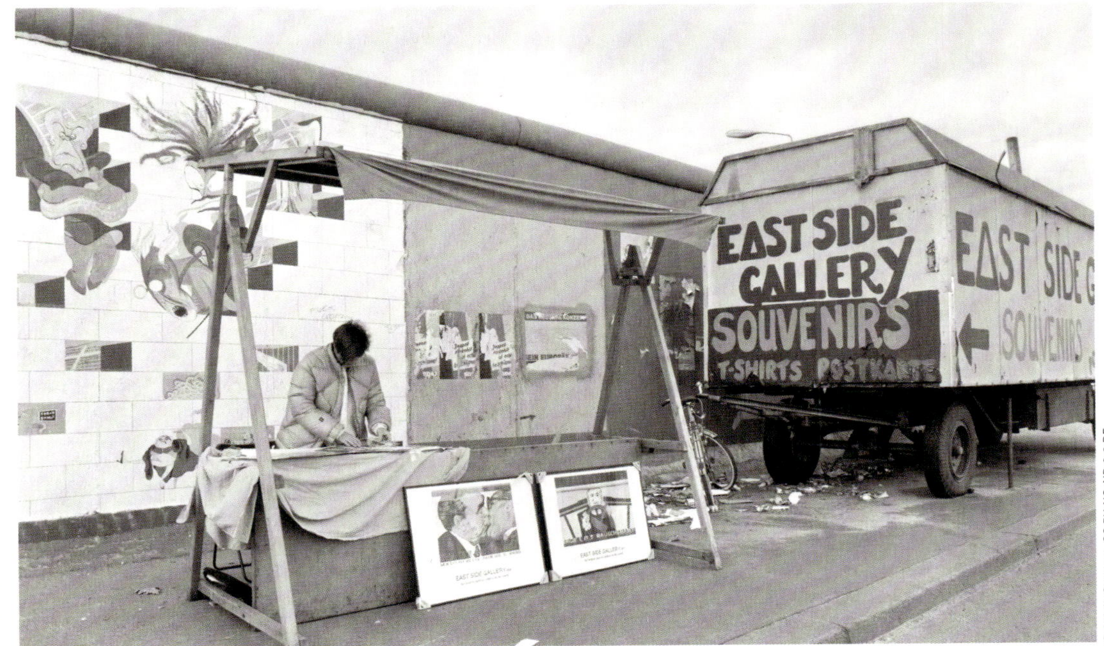

Souvenirverkauf an der East Side Gallery, 1990

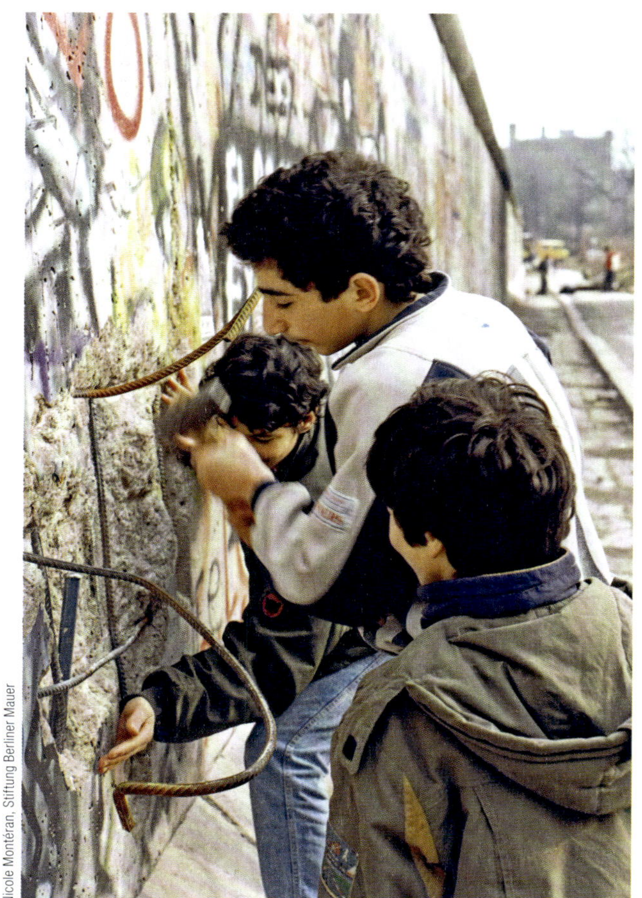

Nicole Montéran, Stiftung Berliner Mauer

Kreuzberger Kinder und Jugendliche betätigen sich als Mauerspechte, 1990

Der Denkmalschutz führte jedoch nicht dazu, dass sich Land und Bezirk um die Galerie kümmerten. So waren es weiterhin die Künstlerinnen und Künstler, die ihre Bilder restaurierten, mit eigenem Geld oder mithilfe von Spenden, und die so dafür sorgten, dass die Galerie sichtbar blieb. 1996 gründete sich die Künstlerinitiative East Side Gallery e.V., in der sich eine ganze Reihe von Kunstschaffenden zusammenschloss, um die Mauerkunst zu erhalten. Mit großem Einsatz betrieb dies Kani Alavi, der langjährige Vorsitzende der Initiative. Dank eines Sponsors gelang es 2000, einen großen Teil der Galerie zu restaurieren. Doch viele Gemälde verfielen weiterhin.

Ab Herbst 2008 ließen das Land und der Bezirk die Galerie mit zwei Millionen Euro aus öffentlichen Mitteln umfangreich sanieren. Anlass gaben die bevorstehenden Feierlichkeiten zum 20. Jahrestag des Mauerfalls und die Erkenntnis, dass die internationalen Touristenströme mehrheitlich ein Ziel hatten: das Bauwerk Berliner Mauer. Menschen aus aller Welt fragten beharrlich, wo sie Reste der Mauer sehen könnten. Mit Blick auf die East Side Gallery hatten viele zudem die Vorstellung im Kopf, an diesem Ort dem Geist der Friedlichen Revolution nachspüren zu können. Der »Trabi« und der »Bruderkuss« waren längst zu touristischen Highlights geworden, die man »gesehen haben muss«. An der Mühlenstraße waren die seltenen Spuren der Mauer zwar erhalten, aber die verfallenen und fast verschwundenen Kunstwerke konnten die Erwartungen der Menschen kaum erfüllen. Die Sanierung sollte die Kunstwerke von 1990 wieder sichtbar machen.

Allerdings wurde schnell deutlich, dass das Land Berlin sich eine Restaurierung der insgesamt 106 Bilder finanziell nicht leisten konnte. Einige Bilder waren zudem so stark zerstört, dass eine Wiederherstellung nicht möglich war. So entschied sich der Denkmalschutz für eine Vorgehensweise, die an keinem anderen Mauerort angewandt wurde: Um die Galerie

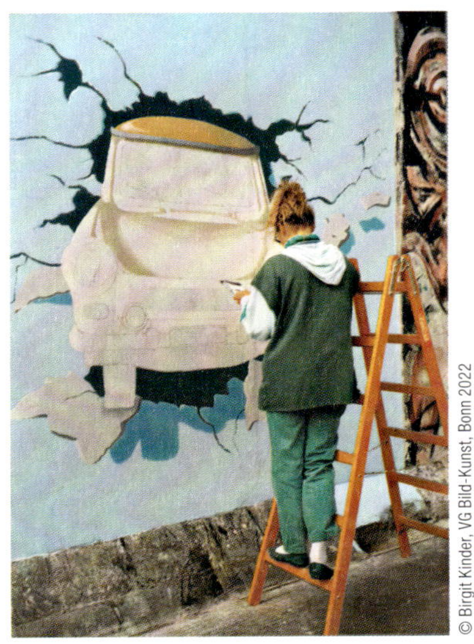

1996 rekonstruiert Birgit Kinder ihren Trabi schon zum wiederholten Mal

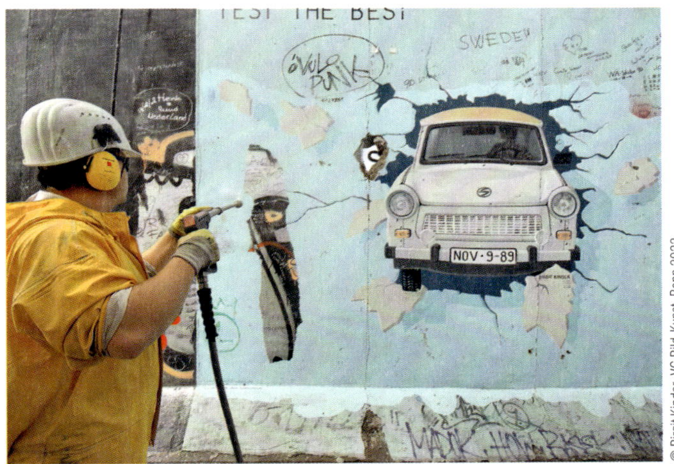

2009 wird auch das Bild von Birgit Kinder von der Mauer entfernt

zu erhalten, wurden die Kunstwerke neu geschaffen. Dazu entfernte man die Bilder durch Sandstrahlen überwiegend vollständig, tauschte rostige Stahlelemente aus und erneuerte die Betonfehlstellen. Die Oberfläche wurde glattgeputzt, vollständig grundiert und weiß gestrichen. Danach bot die Mauer einen perfekten Maluntergrund für die Künstlerinnen und Künstler, um ihre Bilder von 1990 noch einmal auferstehen zu lassen.

Der Erhalt der Mauer erfolgte hier nicht wie zum Beispiel in der Gedenkstätte Berliner Mauer an der Bernauer Straße substanzschonend, reversibel und mit minimalen Interventionen. Nicht die originale Substanz stand an der East Side Gallery im Vordergrund, sondern das Bild und der ihr zugeschriebene kulturelle Wert sowie ihre Bedeutung als Ort der Freude und der friedlichen Überwindung der DDR. In den Augen vieler, für die der Erhalt der Denkmalbedeutung mit dem Bewahren der historischen Originalsubstanz zusammenhängt, hat die East Side Gallery 2009 damit ihre Authentizität verloren. Ihre touristische Attraktivität aber ist ungebrochen. Die Menschen strömen seit 1990 und bis heute in die Mühlenstraße, unabhängig vom »authentischen« Zustand des Denkmals.

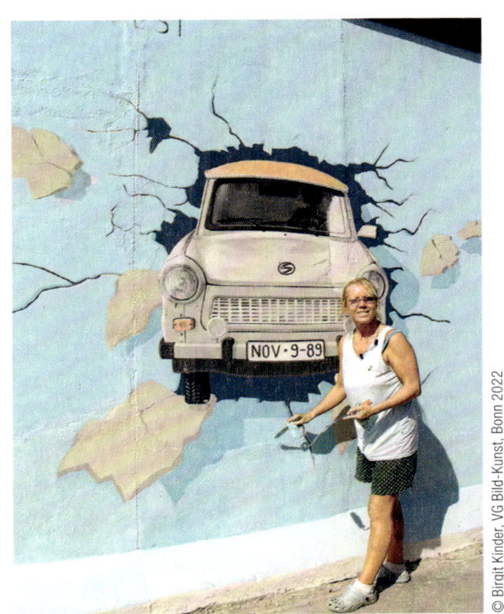

Birgit Kinder bei der Rekonstruktion ihres Bildes, 2009

Musealisierung von Kunst im öffentlichen Raum

Die Künstlerinnen und Künstler hatten bei der Sanierung die Vorgabe, ihre Bilder von 1990 originalgetreu zu kopieren, Veränderungen wurden vom Denkmalschutz nicht genehmigt. 82 Künstlerinnen und Künstler kamen dem nach und malten ihre Bilder als Kopie der Gemälde von 1990. Manche hatten noch ihren Originalentwurf, einige kopierten ihr eigenes Bild nach einem Foto. Schwierig war es, die Farbtöne von 1990 zu treffen. Mehr als 20 Kunstwerke wurden von anderen Kunstschaffenden kopiert, weil die Künstlerinnen und Künstler nicht anreisen konnten oder bereits verstorben waren. Ein Dutzend Kunstschaffende unterliefen das Kopiergebot. Sie veränderten insgeheim kleinere Details oder nahmen offensichtliche größere Änderungen vor. Andere schlossen sich in der Gründungsinitiative East Side zusammen. Sie verweigerten die Selbstkopie und untersagten es, dass andere Kunstschaffende der Galerie ihre Bilder kopierten. Ein Kunstwerk wurde gegen den Willen der Künstler von anderen Kunstschaffenden der Galerie neu gestaltet.

Bei der Sanierung stießen unterschiedliche Auffassungen von der Aufgabe und Bedeutung von Kunst in der Stadt aufeinander: Wer die Kopie befürwortete, empfand das Bild noch als Ausdruck einer Gegenwart oder konnte dem Gedanken folgen, dass es als musealisiertes historisches Zeugnis für die Empfindungen von 1990 Bedeutung hatte. Wer die Kopie ablehnte, sah die Aufgabe von Kunst darin, der aktuellen Gegenwart Ausdruck zu verleihen und nicht Vergangenheit unhinterfragt zu konservieren. So kritisierten einige Kunstschaffende – und übrigens auch Vertreterinnen und Vertreter des Denkmalschutzes – die Sanierung als Schaffung eines »Disneylands«. Außerdem kritisierte ein Teil der Kunstschaffenden die als zu gering empfundene Bezahlung ihrer Arbeit. Andere sahen Urheberrechte und künstlerische Freiheit verletzt. Insgesamt beteiligte sich aber die Mehrheit daran, die East Side Gallery ein zweites Mal zu erschaffen.

Ausblick

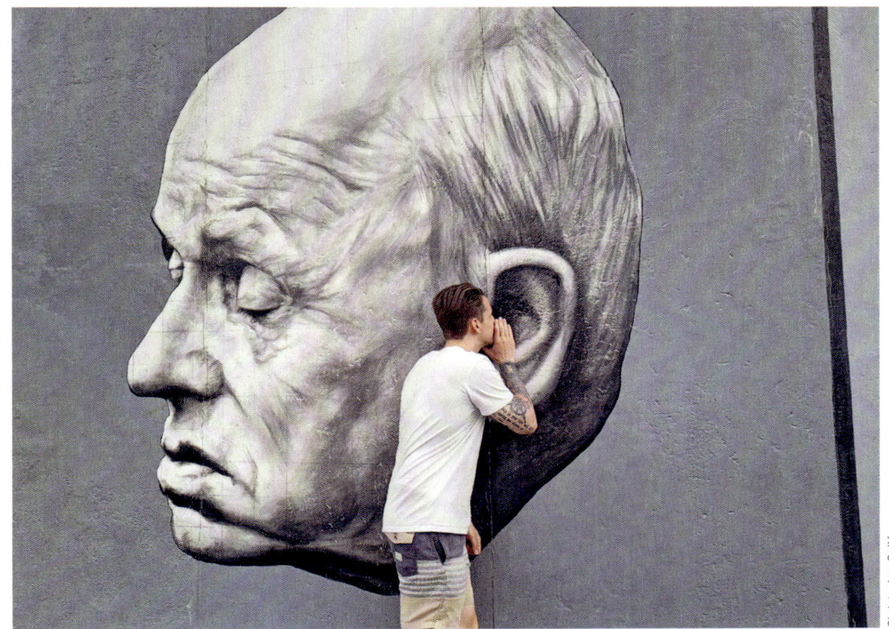

Heute finden die Menschen aus der ganzen Welt vor, was sie sich vorstellen: Die Bilder der Galerie waren vermutlich nur 1990 und 2009 in einem so guten Zustand wie heute. Die Zahl von mehr als vier Millionen Besucherinnen und Besuchern im Jahr 2019 scheint zu belegen, dass die Entscheidung für eine »East Side Gallery 2.0.« richtig gewesen ist. Durch die Sanierung ist es offenbar gelungen, die der Galerie zugewiesene kulturelle Bedeutung zu bewahren. Gleichzeitig verunklaren die neuen, farbintensiven Kunstwerke mit glänzender Graffitischutzschicht die historische Situation. Die Besucherinnen und Besucher finden die Kunst vor, die sie erwarten, aber sie fragen fortwährend, ob es originale Mauerteile sind, die sie vor sich sehen. Zudem erahnen nur die wenigsten, dass es sich bei der Galerie um ein eingetragenes Denkmal handelt und es nicht vorgesehen ist, regelmäßig, vor allem aber unangemeldet und ohne Genehmigung neue Kunstwerke aufzumalen. Die Aufgaben und der Wert von lebendiger, per definitionem gegenwartsbezogener Kunst im öffentlichen Raum und eines historischen Mauerortes und Denkmals könnten nicht widersprüchlicher sein. In den nächsten Jahren wird das Kuratieren des Ortes hervorbringen, ob es gelingt, die unterschiedlichen Akteure, Geschichten, Perspektiven und Nutzungsinteressen auszubalancieren und die East Side Gallery als lebendiges Denkmal mit offenen Räumen für Kunst und Kreativität zu etablieren.

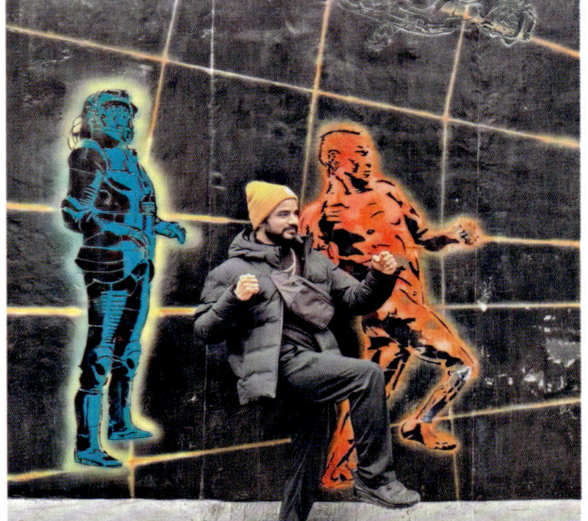

Die East Side Gallery ist auch in der rekonstruierten Fassung eine der am meisten fotografierten Sehenswürdigkeiten Berlins, 2022

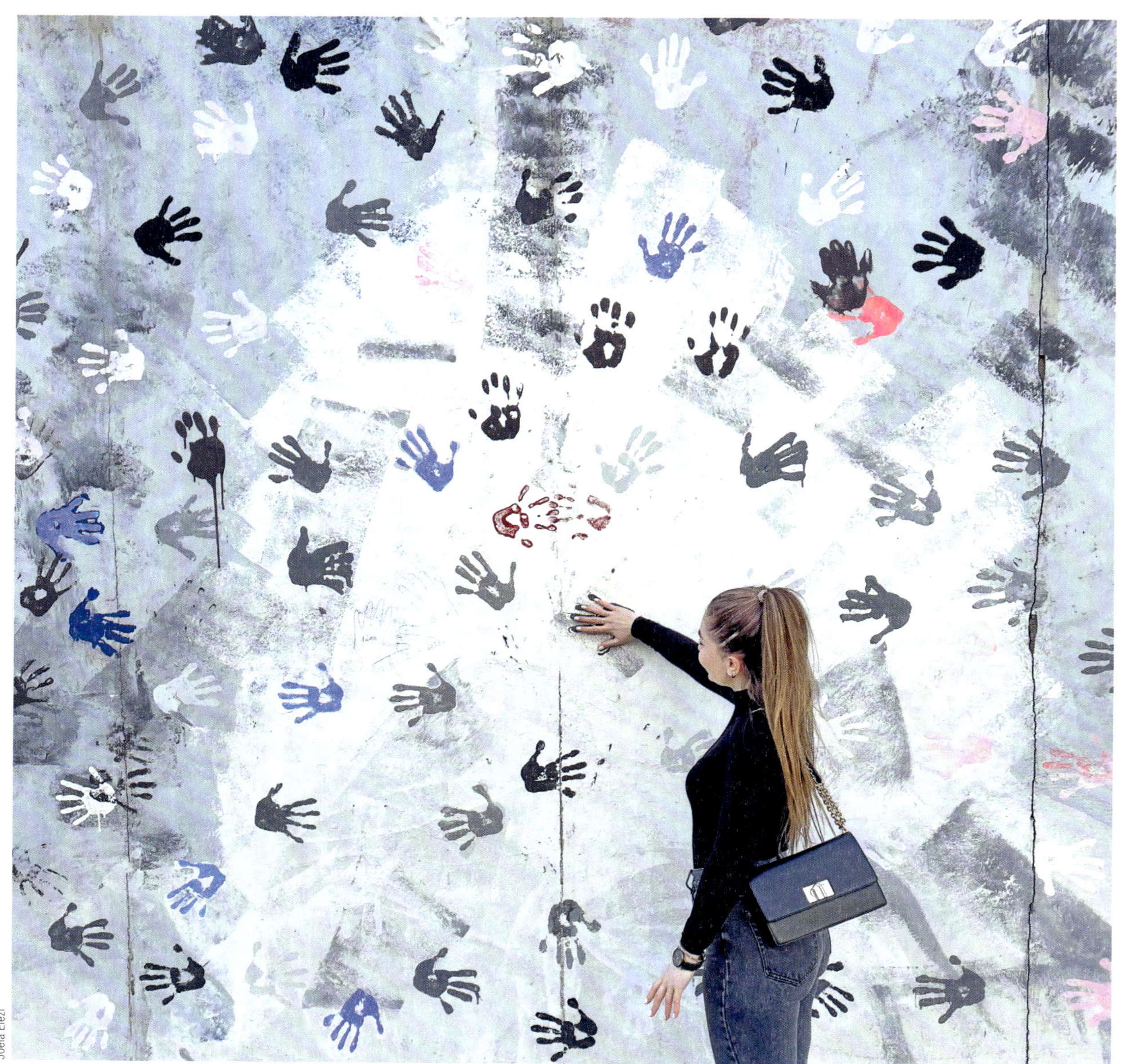

Joela Elezi

»Touch the Wall« – Besucherin am Bild von Christine Kühn, 2022

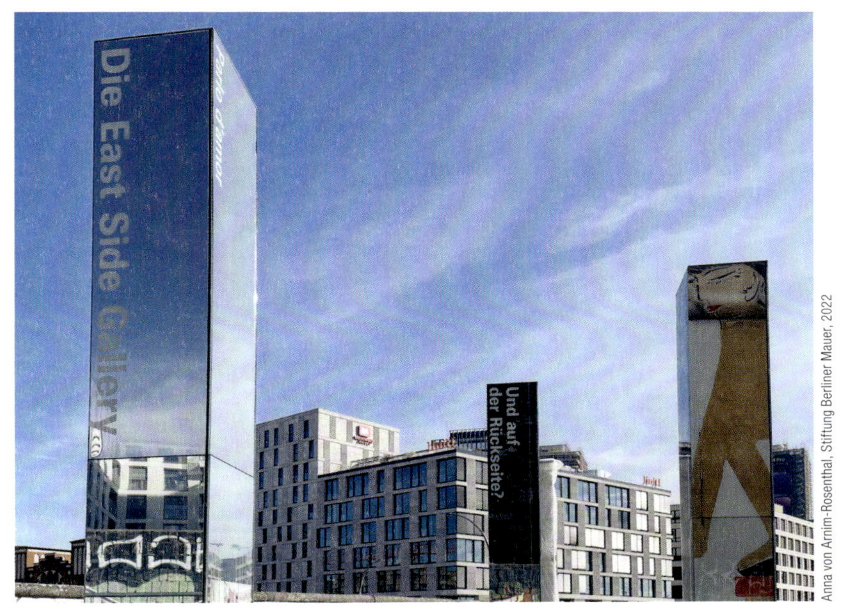

Anna von Arnim-Rosenthal, Stiftung Berliner Mauer, 2022

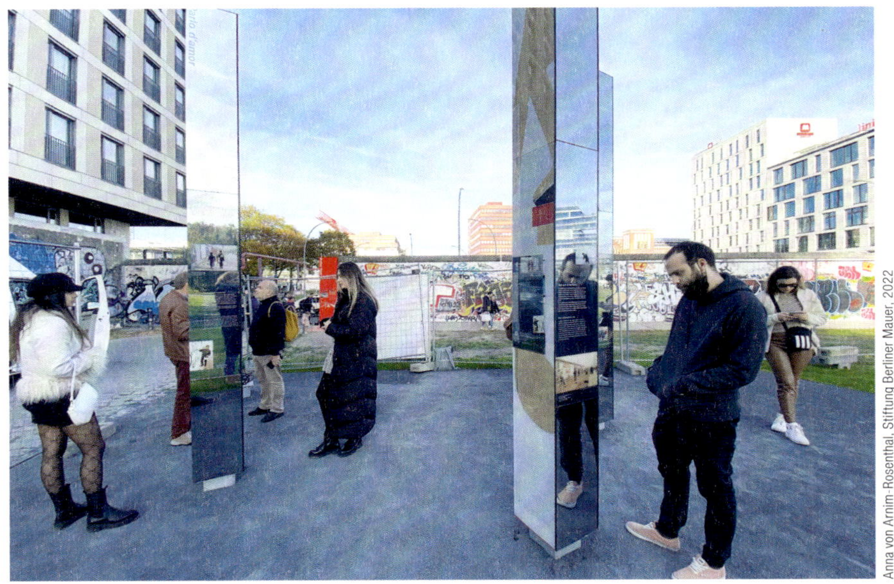

Anna von Arnim-Rosenthal, Stiftung Berliner Mauer, 2022

Die Open-Air-Ausstellung informiert über die Geschichten der East Side Gallery und reflektiert die Umgebung und die Betrachtenden

Kopieren oder nicht? Die Meinungen der Künstlerinnen und Künstler zur Neu-Kreation der East Side Gallery

Viele Künstlerinnen und Künstler der East Side Gallery standen der Idee kritisch gegenüber, ihre Bilder im Rahmen der Sanierung 2008/09 noch einmal zu erschaffen. Sie empfanden es als Zumutung, sich selbst zu kopieren und ihr Kunstwerk zu reproduzieren. Kunst ist für sie ein kreativer Prozess, der mit der Gegenwart, dem konkreten Ort und Zeitpunkt verbunden ist. Insbesondere ihre Bilder an der East Side Gallery empfanden sie als Ergebnis der Atmosphäre und ihrer Stimmung im Jahr 1990. Den Zeitgeist von 1990 zu reproduzieren – das erschien vielen Kunstschaffenden unmöglich. Dennoch ließen sich die meisten auf die Sanierung ein, weil es ihnen wichtig war, die Galerie zu erhalten. Nicht alle kopierten originalgetreu und hielten sich an die Vorgabe des Denkmalschutzes. Sie veränderten Details an ihren Bildern, um es entweder an ihren künstlerischen Stil anzupassen oder die inhaltliche Aussage zu variieren.

Die Künstlerinnen und Künstler machten es mit ihren Kopien möglich, dass die Galerie heute noch zu sehen ist. Aber sie ist nicht vollständig erhalten: Fünf Künstlerinnen und Künstler verweigerten sich der Sanierung, die Mauerteile sind seitdem grau-weiß gestrichen. Nur ein Kunstwerk wurde nicht saniert, sondern lediglich konservatorisch behandelt. »Hands« von Peter Russell und Margaret Hunter bietet als einziges die Möglichkeit, einen Eindruck davon zu erhalten, wie die Mauerbilder ursprünglich ausgesehen haben.

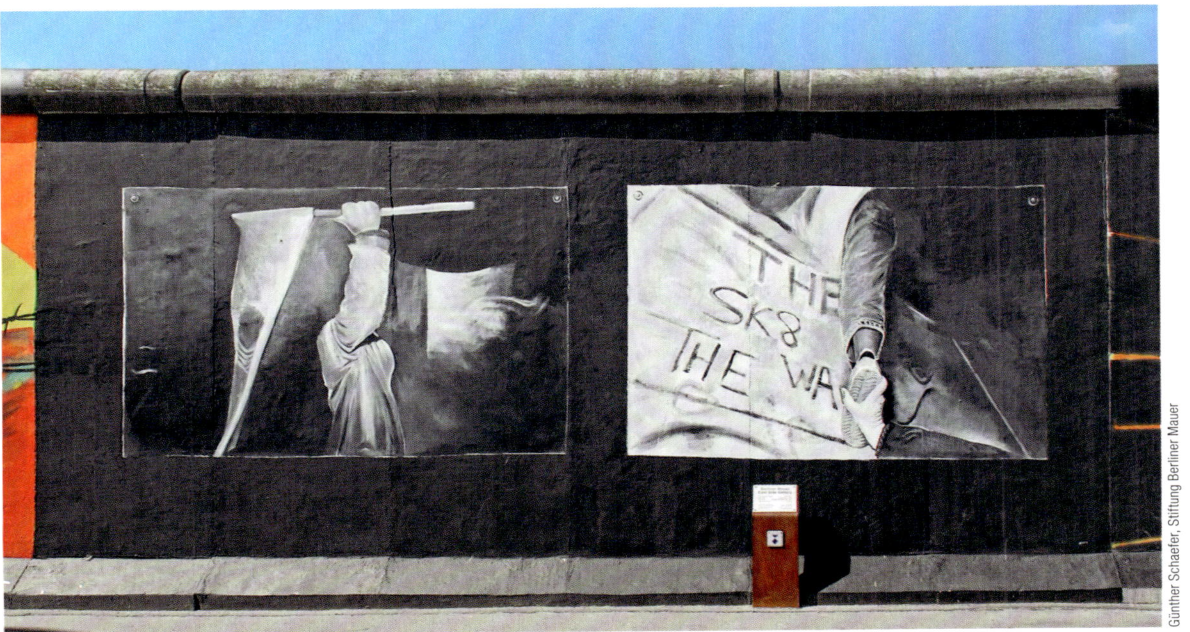

Günther Schaefer, Stiftung Berliner Mauer

ANDREAS KÄMPER

Der Fotograf Andreas Kämper, 1954 in Ost-Berlin geboren, dokumentierte ab 1989 den Umbruch in der DDR als fotografisches Tagebuch. Eine der Aufnahmen klebte er 1990 auf die Berliner Mauer. Sie entstand bei einer Demonstration in Leipzig im Dezember 1990. Das zweite Motiv vom Übersteigen der Mauer brachte Jens Hübner daneben als Fotovergrößerung auf. Bei der Sanierung 2009 wurden beide Motive ohne Genehmigung der Künstler als gemalte Version auf die Mauer kopiert. Als Teil der East Side Gallery ist diese neue Ausführung denkmalgeschützt und langfristig zu erhalten. Andreas Kämper hat jedoch den Wunsch, seine Motive in ihren ursprünglichen Zustand zurückzuversetzen.

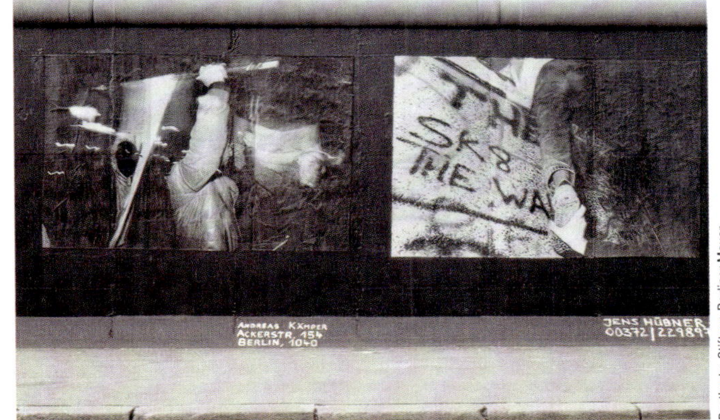

Postkarte, Stiftung Berliner Mauer

2009 (oben) und 1990 (unten)

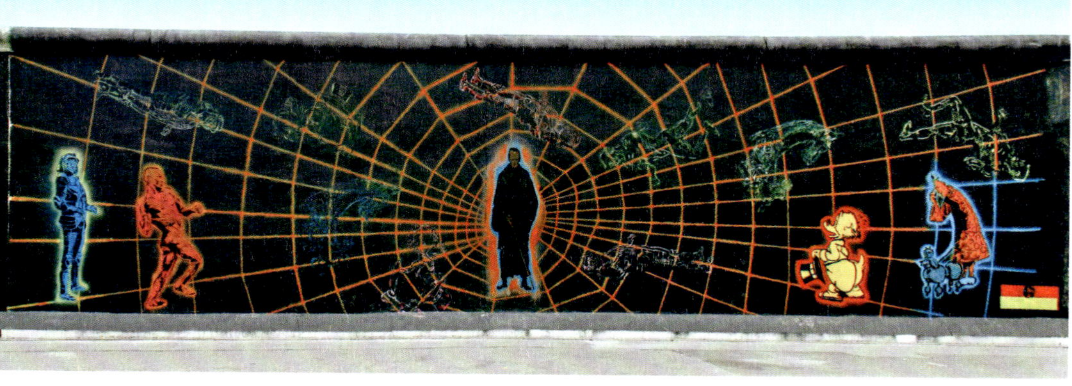
Günther Schaefer, Stiftung Berliner Mauer

HANS-PETER DÜRHAGER UND RALF JESSE

Der müde Tod

Die westdeutschen Künstler Hans-Peter Dürhager und Ralf Jesse sprühten an der East Side Gallery das gemeinsame Bild »Der müde Tod«. Die Bildkomposition stammt aus dem titelgebenden Film von Fritz Lang. Als Teil der Künstlergruppe Tabot Velud gestalteten sie 1990 in einer genehmigten Aktion den Kölner U-Bahnhof Appellplatz mit Porträts in der Schablonengraffiti-Technik, die sie auch für ihr Bild an der East Side Gallery anwendeten. Bei der Sanierung 2009 veränderten sie ihr ursprüngliches Motiv. Beide wünschen sich, dass sich die East Side Gallery als lebendiges Denkmal und Kommentar zur sich verändernden Gegenwart versteht.

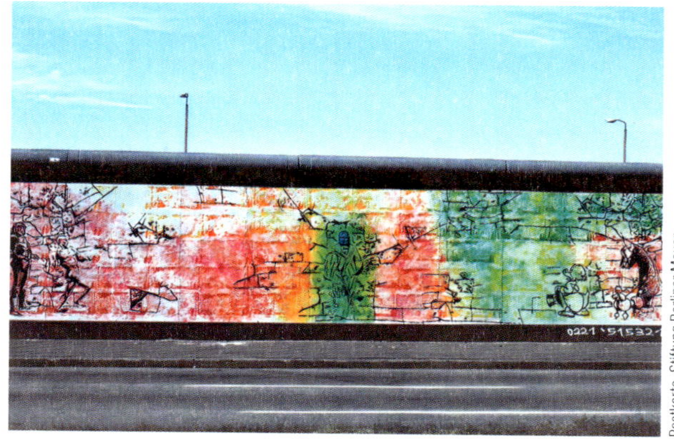
Postkarte, Stiftung Berliner Mauer

2009 (oben) und 1990 (unten)

MARGARET HUNTER UND PETER RUSSELL

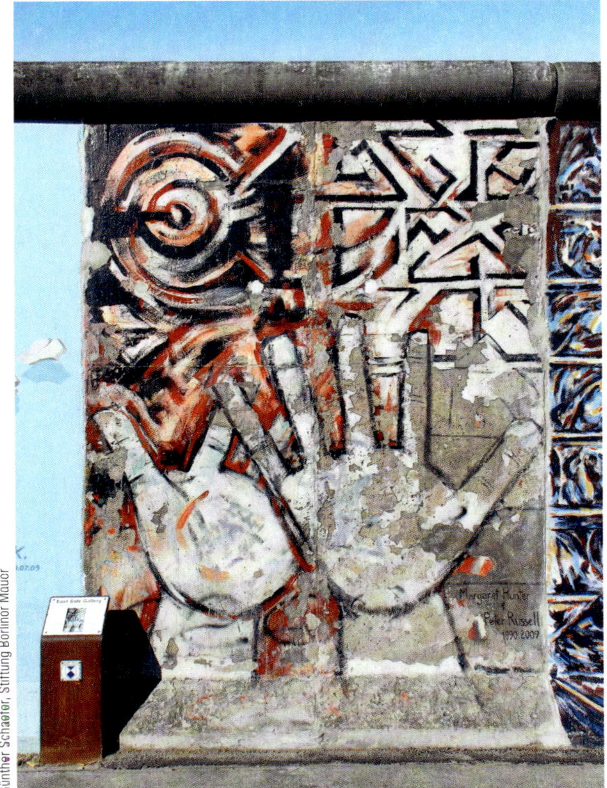

Günther Schaefer, Stiftung Berliner Mauer

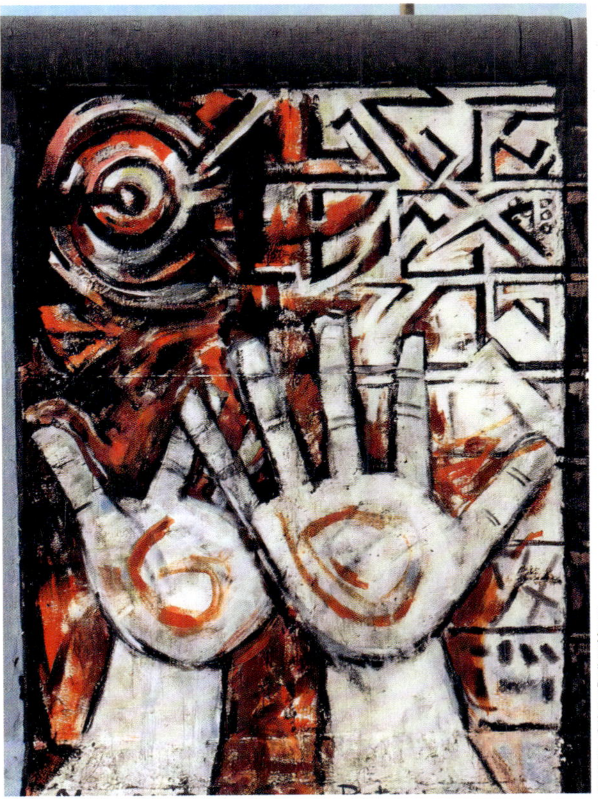

Postkarte, Stiftung Berliner Mauer

2009 (links) und 1990 (rechts)

Hands

»Hands« ist das einzige Original von 1990 an der East Side Gallery. Es wurde mehrfach aufwendig konserviert und nicht als Kopie neu erschaffen. Das Bild von Margaret Hunter und Peter Russell offenbart das poröse Mauerwerk und die Zeitspuren der vergangenen 30 Jahre. »Hands« zeigt das Motiv ausgestreckter Hände und wiederholt ein Bild mit dem Titel »Berlin 09. 11. 89«, das Margaret Hunter in der Nacht des Mauerfalls gemalt hatte. Das Sujet erinnerte sie an die friedlichen Proteste in der DDR im Herbst 1989. Peter Russell malte den oberen Teil des Bildes mit geometrischen Formen, die sich in seinem daneben liegenden Bild fortsetzen.

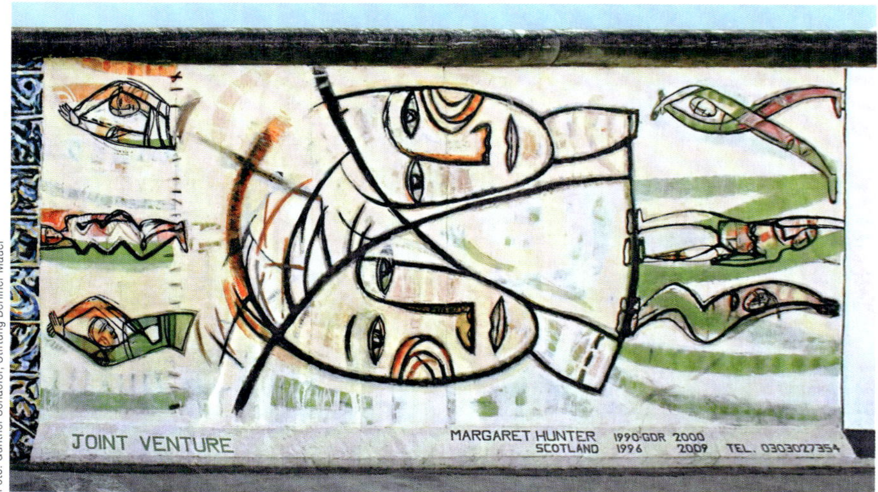

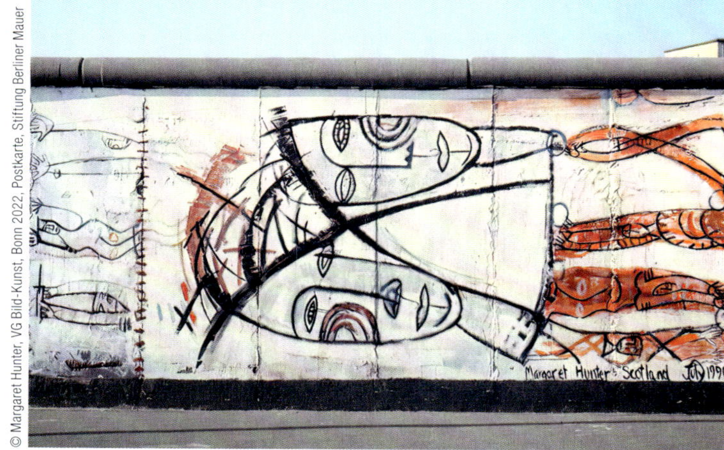

2009 (oben) und 1990 (unten)

MARGARET HUNTER

Joint Venture

Margaret Hunter kam 1948 in Irvine (Schottland) zur Welt. Nach Abschluss der Glasgow School of Art studierte sie an der Hochschule der Künste in West-Berlin. Viele ihrer Arbeiten sind preisgekrönt. In ihrem Bild »Joint Venture« liegen zwei horizontale Köpfe nebeneinander. Zwischen ihnen verlaufen kommunizierende Linien. Sie symbolisierten zum Zeitpunkt der Entstehung 1990 das vermeintliche Ideal des vereinigten Deutschlands. Auf beiden Seiten des Bildes sind kleine Einzelfiguren zu sehen. Diese strecken und bewegen sich und versuchen so, sich an ihre neue Situation anzupassen. Hunter veränderte das Bild 2009 nur leicht. Ihr gefällt ihr Bild, sie würde es immer wieder kopieren.

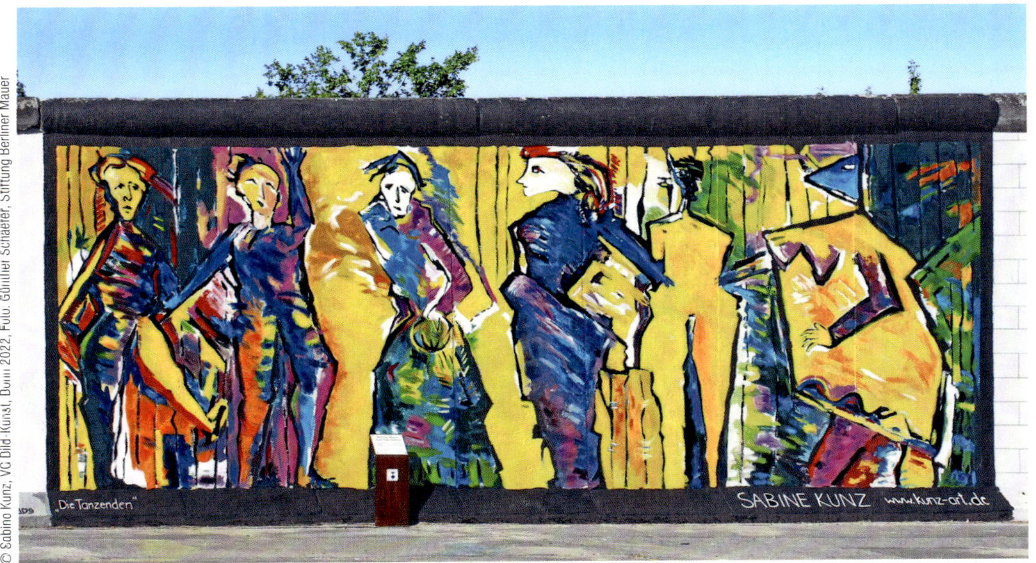

© Sabine Kunz, VG Bild-Kunst, Bonn 2022, Foto: Günther Schaefer, Stiftung Berliner Mauer

SABINE KUNZ

Die Tanzenden

Für Sabine Kunz stand 2009 außer Frage, dass sie ihr Bild noch einmal auf die Mauer aufbringen würde. »Die Tanzenden« ist ihr auch deshalb wichtig, weil es ihr erstes großformatiges öffentliches Kunstwerk war. Sabine Kunz wurde 1962 in Zwickau (DDR) geboren. Seit ihrem Kunststudium an der Kunsthochschule Burg Giebichenstein in Halle arbeitet sie als Malerin und Holzschneiderin. Ihr Bild steht für ihre Freude über die neu gewonnenen Freiheiten durch die Maueröffnung. Es stellt aber auch Bedrohliches dar: Die kopflose Figur steht für Menschen, die sich manipulieren lassen und opportunistisch handeln.

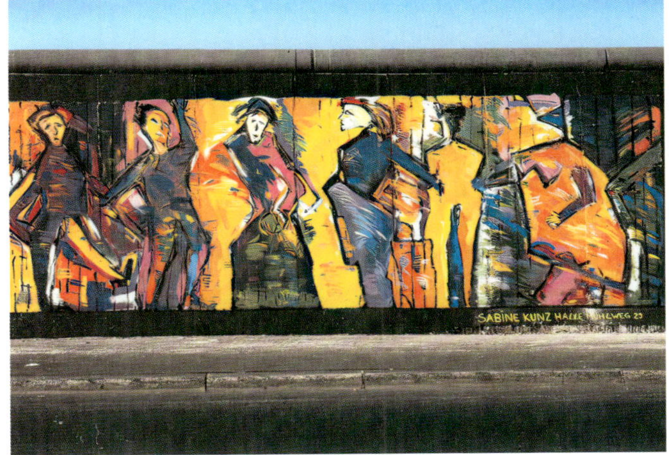

© Sabine Kunz, VG Bild-Kunst, Bonn 2022, Postkarte, Stiftung Berliner Mauer

2009 (oben) und 1990 (unten)

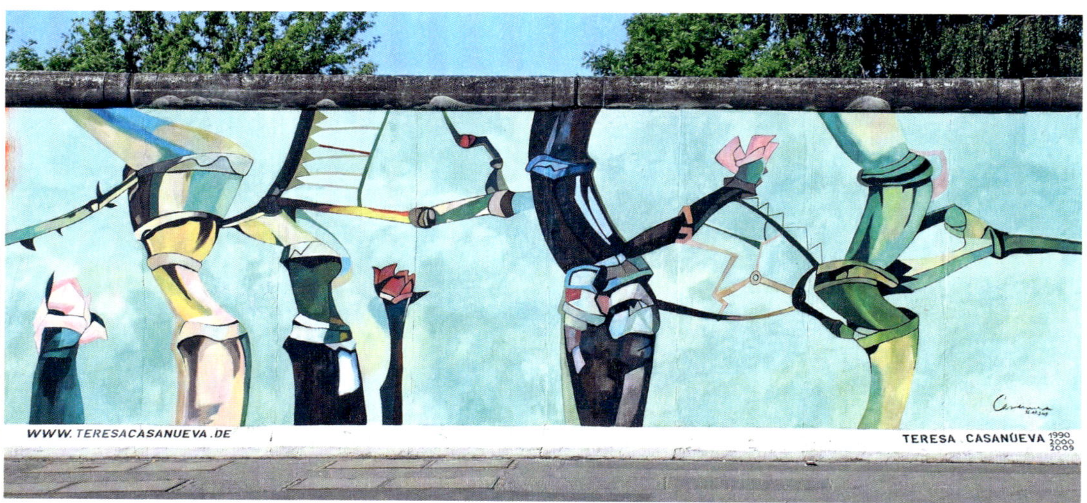

TERESA CASANUEVA

Teresa Casanueva wurde 1963 in Havanna (Kuba) geboren. Sie kam 1985 für ihr Kunststudium an der Burg Giebichenstein in Halle in die DDR, später zog sie nach Berlin. Als die Mauer fiel, verbrachte sie gerade ihren Urlaub in Kuba. Aus Angst, das Land nicht mehr verlassen zu dürfen, reiste sie zurück nach Halle. Sie entschied sich, in Deutschland zu bleiben und ihr Studium zu beenden. Das internationale Projekt East Side Gallery war für sie nach dem Mauerfall wie ein Symbol für die Öffnung Berlins hin zur Welt. In ihrem Bild geht es um das Überwinden von Fläche, Raum, Zeit und jeglichen Einschränkungen. 2009 kopierte Teresa Casanueva das Original von 1990.

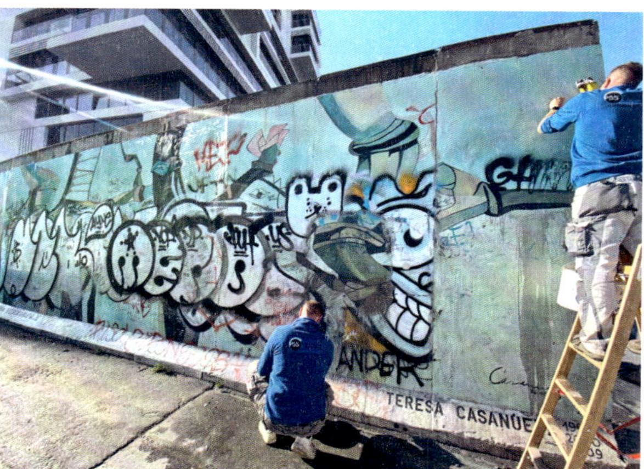

Das Bild von Teresa Casanueva wird 2021 restauriert, oben: 2009

SIEGFRIED SANTONI

Trilogie Maschine – Mensch

Der österreichische Künstler Siegfried Santoni wollte mit seiner Trilogie das gesellschaftliche Grundprinzip der Ausbeutung des Menschen darlegen. Sie zeigt, so der Künstler, wie Menschen durch Arbeit erst komprimiert werden und dann ihre Energie in eine Propagandamaschine verwandelt wird, die sie fest im Griff hat. Das »Hemd der Mächtigen« werde durch Manipulation immer wieder weißgewaschen. Siegfried Santoni schloss sich 2009 der Gründerinitiative East Side an, die sich gegen die Neubemalung der Galerie aussprach. Sein Bild ist nicht mehr vorhanden, die Mauerteile sind seitdem grau-weiß gestrichen. Sie zeigen damit den Zustand der Berliner Mauer vor der Bemalung.

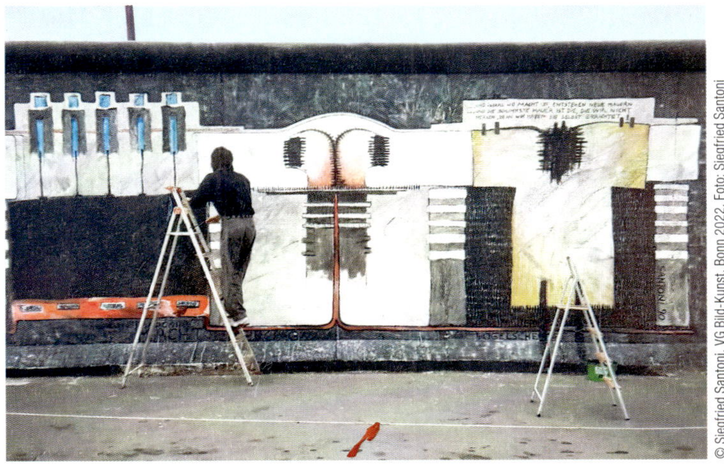

Siegfried Santoni malt 1990 sein Bild auf die Berliner Mauer

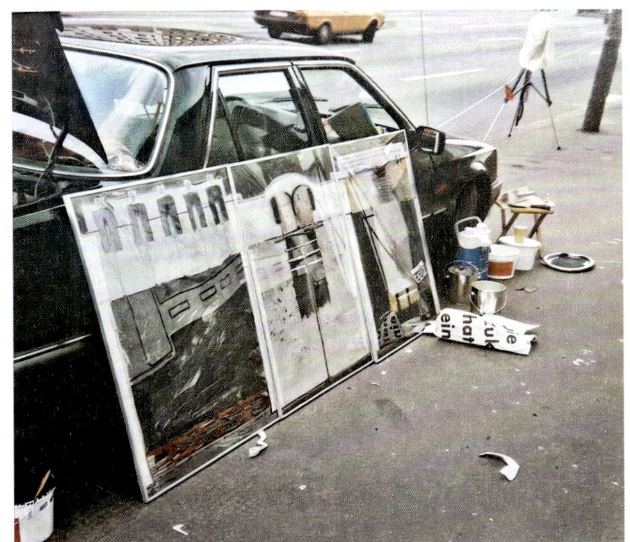

Als Vorlage dient Santoni eine Skizze, 1990

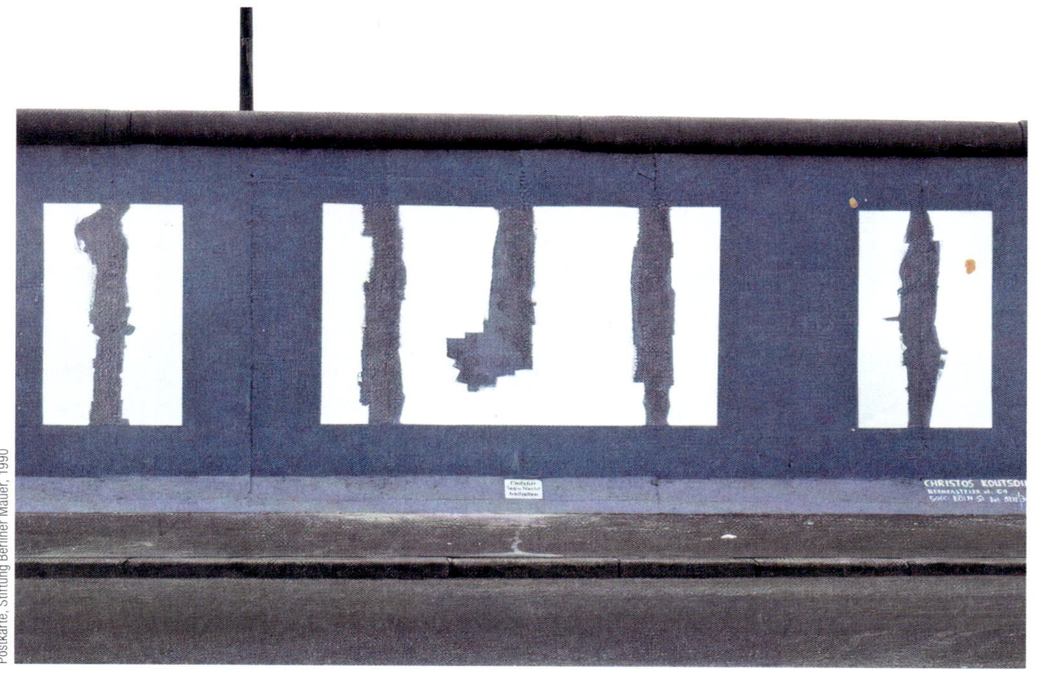
Postkarte, Stiftung Berliner Mauer, 1990

CHRISTOS KOUTSOURAS

Einfahrt Tag und Nacht freihalten

Der gebürtige Grieche Christos Koutsouras lebt in den USA und in Griechenland. Vor dem Mauerfall fand er bei einem Aufenthalt in Deutschland ein Schild mit der Aufschrift »Einfahrt Tag und Nacht freihalten« und nannte so sein späteres Bild an der East Side Gallery. Der Titel steht im Widerspruch zu Mauern und Grenzen und soll zum kritischen Denken anregen. Die Gestalten an den Bildrändern scheinen einander zugewandt zu sein, stehen jedoch isoliert und unbeweglich da. Christos Koutsouras kopierte sein Bild 2009 nicht, es ist heute nicht mehr zu sehen.

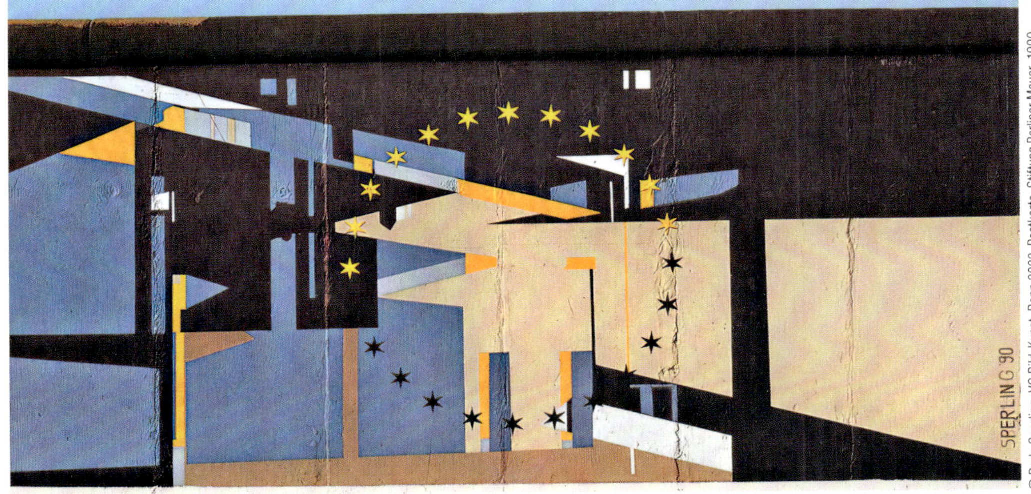

BODO SPERLING

Die Transformation des Pentagramms zum Friedensstern in einem großen Europa ohne Mauern

Der westdeutsche Künstler Bodo Sperling forderte mit seinem Bild, das auch die Berliner Mauer darstellt, die Integration der restlichen europäischen Staaten in eine Wirtschaftsunion unter Beibehaltung der staatlichen Souveränität der einzelnen Länder. Es ist heute nicht mehr zu sehen. Als Mitinitiator der Gründerinitiative East Side untersagte er 2009 die Wiederherstellung. Bodo Sperling führte einen Musterprozess gegen das Land Berlin, vertreten durch das Bezirksamt Friedrichshain-Kreuzberg, wegen Werkvernichtung und Urheberrechtsverletzung. Die Klage wurde abgewiesen.

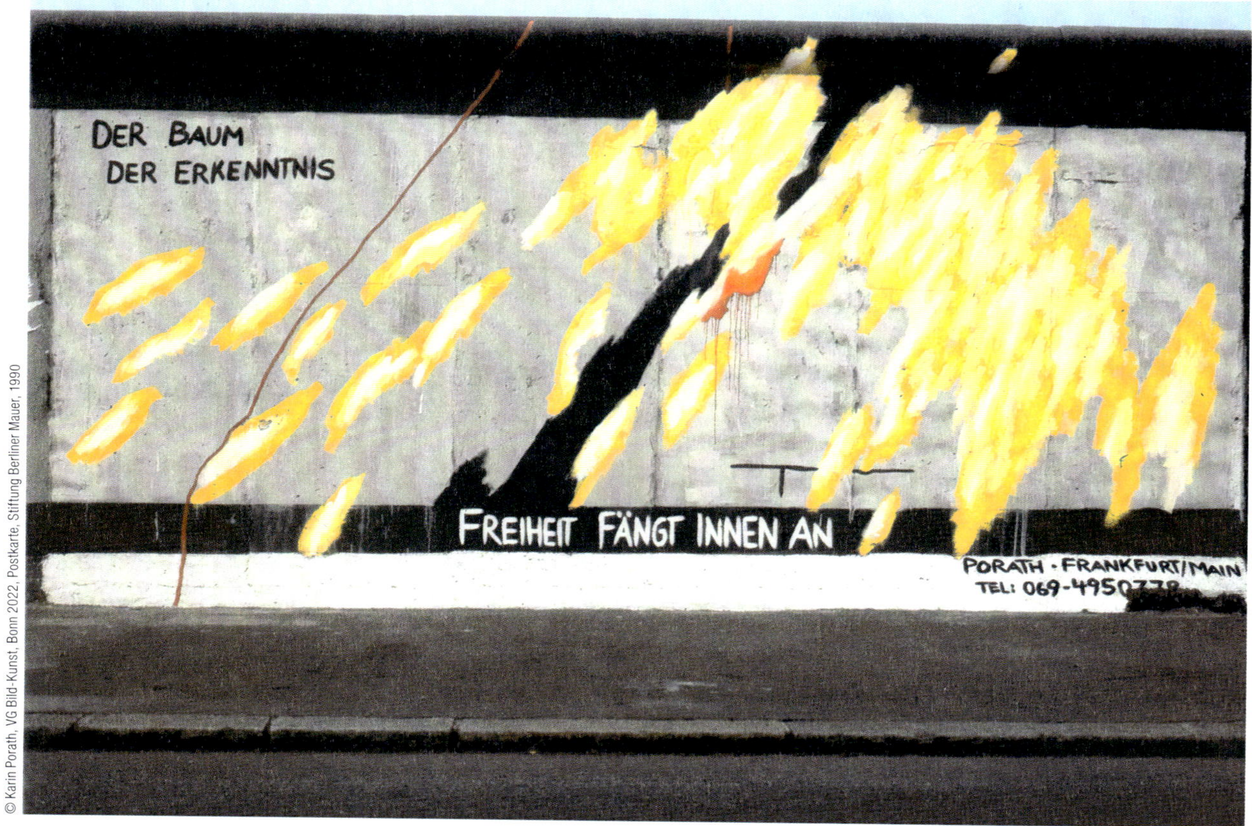

KARIN PORATH

Freiheit fängt innen an

Karin Porath gab ihr Bild an der East Side Gallery bereits 1995 zur Übermalung frei. 2009 sprach sie sich gegen die Wiederherstellung ihres Kunstwerkes aus, es existiert seitdem nicht mehr. Die Künstlerin, geboren 1954 in Perleberg (DDR), stellte in das Zentrum ihres Bildes einen roten Strich, der zusammen mit einem Riss nach oben strebt. Ergänzt sind Wörter aus der biblischen Paradieserzählung. Die Mauer ist für Karin Porath ein Mahnmal gegen jede Unfreiheit von Geist, Leib und Seele.

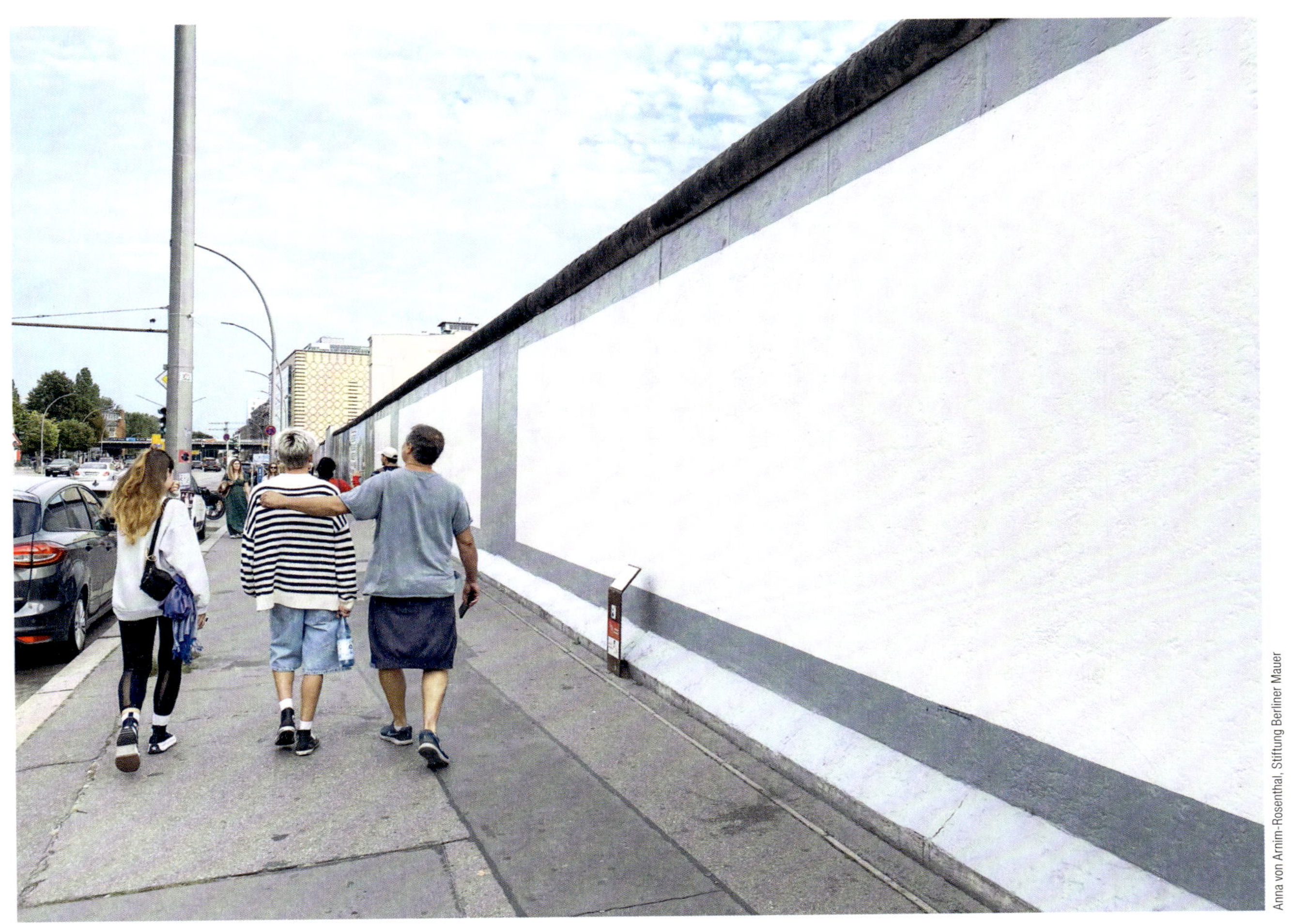
Anna von Arnim-Rosenthal, Stiftung Berliner Mauer

Fünf Künstlerinnen und Künstler beteiligten sich 2009 nicht an der Sanierung. Die Mauerelemente sind seitdem in Grau-Weiß gestrichen, dem Zustand der Mauer vor 1989, 2022

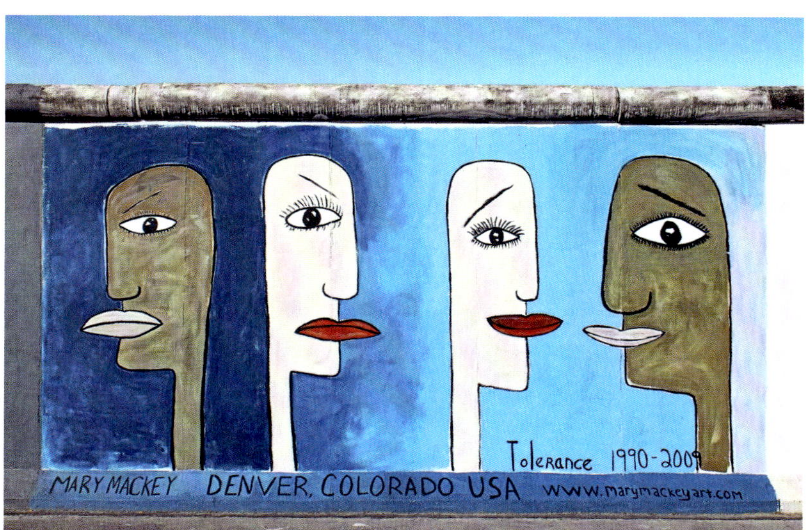

Günther Schaefer, Stiftung Berliner Mauer

2009 (links) und 1990 (rechts)

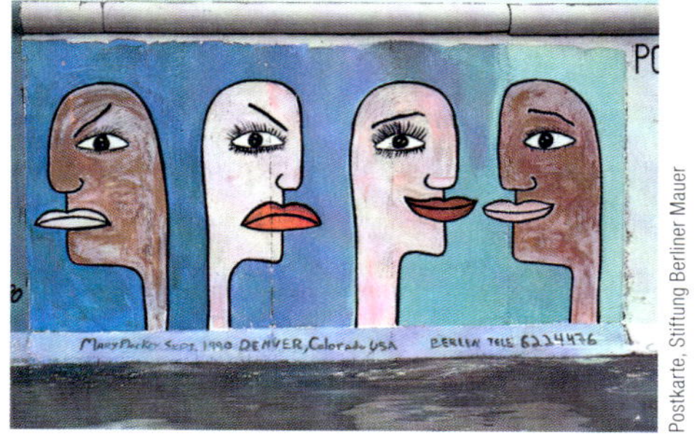

Postkarte, Stiftung Berliner Mauer

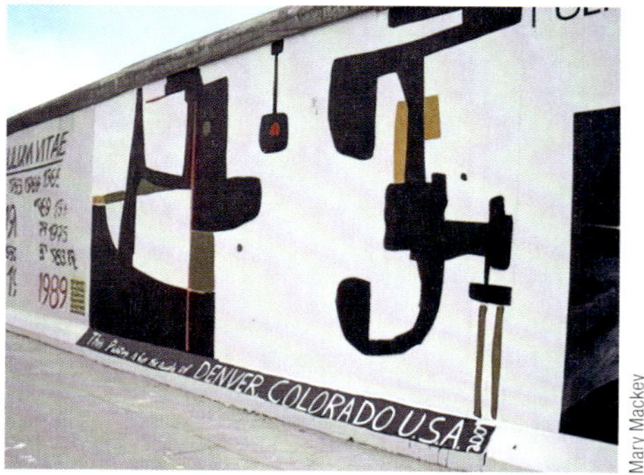

Mary Mackey

Das temporäre Kunstwerk von Mary Mackey, 2009

MARY MACKEY

Tolerance

Mary Mackey, geboren 1959 in Sterling, Colorado, malte bei der Sanierung 2009 zunächst ein anderes Bild auf die Berliner Mauer. Es entsprach ihrem aktuellen künstlerischen Ausdrucksstil. Damit verstieß sie zwar gegen die Auflage des Denkmalschutzes, das Bild von 1990 originalgetreu zu kopieren, hatte aber dennoch die Erlaubnis dafür erhalten. Die Künstlerin dokumentierte mit vielen Fotos das neue Bild, übermalte es aber schließlich mit einer Kopie ihres Werkes von 1990. Sie wollte weniger das Bild, sondern vielmehr das Gefühl von 1990 reproduzieren und ist heute stolz darauf. Damals wie heute setzt *Tolerance* ein Zeichen für die Toleranz zwischen Menschen unterschiedlicher Herkunft. Aber heute würde Mary Mackey ihr Bild »Akzeptanz« nennen.

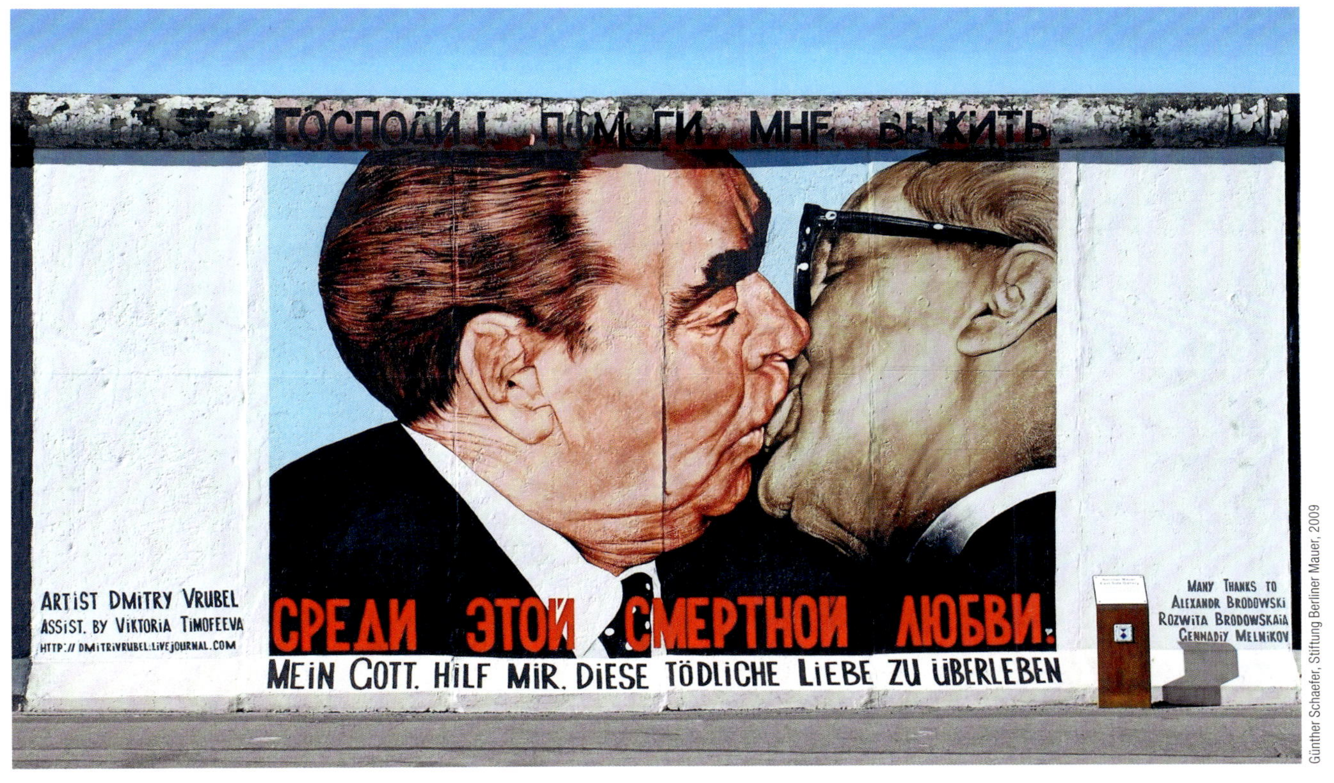

Günther Schaefer, Stiftung Berliner Mauer, 2009

DMITRY VRUBEL

Mein Gott, hilf mir, diese tödliche Liebe zu überleben

Der russische Künstler Dmitry Vrubel malte 1990 eines der berühmtesten Bilder an die East Side Gallery: den Kuss zwischen DDR-Staatschef Erich Honecker und dem sowjetischen Partei- und Staatschef Leonid Breschnew. Der Bildtitel ist inspiriert von seiner damaligen Lebenssituation, in der er sich zwischen der Liebe zu zwei Frauen entscheiden musste. Dmitry Vrubel kopierte 2009 sein Bild und nutzte dabei die Gelegenheit, »Fehler von 1990« zu beheben. Er hatte 20 Jahre zuvor das erste Mal im Freien und mit Wasser-Acrylfarben gemalt. Das einzige authentische Detail seines Kunstwerkes sei der bis heute erhaltene Rohraufsatz auf der Mauer.

Save our earth. Der Schutz der Umwelt als Thema an der East Side Gallery

Viele Künstlerinnen und Künstler kommentierten mit ihren Bildern die Zerstörung der Umwelt oder forderten den Erhalt einer lebenswerten Natur. Beides gehörte zu den beispielhaften Themenvorschlägen der Projektleitung für die East Side Gallery. Der Umweltschutz, ein hochpolitisches Thema der 1980er Jahre, war ein naheliegendes Sujet für »seriöse Kunstwerke humanistischen Geistes«, wie die DDR-Regierung sie in ihrer Genehmigung für die East Side Gallery eingefordert hatte.

Die zunehmende Zerstörung der menschlichen Lebensgrundlagen hatte in den 1980er Jahren in Ost- wie Westdeutschland eine starke Umweltbewegung entstehen lassen. Menschen aus beiden Teilen Deutschlands und aus Europa trafen sich in der Sorge um die Bewahrung der Natur. Die Umweltschutzbewegung war dabei häufig eng mit der Friedensbewegung verbunden. In der DDR waren vor 1990 Umweltaktivistinnen und -aktivisten vom Staat argwöhnisch beäugt, von der Staatssicherheit beobachtet und bei Kritik an der Staatsführung auch mit Haftstrafen belegt worden. In Westdeutschland hatte sich mit den Grünen eine neue Partei gegründet, deren Hauptziel der Umweltschutz war.

Die mahnenden Bilder an der East Side Gallery haben trotz ihrer Zeitgebundenheit nicht an Aktualität verloren. Bilder wie Brigida Böttchers »Flora geht« und Siegrid Müller-Holtz' »Gemischte Gefühle« weisen auch heute noch darauf hin, dass die Menschen ihre Lebensgrundlage zerstören. Der West-Berliner Mauermaler Indiano forderte an der East Side Gallery wie schon auf früheren Bildern an der Mauer »Save our earth«. Ana Rodrigues zeigte, in was für einer lebensfeindlichen Welt Menschen existieren müssen, wenn sie ihre Umwelt nicht schützen – die Figuren auf dem Bild tragen Schutzanzüge und Masken. Ähnlich dystopisch mutet die Zukunft bei Jens-Helge Dahmen an, wie er sie an die East Side Gallery malte: Seine »Pneumohumanoiden« scheinen ebenfalls nur mit Maske überleben zu können.

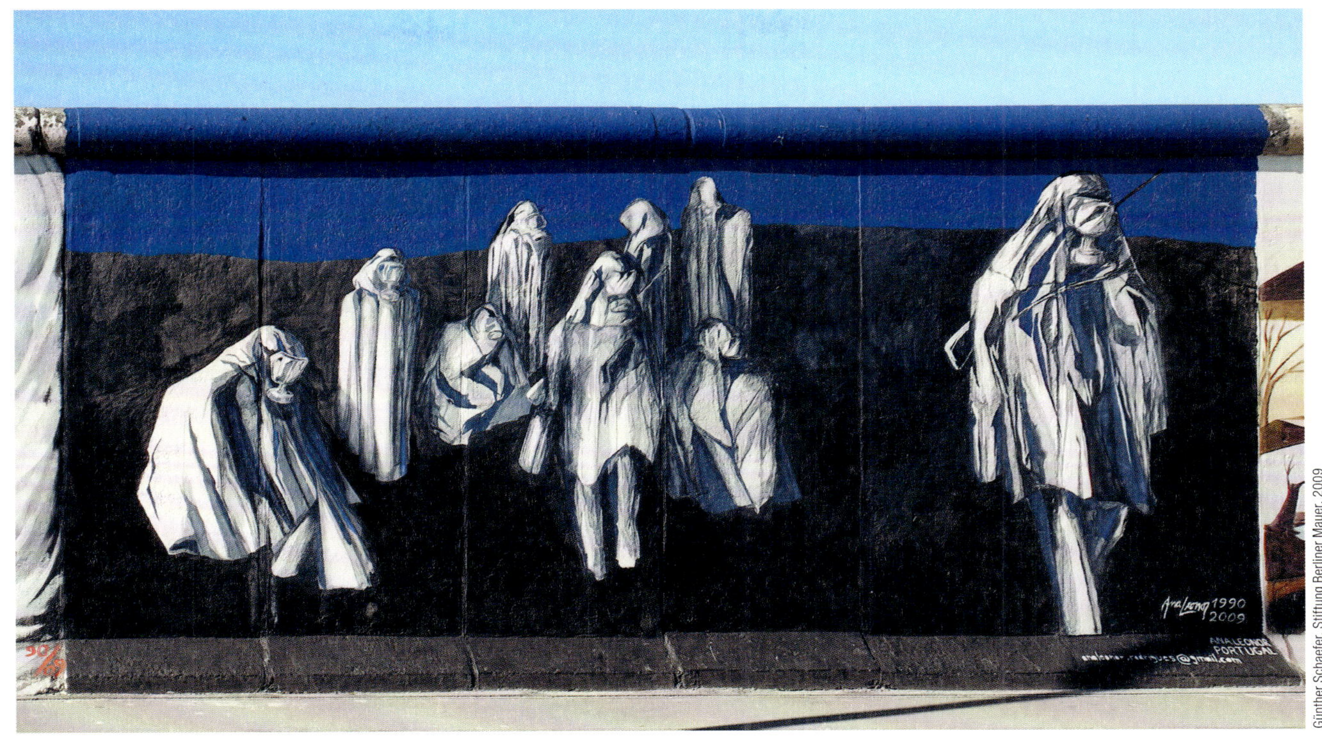

Günther Schaefer, Stiftung Berliner Mauer, 2009

ANA L. M. RODRIGUES

Das Bild der Portugiesin Ana L. M. Rodrigues bezieht sich auf den Reaktorunfall im Jahr 1986. Es zeigt eine Gruppe von Menschen in weißen Schutzanzügen und Gasmasken und teilweise bewaffnet – sogenannte Liquidatoren, die das Atomkraftwerk Tschernobyl nach dem Reaktorunfall dekontaminierten. Das Bild zeigt auch eine Vision einer zukünftigen Welt ohne Sonne, in der sich die Menschen im Krieg befinden. Ana L. M. Rodrigues lebte von 1989 bis 1992 in Berlin und ist heute Dozentin für das Fach Zeichnen in Lissabon.

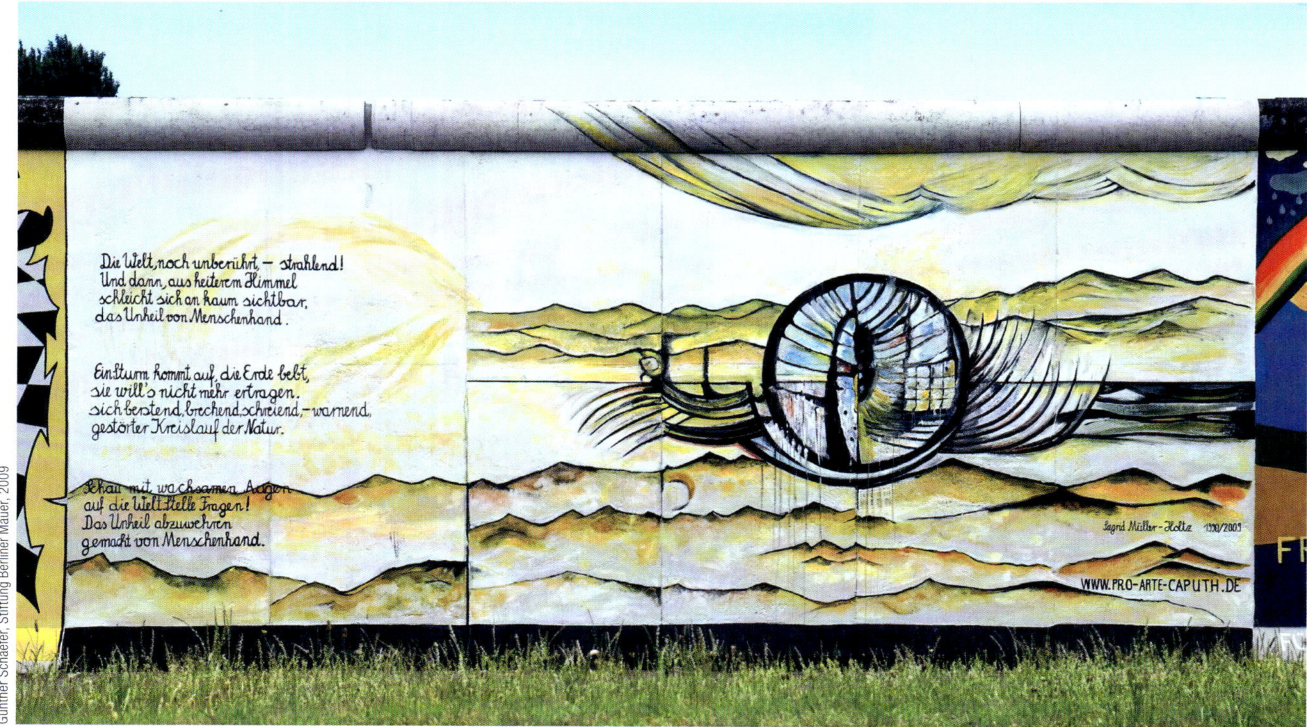

Günther Schaefer, Stiftung Berliner Mauer, 2009

SIEGRID MÜLLER-HOLTZ

Gemischte Gefühle

Siegrid Müller-Holtz wurde 1948 in Stralsund (DDR) geboren. Als sie neun Jahre alt war, siedelte ihre Familie mit ihr nach Westdeutschland über. Sie absolvierte ein Lehramtsstudium, bevor sie ihre Leidenschaft für die Kunst zum Beruf machte. Siegrid Müller-Holtz brachte mit ihrem Bild »Gemischte Gefühle« eine Warnung vor Unheil bringenden Zeiten auf die Mauer. Für sie persönlich war die Beteiligung an der East Side Gallery der Beginn einer künstlerischen Laufbahn. Siegrid Müller-Holtz betreibt eine Galerie in Brandenburg.

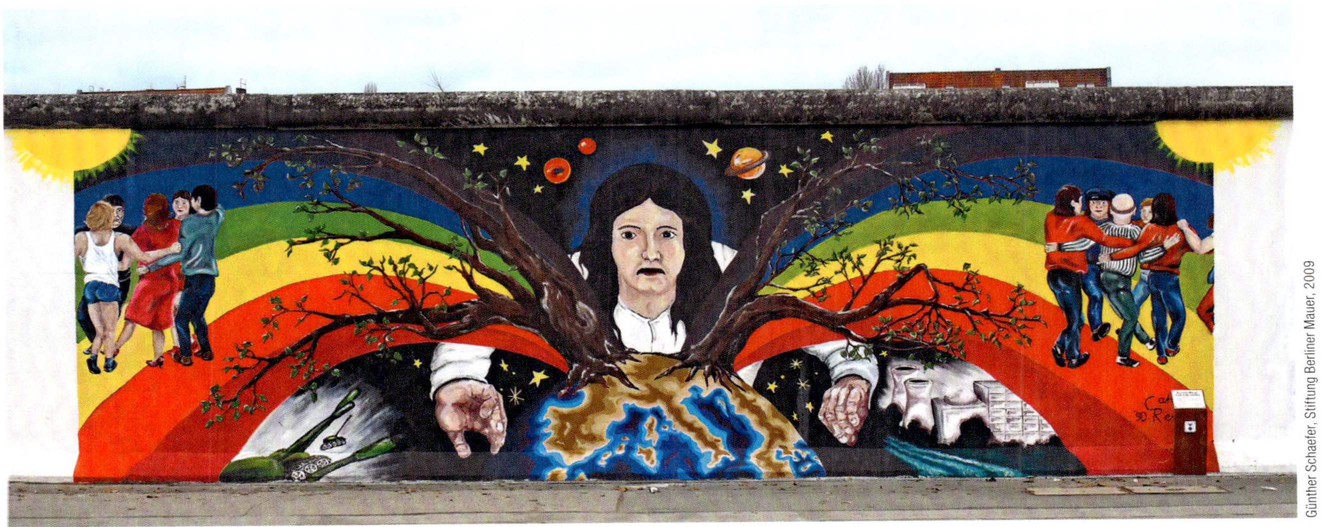

Günther Schaefer, Stiftung Berliner Mauer, 2009

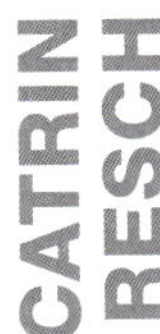

Europas Frühling

Auf Catrin Reschs Bild »Europas Frühling« legt Gott seine Arme schützend um die Erde und hält Böses von der Welt fern. Das Abzuwehrende stellte die Künstlerin in Form von Atomkraftwerken und Kriegsgerät dar. Zwei tanzende Menschengruppen an den Bildrändern, einander nicht beachtend, stehen für die Menschen aus den Ländern Ost- und Westeuropas. Der quer durchs Bild verlaufende Regenbogen verbindet beide Gruppen miteinander. Catrin Resch wurde 1965 in Schwerin (DDR) geboren und wollte mit ihrem Bild zu Frieden und zum Schutz der Umwelt aufrufen.

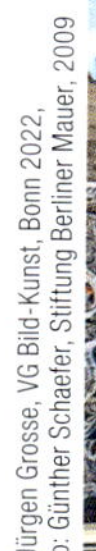

JÜRGEN GROSSE (INDIANO)

Die Geburt des Kachinas

Indianos Bild zeigt geisterartige Wesen. Gelbe Fratzenköpfe fliegen umher, am Bildrand scheint ein gehörntes Wesen einen Menschen zu fressen. Kachinas sind bei pueblo-indianischen Stämmen in den USA die Vermittler zwischen Menschen und Göttern. Ein roter Feuerball und die gelbe Figur in der Bildmitte könnten die Sonne darstellen, von der eine ungeheure Kraft ausgeht. Jürgen Grosse (Indiano) wurde 1952 in Oschersleben (DDR) geboren. Später zog er nach West-Berlin, wo er die Westseite der Mauer bemalte. Sein Bild ruft dazu auf, unseren Planeten zu bewahren und sich um die Mitmenschen zu kümmern.

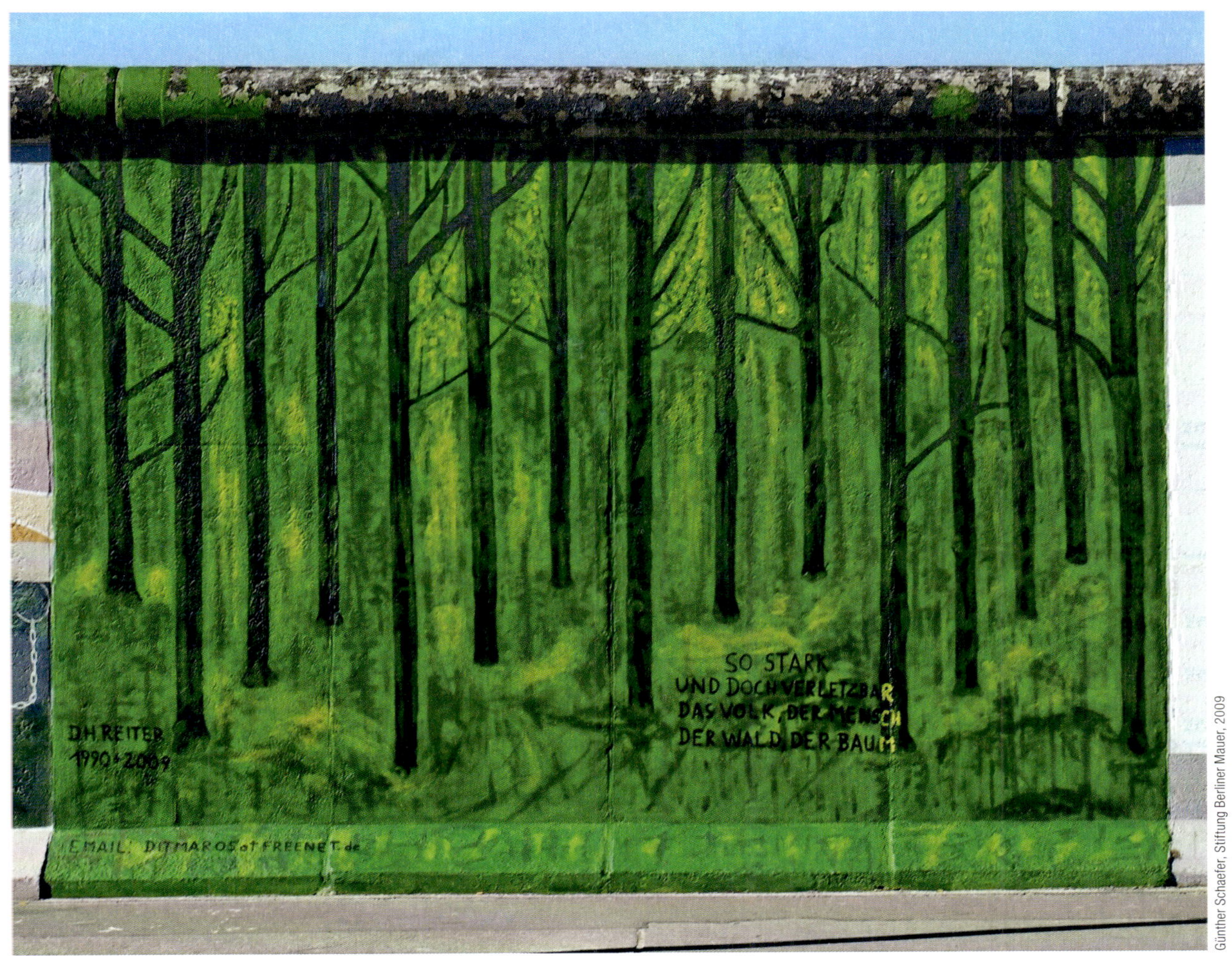

Günther Schaefer, Stiftung Berliner Mauer, 2009

DITMAR REITER

Ditmar Reiters Bild zeigt einen Laubwald aus der Perspektive eines Spaziergängers. Die gerade gewachsenen Bäume stehen aufgereiht wie eine Armee. Auf dem Bild hinterließ der Künstler einen Text: »So stark / Und doch verletzbar / Das Volk, der Wald / Der Mensch, der Baum«. Damit scheint er auf die Stärke einzelner Menschen hinzuweisen, wenn diese sich in einer Gruppe formieren.

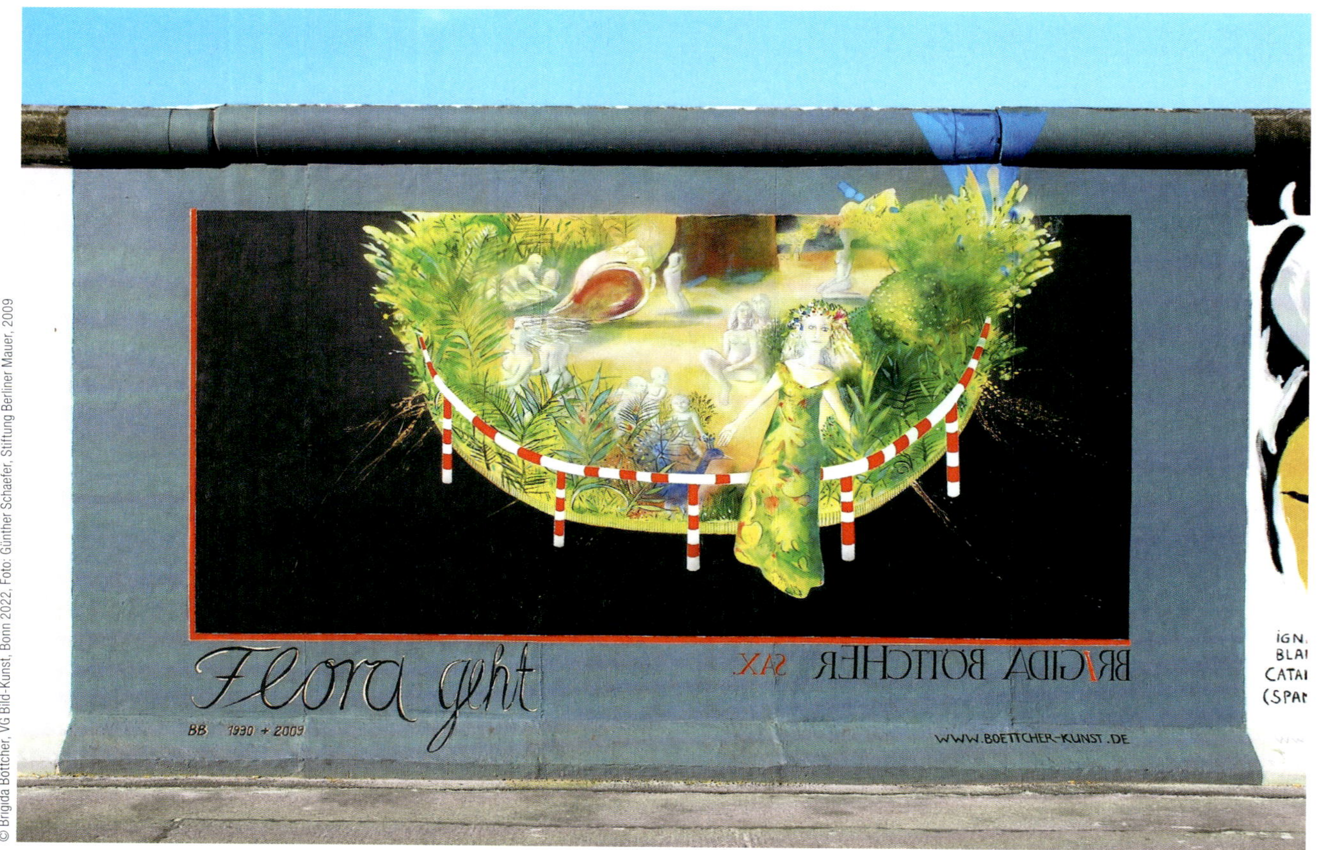

BRIGIDA BÖTTCHER

Flora geht

Der paradiesische Ort in Brigida Böttchers Bild ist von einem rot-weißen Geländer begrenzt. Flora, die römische Göttin der Blüte, scheint gerade diesen Ort zu verlassen. Brigida Böttcher wurde 1952 in Zwickau (DDR) geboren. Der Künstlerin war es damals wie heute wichtig, mit ihrer Kunst daran zu erinnern, dass von unserem Verhalten die Zukunft unseres Planeten abhängt.

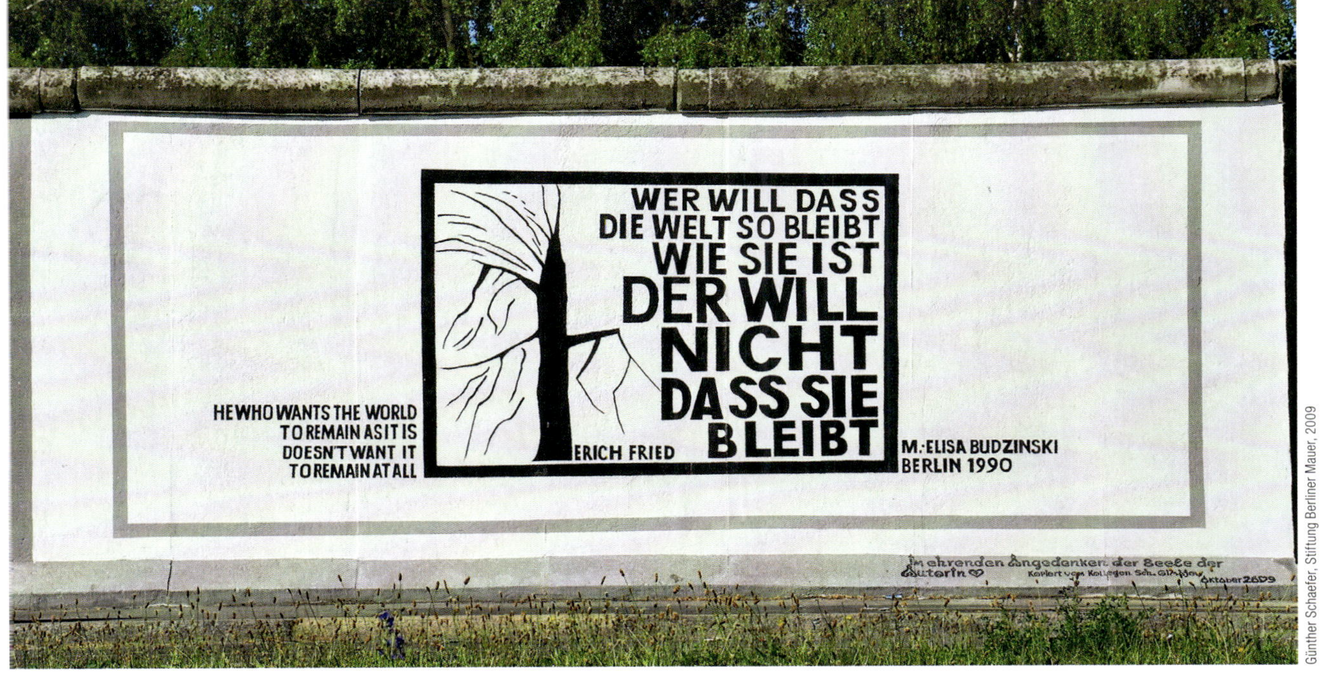

Günther Schaefer, Stiftung Berliner Mauer, 2009

MONIKA-ELISA BUDZINSKI

Wer will, dass die Welt so bleibt …

Elisa Budzinski kam 1941 im ostpreußischen Königsberg (heute Kaliningrad, Russland) zur Welt. Nach Kriegsende wuchs sie in Ost-Berlin auf, wo sie in viele Jahre Adlershof als Grafikerin und Malerin lebte und arbeitete. Seit 1989 engagierte sich Budzinski für die Menschenrechtsorganisation »Amnesty International«. Auch ihre Kunst war politisch. Mit 63 Jahren starb die Künstlerin nach schwerer Krankheit in Berlin. Auf der East Side Gallery zeigt ihr Bild ein Gedicht des österreichischen Lyrikers Erich Fried. In der Art einer Todesanzeige schwarz gerahmt, setzte Budzinski die mahnenden Worte neben einen abgestorbenen Baum. 2009 erneuerte Schamil Gimajew im Andenken an seine verstorbene Künstlerkollegin das Mauerbild.

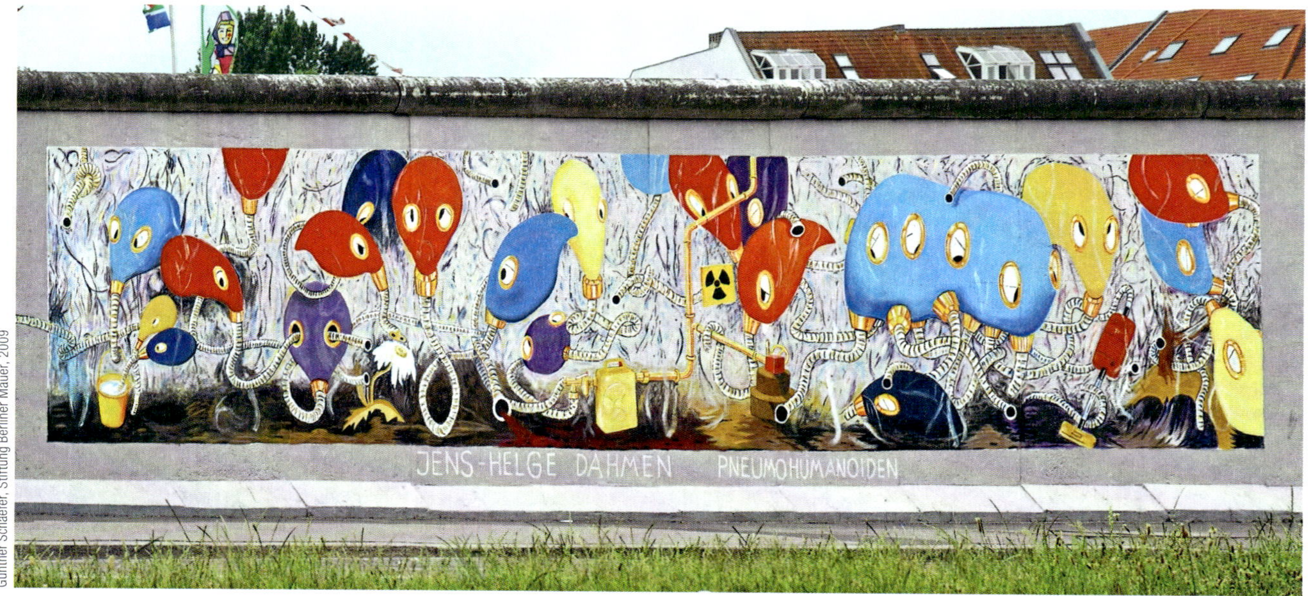

Günther Schaefer, Stiftung Berliner Mauer, 2009

JENS-HELGE DAHMEN

Pneumohumanoiden

Die »Pneumohumanoiden« in Dahmens Mauerbild scheinen sich in einer lebensfeindlichen Umgebung zu befinden. Eine verdörrte Blume, ein Zeichen für Radioaktivität und der vernebelte Hintergrund deuten darauf hin, dass das Tragen einer Atemschutzmaske unerlässlich ist. Der Autor, Illustrator und Elektriker Jens-Helge Dahmen lebt und arbeitet in Berlin. Er rechnete schon damals mit einer fortschreitenden Zerstörung seines Bildes durch Beschmierungen und den Zerfall der Betonmauer.

Anhang

Verzeichnis der Künstlerinnen und Künstler der East Side Gallery

Kamel Alavi: Ohne Titel
Kani Alavi: Es geschah im November & Ohne Titel (gemalt mit Muriel Raoux)
Kasra Alavi: Flucht
Jim Avignon: Doin It Cool for the East Side (gemalt mit Miriam Butterfly und Tomas Fey)
Ines Bayer: Es gilt viele Mauern abzubauen (gemalt mit Raik Hönemann)
Willi Berger: Soli Deo Glori
Karina Bjerregaard: Himlen over Berlin (gemalt mit Lotte Haubart)
Ignasi Blanch i Gisbert: Parlo d'amor
Ingeborg Blumenthal: Der Geist ist wie Spuren der Vögel am Himmel
Lis Blunier: Hier und Dort
Joaquim Antonio Gocalves Borregana (Kim Prisu): O povo unido nunca mais será vencido
Brigida Böttcher: Flora geht
Elisa Budzinski: Wer will, dass die Welt so bleibt, wie sie ist, der will nicht, dass sie bleibt
Miriam Butterfly: Doin It Cool for the East Side (gemalt mit Jim Avignon und Tomas Fey)
Teresa Casanueva: Ohne Titel
Kiddy Citny: Qui baise qui
Greta Ida Csatlòs: Sonic Malade
Jens-Helge Dahmen: Pneumohumanoiden
Salvatore de Fazio: Dawn of Peace
Mirta Domacinovic: Zeichen in der Reihe
Irina Dubrowskaja: Die Wand muss weichen, wenn der Meteorit der Liebe kommt
Hans-Peter Dürhager: Der müde Tod (gemalt mit Ralf Jesse)
Marc Engel: Marionetten eines abgesetzten Stücks
László Erkel (Kentaur): You Can See Infinity
Tomas Fey: Doin It Cool for the East Side (gemalt mit Jim Avignon und Miriam Butterfly)
Christopher Frank: Stay Free
C. F.: How's God? She's Black
Pál Gerber: Sag, welche wunderbaren Träumen halten meinen Sinn umfangen
Gábor Gerhes: Ohne Titel
Schamil Gimajew: Worlds People – Wir sind ein Volk
Barbara Greul Aschanta: Deutschland im November
Jürgen Grosse (Indiano): Die Geburt der Kachinas
Roland Gützlaff: Apollo (gemalt mit Petra Suntinger)
Sándor Györffy: Mauerdurchbruch
Lotte Haubart: Himlen over Berlin (gemalt mit Karina Bjerregaard)
Gabriel Heimler: Der Mauerspringer
Raik Hönemann: Es gilt viele Mauern abzubauen (gemalt mit Ines Bayer)
Jens Hübner: Ohne Titel (gemalt mit Andreas Kämper)
Margaret Hunter: Joint Venture & Hands (gemalt mit Peter Russell)
Gábor Imre: Wasserfall
Stephan Jäger (Cacciatore): La Buerlinica
Narenda K. Jain: Die sieben Stufen der Erleuchtung
Rainer Jehle: Denk-Mal, Mahn-Mal
Ralf Jesse: Der müde Tod (gemalt mit Hans-Peter Dürhager)
Carsten Jost: Politik ist die Fortsetzung des Krieges mit anderen Mitteln (gemalt mit Ulrike Steglich)
Andreas Kämper: Ohne Titel (gemalt mit Jens Hübner)
Lance Keller: The Wall & Ohne Titel (gemalt nach einem Motiv von Hans Bierbrauer)
Youngran Kim-Hohlfeld (Lana Kim): Ohne Titel & Ohne Titel
Birgit Kinder: Test the Rest
Jeanett Kipka: Vogelflug
Thomas Klingenstein: Umleitung in den japanischen Sektor
Jacob Köhler: Lotus

Christos Koutsouras: Einfahrt Tag und Nacht freihalten
Sabine Krämer-Schramm: Peanuts (1996)
Gerald Kriedner: Götterdämmerung
Christine Kühn: Touch the Wall
Jolly Kunjappu: Dancing to Freedom
Susanne Kunjappu-Jellinek: Curriculum Vitae
Sabine Kunz: Die Tanzenden
Gerhard Lahr: Berlyn
Carmen Leidner: Niemandsland
Peter Lorenz: Ohne Titel
Mary Mackey: Tolerance
Pierre-Paul Maillé: Je me souviens
Oliver Meline: Willkommen
Kikue Miyatake: Paradise out of the Darkness
Hervé Morlay (VR2009*): Amour, Paix-Sagesse (2009)
Siegrid Müller-Holtz: Gemischte Gefühle
Klaus Niethardt: Justitia
Thierry Noir: Hommage an die junge Generation & Ohne Titel
César Olhagaray: Uhrmenschen der Computer
Yvonne Onischke: Berlin bei Nacht
Andreas Paulun: Amour, Paix-Sagesse (1990)
Peter Peinzger: Stadtmenschen
Fulvio Pinna: Hymne an das Glück
Karin Porath: Freiheit fängt innen an
Patrizio Porracchia: Ohne Titel
Lutz Pottien: Pottiens persönliches Eigentum
Sándor Rácmolnár: Waiting for a New Prometheus
Jacky Ramier (Jay One): Ohne Titel
Muriel Raoux: Les Yeux ouverts & Ohne Titel (gemalt mit Kani Alavi)
Georg Lutz Rauschebart: Ohne Titel
Ditmar Reiter: Ohne Titel
Catrin Resch: Europas Frühling
Rodolfo Ricàlo: Vorsicht
Ana Leonor Madeira Rodrigues: Ohne Titel
Peter Russell: Himmel und Sucher & Hands (gemalt mit Margaret Hunter)
Siegfried Santoni: Trilogie Maschine – Mensch
Günther Schaefer: Vaterland
Rosemarie Schinzler: Alles offen & Wachsen lassen
Wjatschleslaw Schljachow: Die Masken
Henry Schmidt: Vergesst mir die Liebe nicht
André Sécrit: Du hast gelernt, was Freiheit heißt (gemalt mit Karsten Thomas)
Michail Serebrjakow: Diagonale Lösung des Problems
Gábor Simon: Space Magik
Andrej Smolák: Ohne Titel
Bodo Sperling: Die Transformierung des Pentagramms zu einem Friedensstern in einem großen Europa ohne Mauern
Ulrike Steglich: Politik ist die Fortsetzung des Krieges mit anderen Mitteln (gemalt mit Carsten Jost)
Stellvertretende Durstende: Farbe Übertrag
Petra Suntinger: Apollo (gemalt mit Roland Gützlaff)
Alexej Taranin: Mauern International
Theodor Chezlav Tezhik: The Big Kremlins Wind
Karsten Thomas: Du hast gelernt, was Freiheit heißt (gemalt mit André Sécrit)
Karin Velmanns: Ohne Titel
Dmitry Vrubel: Danke, Andrej Sacharow & Mein Gott, hilf mir, diese tödliche Liebe zu überleben
Andy Weiss: Geist-Reise
Karsten Wenzel: Die Beständigkeit der Ignoranz
Dieter Wien: Der Morgen
Ursula Wünsch: Frieden für Alles
Ulrike Zott: Ohne Titel

Ausstellungsimpressum

Die East Side Gallery
Open-Air-Ausstellung

Gesamtleitung
Prof. Dr. Axel Klausmeier
Projektleitung
Anna von Arnim-Rosenthal
Kuratorinnen
Anna von Arnim-Rosenthal
Dr. Juliane Haubold-Stolle
Wissenschaftliche Mitarbeit
Nina Grabowski
Anna Korneeva
Anastasia Köhler
Helena Kürten
Katharina Ponschab
Lena Sommerfeld
Critical Friends
Lutz Henke
Prof. Dr. Waltraud Kofler-Engl
Dr. Sara Perry
Prof. Dr. Ingrid Scheurmann
Prof. Dr. John Schofield
Gert-Jan Stam und Thomas Bohne, Stammpunkt
Jakob Wirth
Wissenschaftlicher Beirat
Dr. Gundula Bavendamm
Marianne Birthler
Dieter Dombrowski
Prof. Dr. Klaus-Dietmar Henke
Lutz Henke
Dr. Hanno Hochmuth
Prof. Dr. Walter Hütter
Dr. Anna Kaminsky
Prof. Basil Kerski
Burkhard Kieker
Holger Kulick
Dr. Mike Lukasch
Prof. Dr. Christina Morina
Uwe Neumärker
Prof. Dr. Gwendolyn Sasse
Prof. Dr. Leo Schmidt
Prof. Dr. Waltraud Schreiber
Prof. Dr. Karl F. Schumann
Prof. Dr. Hermann Wentker
Prof. Dr. Manfred Wilke
Dr. Irmgard Zündorf
Wissenschaftliche Beratung
Hannah Berger
Dr. Sarah Bornhorst
Dr. Bettina Effner
Prof. Dr. Axel Klausmeier
Dr. Susanne Muhle
Dr. Gerhard Sälter
Dr. Günter Schlusche
Gülsah Stapel
Kathrin Steinhausen
Cornelia Thiele
Manfred Wichmann
Lektorat
Dr. Dagmar Deuring
Dr. Bettina Effner
Prof. Dr. Axel Klausmeier
Kamera und Schnitt Zeitzeugeninterviews
Stefan Krauss, Ina Rommee, KRRO Film
Interviewführung
Anna von Arnim-Rosenthal
Haivu Doan
Nina Grabowski
Luise Haubenreiser
Dr. Juliane Haubold-Stolle
Anna Korneeva
Stefan Krauss

Konzept Interviews
Anna von Arnim-Rosenthal
Dr. Juliane Haubold-Stolle
Stefan Krauss, Ina Rommee, KRRO Film
Koordination Interviews
Hannah Grimme
Englische Übersetzung
Charlotte Hughes-Kreutzmüller
Miriamne Fields
Planungs- und Baukoordination
Christian Fuchs
Dr. Günter Schlusche
Konzeption Ausstellungsarchitektur
Anja Klausch, Luisa Preiß, minigram – Studio für Markendesign GmbH, mit Ole Sass, Sinai – Gesellschaft von Landschaftsarchitekten mbH
Ausstellungsgestaltung und -grafik
Anja Klausch, Luisa Preiß, minigram – Studio für Markendesign GmbH
Ausstellungsbau
Archimedes Exhibitions GmbH, Berlin
Partizipationsworkshops
Katja Weber, Reflekt

Außerdem danken wir den Kolleginnen und Kollegen der Stiftung Berliner Mauer:
Jens Halama
Konstanze Hinz
Boris Kononykhin
Lysette Laffin
Barbara Merkel
Michael Meyer

Besonderer Dank an alle Zeitzeuginnen und Zeitzeugen sowie an die Teilnehmenden der Partizipationsworkshops. Unser Dank geht außerdem an:
Anschutz Entertainment Group
Stéphane Bauer
Natalie Bayer
Catalina Davids
Adalbert Jurasch
Dr. Susanne Willen
Andrea Kirste
Ronny Adler

Für die freundliche Unterstützung danken wir folgenden Personen und Institutionen:
Pierre Adenis, Alliiertenmuseum, Berlinische Galerie, Bezirksamt Friedrichshain-Kreuzberg von Berlin (Fachbereich Bau- und Wohnungsaufsicht, Plankammer), Ignasi Blanch, Bundesarchiv, Bundesstiftung zur Aufarbeitung der SED-Diktatur, Martin Eberle, FHXB Friedrichshain-Kreuzberg Museum, Ulrich Horb, Robert-Havemann-Gesellschaft, Dieter Kramer, Birgit Kinder, Christine Kühn Stiftung, Holger Kulick, Darioj J. Laganà, Landesarchiv Berlin, Rab GP Lewin, Mary Mackey, Erik Mahnkopf, Laura Mars Gallery, Ralf Marsault, Daniel Murygin, Ostkreuz. Agentur der Fotografen, Dietmar Riemann, Günther Schaefer, Heike Stephan, Stiftung Stadtmuseum Berlin, Umbruch Bildarchiv

Wir danken Helga Lieser und Dagmar von Wilcken, deren Stelen für den Berliner Mauerweg die Form der Ausstellungsstelen beeinflusst haben.

Dieses Vorhaben wurde gefördert aus Mitteln des Vermögens der Parteien und Massenorganisationen der ehemaligen DDR (PMO), bewilligt durch das Land Berlin.

Die Autorinnen

Anna von Arnim-Rosenthal, Jahrgang 1983, Studium der Politik- und Kulturwissenschaft in Oldenburg, Bremen und Leipzig; arbeitet seit 2007 zur deutschen Teilung, der Erinnerungskultur und Denkmalpolitik sowie dem außerschulischen Lernen an historischen Orten und in der Zeitzeugenarbeit; 2010–2012 wissenschaftliches Volontariat bei der Stiftung Berliner Mauer; 2014–2018 wissenschaftliche Mitarbeiterin der Bundesstiftung zur Aufarbeitung der SED-Diktatur; seit 2018 Leiterin der East Side Gallery bei der Stiftung Berliner Mauer.

Juliane Haubold-Stolle, Jahrgang 1975, Studium der Geschichtswissenschaft und der Politikwissenschaft in Göttingen, Toruń und Genf, Promotion 2008, wissenschaftliches Volontariat am Deutschen Historischen Museum, Ausstellungskuratorin, arbeitet in der und zur öffentlichen Darstellung und Vermittlung von Geschichte, zuletzt 2020 »Ausgeschlossen. Archäologie der NS-Zwangslager«, 2020–2022 Kuratorin der dauerhaften Open-Air-Ausstellung an der East Side Gallery bei der Stiftung Berliner Mauer.